JN058966

小島 宏
和田光平
編著

人口学ライブラリー 22

セクシュアリティの人口学

原 書 房

Bibliographic Information:

Hiroshi Kojima and Kohei Wada (eds.) (2022) *Sekushuarithi no Jinkogaku (The Demography of Sexuality)*, Tokyo: Hara Shobo. The contributors include Ryuzaburo Sato, Mariko Nakamura, Toshimitsu Suzuki, Yoshie Moriki, Rikiya Matsukura, Jun Kobayashi, Saori Kamano and Takeyoshi Iwamoto.

は し が き

　本書は「人口学ライブラリー」シリーズの第 22 巻として 2018 年に「人口学研究会」でセクシュアリティの人口学的側面に関する実証分析を中心として編集する企画が認められたもので，2019 年秋から 2020 年春にかけて月例会で各章が報告された。本書は 7 章構成で，第 1 章から第 5 章までが主として性的（セクシュアル・ジェンダー）マジョリティに関するもの，第 6 章と第 7 章が主として性的マイノリティに関するものである。第 7 章は当初，2 章に分けることが想定されていたものが統合されているため，2 章分の分量がある。第 2 章から第 7 章までが主としてミクロデータを用いた実証研究で，第 1 章が文献研究である。

　欧米の人口学界（そして社会学界）では遅くとも 20 世紀末から，「セクシュアリティ」分野の研究というと LGBT（性的マイノリティ）ないし SOGI（性的指向と性自認）の研究を意味する場合が多くなった。日本の人口学界でも釜野さおり先生を中心としてセクシュアル・マイノリティの人口学に関する研究がなされ，2011 年の『人口学研究』に「人口学とクィア・スタディーズ」と題された展望論文を寄稿された。また，2016～2019 年度科研費「性的指向と性自認の人口学—日本における研究基盤の構築」を進められ，2019 年「大阪市民調査」を実施された。さらに，2016 年日本人口学会大会の企画セッション「セクシュアル・マイノリティに関する人口学的研究—日本における研究動向の今—」を組織され，本書の共編者の一人の和田が討論者を務め，「セクシュアル・マイノリティの人口学」の概観を報告された釜野先生のほか，「大阪市民調査」を用いた第 7 章「性的指向と性自認のあり方の人口学的研究：SOGI と人口学的属性」の共同執筆者の岩本健良先生も報告された。

　2022 年日本人口学会大会の企画セッション「セクシュアリティ人口学の現在とこれから」も釜野先生が組織され，本書のもう 1 人の共編者である小島が討

論者の一人を務めた。釜野先生は SOGI の人口学については日本での第一人者といえるが，計量社会学で第一人者ともいえる岩本先生と釜野先生から，小島執筆の第 6 章「LGBT 人口の意識・行動と関連要因：日米のミクロデータの比較分析を中心に」についてコメントをいただき，改訂がなされた。

「セクシュアリティ」は元来，シスジェンダー（トランスジェンダーでない），ヘテロセクシュアルの性行動等を主たる研究対象とした分野であったが，近年の日本人口学会大会では 2019 年の企画セッション「性に関する情報の伝達と人口」（組織者：小西祥子）が開催され，2022 年大会のテーマセッション「社会格差とリプロダクション」（組織者：小西祥子）では「日本における学歴と性行動」と題された報告（小西ら 2022）がなされた。また，2022 年には本書の第 2〜5 章の内容と関連する小西・森木・仮屋・赤川の 4 人の先生による共筆論文（Konishi et al. 2022）も刊行された。いずれにも関与された森木美恵先生（2008 年大会から小川直宏先生や松倉力也先生とともに性交頻度やセックスレスに関する報告をされてきた）にも松倉先生との共筆の第 4 章「セックスレス・カップルと価値観の分析：出生力とセクシュアリティの問題について」を寄稿していただいている。

セクシュアリティの人口学に関連する調査のミクロデータの利用可能性が制約されていたことから，日本の人口学研究者によるセクシュアリティの実証研究が制約されてきたともいえよう。2000 年代でも森木先生・松倉先生により分析された 2007 年の WHO・日本大学人口研究所全国調査「仕事と家族」のミクロデータを除くと，本書の第 1 章「セクシュアリティに関する概念・データ・指標」を執筆された佐藤龍三郎先生により実施された 2000 年の「日欧大学生性行動比較調査」（Sato 2007）のミクロデータくらいではなかったかと思われる。1990 年代のものとしては毎日新聞社人口問題調査会の「全国家族計画世論調査」のミクロデータを分析した Retherford・小川・松倉の 3 人の先生の著作（Retherford et al. 2004）や「出生動向基本調査・独身者調査」を分析した大谷憲司先生の著作（Otani 1992）に限られるのではないかと思われる。1990 年代から 2000 年代にかけて HIV／エイズ対策として行われた厚生労働科学研究費等

による大規模性行動調査に関与し，ミクロデータを分析した専業の人口研究者はいなかったように見受けられるが，欧米の人口学界の状況とは異なるようである。

　フランス国立人口研究所（INED）の Bozon（2005）によるセクシュアリティの人口学の展望論文によれば，人口学者の性行動への関心が「第2の人口転換」の頃に明瞭となり，生殖のセクシュアリティから（夫婦等の）関係の一要素へと変化した。このような変化をもたらしたのは標本調査，特にパネル調査の増加と各種の社会変動（パートナーシップと家族行動の変容，避妊革命，HIV／エイズの蔓延）であった。また，後者によって人口研究者が標本調査にセクシュアリティに関する質問を入れ，他分野の研究者と共同研究するようになったとのことである。

　実際，INED の結婚研究者の Bozon と出生研究者の Leridon は1993年の ACFS 全国性行動調査の学際的研究チームに参加し，その後続調査にも参加した。両先生は「性行動と社会科学」と題された *Population* 誌の特集号（Bozon et Leridon 1993）を編集し，英訳書まで出している。しかし，そのフランスでもカトリックによる保守性のためか，INED の創設に加わる前に J. Stoezel が創設した IFOP（旧フランス世論調査研究所）による「フランス人女性の恋愛調査」（Remy et Woog 1960）は米国のキンゼイ報告に言及しつつも性行動調査とは異なるとしており，本格的な性行動調査は1971年に性医学者の Simon et al.（1972）により実施されたものまで待たねばならなかった。

　Bozon（2005）も述べているが，草創期の人口統計学者ともいえる C. Gini（1924/1967）が仏語論文で「受胎確率」を定義した際には一定水準以上の性交頻度があることが前提となっていた。しかし，Bozon（2005）は触れていないが，Gini（1930）も英語論文では西欧における出生力の階層間・地域間格差を避妊実行率の格差で説明できないとし，性交頻度等の影響があることを暗示していた。また，草創期の人口生物学者の R. Pearl（1939）は自分たちで12年間にわたって収集したものを含むデータによる1か月あたりの性交頻度の基本統計量や年齢格差・社会経済的格差を示しており，セクシュアリティの人口学の

事実上の創設者ともみなすことができるのではないか。

　これに対して，日本版キンゼイ報告と呼ばれたものは，人口研究者の篠崎信男先生による『日本人の性生活』（篠崎 1953）であった。これは 1949〜52 年にかけて実施された 750 組夫婦を対象とするものであったが，篠崎先生はそのうちの 100 組の夫婦に関する結果を人口問題研究所による「産児調節実態調査」報告書（篠崎 1949）の第 2 編に掲載している。篠崎（1953）はキンゼイ報告のみならず，Pearl（1939）の調査結果と性交頻度を比較しているので，世界の人口学界では最初ではないにしても進んでいたことは確かであろう。その後も，人口問題研究所の人口資質部でセクシュアリティの人口学的研究が続けられていたものの関係研究者の退職や死去で一旦途絶えた。

　しかし，その後継の人口動向研究部を中心に行われていた「出生動向基本調査・独身者調査」には第 9 回調査から性交経験が設問として入り，大谷憲司先生（Otani 1992），佐藤龍三郎・岩澤美帆両先生（Sato and Iwasawa 2014）などによる実証分析が行われてきたし，本書第 2 章「性的マジョリティの初交経験：日本社会における過去半世紀の変遷」では人口動向研究部に当初，入られた中村真理子先生が同調査の分析を行っている。同じ小川直宏先生共編の書物には WHO・日本大学人口研究所の 2007 年全国調査「仕事と家族」の分析に基づく森木美恵・林謙治・松倉力也の 3 人の先生によるセックスレスに関する実証分析（Moriki, Hayashi and Matsukura 2014）も含まれているが，森木・松倉両先生には後継の 2010 年調査との統合データの分析結果を第 4 章として寄稿していただいた。

　第 4 章は有配偶者のセックスレス化に関するものであるが，第 5 章は未婚者の恋愛行動とセックスレス化ないし「草食化」に関連するものである。近年の日本では計量社会学の分野で結婚形成過程に対する関心が高まり，ミクロデータの収集・分析が精力的に行われているが，結婚形成過程の一部としての広義の性行動についても実証研究が行われるようになっている。小林盾先生は独自の社会調査を実施され，日本における「草食化」に関する論文を内外で発表されてきたので，第 5 章「恋愛人口の頻度と関連要因」の寄稿をお願いした。

　他方，HIV/エイズ対策として性行動調査が行われるようになってから通常の
パートナー以外の相手との性交渉が注目されるようになった。しかし，橘木・
迫田（2020）に詳しいが，それとは別に，米国の経済学界では1970年代から婚
外交渉の経済学的分析が盛んであった。日本の2005年「仕事とセックスに関す
る調査」でも不倫に関する設問が入ったが，それを分析した玄田・斎藤（2007）
の書物では不倫について十分な分析がなされなかった。五十嵐（2018）による
社会学的実証分析が出たばかりであったが，セックスレスとの関連でも重要で
あるし，経済学的実証分析がなかったことから，家族経済学・健康経済学に造
詣が深い鈴木俊光先生に第3章「社会経済的要因にみる婚外交際行動」の寄稿
をお願いした。Konishi et al.（2022）では婚外交渉を含む casual sex とセックス
レスの関係について論じられているので，時宜を得たものとなったといえよう。

　1980年代には全米学術会議（NAS）で人口・人口学委員会が組織され，性行
動を含む出生行動の規定要因に関する報告書（Bulatao and Lee 1983）を出した
が，近年は全米学術・工学・医学会議（NASEM）で SOGI 測定に関する委員会
が組織され，ウェルビーイングと指標に関する2冊の報告書（NASEM 2020,
2022）を作成している。第6章と第7章にはその成果も反映されている。「大
阪市民調査」の分析に基づいて国立社会保障・人口問題研究所とその関連研究
者によっても方法論的な研究がなされており，欧米と異なる言語的・文化的背
景をもつ日本における調査方法や指標に関する研究が新たな知見をもたらすこ
とが期待される。

　日本の調査ではX（性自認が男女のいずれでもない）やQ（クエスチョニン
グまたはクィア）と分類される回答が比較的多く出ることは以前から明らかで
あったが，日本の調査固有の問題であると考えられていた。しかし，近年の米
国のノンバイナリー（二分法でとらえられない）の対象者の調査の結果をみる
と，むしろこれまでの欧米の調査方法やデータ・クリーニングの方法やそれに
基づく指標に問題があった可能性が窺われる。21世紀に入り，日本では「草食
化」と言われて久しいが，先進諸国で若年者の性行動が消極化している背景に
はネット等を通じて LGBT に関する情報（正しいとは限らない）が拡散したこ

ともあり，自らを性自認や性的指向に関して二分法的に規定することが困難になっていることもあるのではないかとも思われる。

　いずれにしても性的マイノリティが性行動や家族形成行動を妨げられないような生活環境や法制度が整備されれば，性的マジョリティの性行動や家族形成行動も容易になるはずである。また，それこそが究極的な少子化対策（人口・家族政策）となるのではないかとも思われる。そのために本書が若干の寄与ができるとすれば幸いである。なお，本書では過去の状況について HIV／エイズ等の当時の慣用表現が使われているが，現時点で HIV とエイズを同一視するものではない。

2022 年 9 月　編者

参考文献

五十嵐彰（2018）「誰が〈不倫〉するのか」『家族社会学研究』Vol.30(2), pp.185-196。

釜野さおり（2011）「人口学とクィア・スタディーズ」『人口学研究』Vol.47, pp.25-35。

玄田有史・斎藤珠里（2007）『仕事とセックスのあいだ』朝日新聞出版。

小西祥子・森木美恵・仮屋ふみ子・赤川学（2022）「日本における学歴と性行動（日本人口学会第 74 回大会報告要旨）」。

篠崎信男（1949）『産児調節と夫婦性生活の実態』村松書店。

篠崎信男（1953）『日本人の性生活』文芸出版。

橘木俊詔・迫田さやか（2020）『離婚の経済学：愛と別れの論理』講談社。

Bozon, Michel（2005）"Demography and Sexuality," Caselli, G., J. Vallin, and G. Wunsch (eds.), *Demography: Analysis and Synthesis*, Amsterdam: Elsevier, Vol.1, pp.491-501.

Bozon, Michel, et Leridon Henri (dir.)（1993）"Sexualité et sciences sociales," *Population*, Vol.48(5), Paris: INED-PUF.

Bulatao, Rodolfo A., and Ronald D. Lee (eds.)（1983）*Determinants of Fertility in Developing Countries*, Volume 1 & 2, New York: Academic Press.

Gini, Corrado（1924/1967）"Première recherche sur la fécondabilité de la femme,"

Proceedings of the International Mathematical Congress Held in Toronto, August 11-16, 1924, Nendelin: Kraus Reprint, pp.889-892.

Gini, Corrado (1930) "Cyclical Rise and Fall of Population," C. Gini, S. Nasu, O. E. Baker and R. R. Kuczynski, *Population*, Chicago: University of Chicago Press, pp.1-140.

Konishi, S., Y. Moriki, F. Kariya, and M. Akagawa (2022) "Casual Sex and Sexlessness in Japan: A Cross-Sectional Study," *Sexes,* Vol.3, pp.254-266.

Moriki, Y., K. Hayashi, and R. Matsukura (2014) "Sexless Marriages in Japan: Prevalence and Reasons," Naohiro Ogawa and Iqbal H. Shah (eds.), *Low Fertility and Reproductive Health in East Asia,* New York: Springer, pp.160-185.

National Academies of Sciences, Engineering, and Medicine (2020) *Understanding the Well-Being of LGBTQI+ Populations*, Washington, D.C.: National Academies Press.

National Academies of Sciences, Engineering, and Medicine (2022) *Measuring Sex, Gender Identity, and Sexual Orientation,* Washington, D.C.: National Academies Press.

Otani, Kenji (1992) "Locus of Control, Premarital Sexual Exposure, Marriage and Conception among Japanese Women"『人口学研究』Vol.15, pp.31-43.

Pearl, Raymond (1939) *The Natural History of Population*, London: Oxford University Press.

Rémy, Jacques, et Woog Robert (1960) *La française et l'amour: une enquête de l'Institut Français d'Opinion Publique*, Paris: Robert Laffont.

Retherford, R. D., N. Ogawa, and R. Matsukura (2004) "Late Marriage and Less Marriage in Japan," *Population and Development Review*, Vol.27(1), pp.65-102.

Sato, Ryuzaburo (2007) "Japan," F. C. Billari, M. Caltabiano, and G. Dalla Zuanna (eds.), *Sexual and Affective Behaviour of Students: An International Research,* Padua: G. CLEUP, pp. 133-153.

Sato, Ryuzaburo, and Miho Iwasawa (2014) "The Sexual Behavior of Adolescents and Young Adults in Japan," Naohiro Ogawa and Iqbal H. Shah (eds.), *Low Fertility and Reproductive Health in East Asia*, New York: Springer, pp.137-159.

Simon, P., J. Gondonneau, L. Mironer, et A. M. Dourlen-Rollier (1972) *Rapport sur le comportement sexuel des Français*, Paris: René Julliard et Pierre Charron.

目　　次

執筆者一覧（執筆順）

佐藤　龍三郎（中央大学経済研究所客員研究員）

中村　真理子（国立社会保障・人口問題研究所情報調査分析部研究員）

鈴木　俊光（内閣府子ども・子育て本部参事官補佐）

森木　美恵（国際基督教大学教養学部上級准教授）

松倉　力也（日本大学経済学部准教授）

小林　盾（成蹊大学文学部現代社会学科教授）

小島　宏（早稲田大学社会科学総合学術院教授）

釜野　さおり（国立社会保障・人口問題研究所人口動向研究部第2室長）

岩本　健良（金沢大学人文学類／人間科学系准教授）

第1章　セクシュアリティに関する概念・データ・指標

はじめに

　性と生殖は，健康や寿命と並んで，人口学の最も基本的な関心事である。近代社会において多産多死から少産少死への人口転換が進行した時代にあって，出生力低下の過程は人口学の主要な研究対象の一つであり，個人や夫婦の出産歴や関連要因を把握する出生力調査（fertility survey）が盛んにおこなわれるようになった。また家族計画（避妊など）に関する KAP 調査が各国で実施され，現状把握や政策評価に貢献した。KAP とは知識（knowledge），態度（attitude），実行（practice）の意味である。しかし，これらの調査において性行動が調査事項に含まれることは多くはなかった。

　日本でも第二次世界大戦後まもない時期に厚生省の人口問題研究所（篠崎信男，青木尚雄など）と国立公衆衛生院（古屋芳雄，村松稔など）で夫婦の性生活や農村住民の家族計画の実践のありさまが精力的に調査された。しかし 1970 年代までに家族計画の普及が一段落したこともあり，人口学研究者がこの方面の研究に携わることは少なくなった。その後 1990 年代になると，日本でもエイズ予防の観点から大規模な性行動調査が主に疫学的見地から実施された。また 1990 年代以降，日本の少子化の要因について多くの研究がなされるようになったが，女性の就業と出産・子育ての両立問題の見地からの経済人口学的な議論が主流であり，セクシュアリティの視点からの議論はまだ少ない（佐藤 2019）。

　このような流れを振り返ると，セクシュアリティすなわち性に関する人々の意識や行動のありさまが人口学の研究対象として再び注目を集めるようになっ

たのは比較的最近のことといえよう。本章では，既存資料・文献を基に，①セクシュアリティの概念と人口学におけるセクシュアリティ視点の意義，②人口学から見てセクシュアリティはどのように計測されてきたのか，③近年の日本における性行動調査のデータと指標の3点について概観する。

第1節　セクシュアリティの概念と人口学における セクシュアリティ視点の意義

（1）セクシュアリティの概念

　セクシュアリティ（sexuality）の語は，赤川（2012）によれば，（無性生殖に対し有性生殖というときの）有性や男女の生物学的性差を表す"sex"の形容詞形"sexual"が名詞化したものである。本来多義的な語であるが，性科学，「性の自由（sexual freedom）」，「性の権利（sexual rights）」，「性の保健（sexual health）」などの面での関心の高まりから今日的意味合いで用いられるようになった。針間（2000）は，セクシュアリティは，「個人の性的なことがらを包括的に示す概念」としたうえで，①身体的性別，②心理的性別，③社会的性役割，④性指向（性的指向），⑤性嗜好，⑥性反応（性的反応），⑦生殖の7つの構成要素からなるという。以下これらの要素について，人口学からの関心に基づき，簡潔に述べる。

1）身体的性別（sex）

　身体的性別は，ヒトの胎児期の性分化に由来する。すなわち，性染色体，性腺，性ホルモン，内性器，外性器など，身体面における男女の性差である。まず受精により児の染色体の性（XYの男性型かXXの女性型）が決まる。前者ではY染色体上のSRY遺伝子（性決定領域遺伝子）の作用により，未分化性腺が精巣に分化する。後者では，SRY遺伝子の作用がないことにより，未分化性腺は卵巣に分化する。興味深いのは，ヒトの性分化は女性型に進むのが基本型（デフォルト）であり，SRY遺伝子の存在が（分化過程にスイッチを入れることになり）性腺を精巣へ変更させ，精巣からのホルモンの分泌が高まってアンドロ

ゲン（男性ホルモン）優位となり性器が男性型になることである（このアンドロゲン優位がなければ外性器は女性型となる）（北村　1998a）。そして出生時に主に外性器の形により法律上の性が決定される（日本では戸籍に記載される）。これを「出生時に割り当てられた性別（sex assigned at birth）」という。

　なお少数ながら，性染色体から外性器までの性分化が典型的でない人がおり，医学的には「性分化疾患（Disorders/Differences of Sex Development: DSD）」と呼ばれる。DSD には，性染色体の型が典型的でないターナー症候群（XO），クラインフェルター症候群（XXY）など，また胎児期のホルモン分泌のあり方に起因するものとして先天性副腎皮質過形成，アンドロゲン不応症などがある。

2）心理的性別（gender identity）

　心理的性別はジェンダー・アイデンティティともいわれ，心理的な自己の性別認知である（針間　2000）。「性同一性」あるいは「性自認」ともいう。性自認のあり方は，出生時に割り当てられた性別と本人が自認する性別をベースとし，前者に違和感があったり，別の性別であると自認していたりするトランスジェンダー（transgender）の人と，違和感等のないシスジェンダー（cisgender）の人がいる（釜野　2018, 2020；石田　2019, p.15）。

　医学的には，心理的性別と身体的性別が一致しない人に対して，性同一性障害（Gender Identity Disorder: GID）の診断名が用いられてきた。[1]針間（2000）によれば，GID の中で特に「性別適合手術（Sex Reassignment Surgery: SRS）」によって体の性別変更を求める人をトランスセクシュアル（transsexual）といい，もっと幅広く自分の性別全般に違和感を持つ人をトランスジェンダーという。なお「トランスジェンダー」の語は，医学用語ではなく，当事者を中心に広まった語であり，その定義・概念には議論がある。[2]

　釜野さおりらの「大阪市民の働き方と暮らしの多様性と共生についてのアンケート」（2019 年大阪市民調査）は，一般人口を対象に住民基本台帳からの無作為抽出により人々の性的指向や性自認のあり方を捉えたものとして画期的なものである（釜野　2020）。同調査では，①出生時の性別に対し，調査時の自分の性別を別の性別と捉えているか違和感があり，なおかつ②自分の認識する性別が出生時の性別と異なる人を「トランスジェンダー」と分類した（平森・釜

野 2021)。

　医療の面では，1997年に日本精神神経学会がGIDの診断と治療のためのガイドラインを発表し，1998年には日本最初の公に認められた性別適合手術がおこなわれた（針間 2019）。2003年には「性同一性障害者の性別の取扱いの特例に関する法律」が制定され，性別適合手術を受け（生殖能力がなく，外性器が望みの性のそれに近似しているなど）一定の条件が備わっていれば戸籍の性別変更が可能となった。[3]

3）社会的性役割（gender role; social sex role）

　多くの国，文化では男女各々に文化的社会的な役割が慣習あるいは制度として割り振られており，これを社会的性役割という。それは家庭，職業など多くの分野・領域に及んでおり，たとえば徴兵制のある国で兵役の義務が主に男性に課せられていることに表れている。

　今日，男女平等の進んだ民主主義国では制度上の性差を極力なくす方向にあるが，妊娠・出産・母乳哺育という生物学的事柄に関しては女性のみが能力を持つため，生殖と子育てにおける女性の役割が強調され，教育，就業・昇進などの面で女性が不利になりがちである。いかにして女性が不利にならないように制度を改善するかが課題になっている。このことは，人口変動要因（結婚，出生）と密接に結びつく問題でもある。

4）性的指向（sexual orientation）

　性的指向はどの性別に性愛感情が向くかということであり，「性的惹かれ（sexual attraction）」の対象によって，同性愛（レズビアン，ゲイ），両性愛（バイセクシュアル），異性愛（ヘテロセクシュアル），そして無性愛（アセクシュアル）などがある（釜野 2018, 2020）。性的指向の一つとされる「アセクシュアル（asexual）」は「他者に性的に惹かれないこと」を意味する（Bogaert 2013, デッカー 2019, 三宅・平森 2021）。

　なおトランスジェンダーの人の性的指向については，本人の性自認を尊重し，たとえば「割り当てられた性別が女性，性自認は男性，性的指向は男性」の場合は同性愛男性ということになる（石田 2019, pp.18-19）。

5）性嗜好（sexual preference）

　性嗜好（性的嗜好）は，性的興奮を得るために，どのような行動や空想を欲するかということである（針間 2000）。ほとんどの人が何かの性的な嗜好をもっていることだろう（たとえば，太っている人が好き，痩せている人が好き，など）。

　とりわけ精神医学の面で注目されるのはパラフィリア（paraphilia，性嗜好障害）で，性的興奮のために尋常でないイメージや行為が不可欠である病態を指す（針間 1998）。パラフィリアの例として，服装倒錯的フェティシズム（異性装で興奮），性的マゾヒズム，性的サディズム，小児性愛などが挙げられる。特に，男性が自分を女性だと想像することで興奮する自己女性化性愛（autogynephilia）は，GID との鑑別の点で留意すべきものとされる（針間 1998）。他者に迷惑をかけない性嗜好はセクシュアリティの一つの形として尊重されるが，他者に迷惑や危害を加えたり他者の同意を得ていない性嗜好行動は法的・社会的に許容されない（針間 2000）。

6）性的反応（性反応：sexual response）と性行動

　性的反応は，性交などの性的状態時における身体的心理的反応である（針間 2000）。米国のマスターズ（W. H. Masters）とジョンソン（E. V. Johnson）は，それまでタブーと考えられていたヒトの性交の生理を実験的研究により解明し，1966 年に『人間の性反応』を刊行した。その中で，ヒトの性交時の身体的反応は，①覚醒期（興奮期），②高原期（平坦期），③オーガズム期，④消退期の4つの時期に区分された（北村 1998b）。

　性欲に基づき，性的反応あるいはこれに至る行動を性行動（sexual behavior）という。性行動の手段には，他者との性的接触によるものと自分一人でおこなうものがある。前者には，キス，ペッティング，性交（sexual intercourse）などが含まれる。後者は自慰（masturbation，オナニー）と呼ばれる。

　佐藤（2019）は，近年の日本における複数の性行動調査結果から，21 世紀初頭以後の日本では，性交開始の遷延（初交年齢が従来の低年齢化から一転して高年齢化へ転換），未婚者の性交経験割合低下，セックスレス・カップルの割合[4]上昇という新しい現象が出現していると見ており，これら3つの現象を合せて

「セックス離れ」傾向と呼んでいる。

7) 生殖

　生殖とのかかわりでは，セクシュアリティには妊孕性という生物学的側面と，性行動および出生調節行動という行動的側面がある。妊孕性とは，生物学的な妊娠可能性のことで，その規定要因として女性の年齢，性交頻度，疾病（性感染症），環境要因などが注目される（我妻 2002, pp.10-12）。出生調節行動には，出生促進的行動（不妊治療，生殖医療など）と出生抑制的行動（禁欲，避妊，人工妊娠中絶）があり，いずれも出生力と極めて密接な関係にある。

(2) 人口学におけるセクシュアリティの視点

　セクシュアリティが出生，移動，死亡などの人口学的アウトカムに影響することは，2000年代以降，諸外国の研究から実証されている（釜野 2020, Baumle 2013）。セクシュアリティの視点がとりわけ重要な人口学の研究主題は出生力（少子化）と結婚力（未婚化）であるが，「セクシュアリティの人口学」の研究関心は，これに限るものではない。セクシュアリティのあり方は，性感染症罹患のような直接的影響のみならず，生活満足度や幸福感を通して人々の健康や寿命に間接的に影響し，また人口移動の要因にも絡んでいるとみることができる。ただしこれらの関係は単純ではない。

　セクシュアリティと出生力の関係も複雑であり，単純に性交頻度の低下が出生率低下をもたらしているとは言い切れない。別の要因（文化的土壌や社会経済環境条件）が，性行動とパートナーシップ・出生行動の双方に影響を与えている可能性もある。また「性の多様化」をより包括的な現象と捉え，実は少子化・未婚化もその表れの一つとして理解すべきこととも考えられる（佐藤 2019）。

　いずれにしても，セクシュアリティの諸側面は様々な現象として表出しており，それらは主に性行動調査によって計測されてきた。次節では，人口学から見たセクシュアリティの計測のあり方について，性行動調査を中心にまとめてみたい。

第2節　人口学から見たセクシュアリティの計測

　人口学の視点から見たとき，セクシュアリティに関する計測はどのようになされるべきなのだろうか。一般に人口学において計測された基本的なデータには①ストック（静態）データ，②フロー（動態）データ，③ライフコースデータの別がある。①は，一時点で，ある属性についての人数，人口比（prevalence）などを示すものである。②は，一定期間における，ある事象の発生数，発生率（incidence）などを示すものである。③には，ある事象を経験する年齢（テンポ，タイミング），生涯またはある年齢までの経験者の割合や経験回数（カンタム）などがある。

　人口学の視点から見ればセクシュアリティの計測も基本的には同様の形式が適用できると考えられる。また後述の生存時間分析（イベントヒストリー分析）は生命表に基づくもので，方法論的にも人口学と関連を有している。しかし，前節で述べたように，セクシュアリティは多くの構成要素からなる極めて多面的な現象である。しかも意識，行動，ライフスタイルなど多くの側面から把握する必要がある。これらを掛け合わせると膨大な数の次元を有し，限られた紙数で全体を網羅することは到底できない。

　そこで本章では，性行動調査を中心に述べることにする。性行動も手段や他者との関係において甚だ多面的であるが，まずは2人の間での性的接触の極みである「性交」に着目し，どのような測定がなされ，どのような指標が作られるのが標準形といえるのか（調査で尋ねるのは個人の経験であるが，それが集計データとして示されたものは指標といえる），Bozon（2002）などを参考にまとめてみたい。性行動に関連する日本語の用語等は基本的に1995年に出版された『現代性科学・性教育事典』に準拠する。なおセクシュアリティ研究において自慰の重要性が無視できないことはいうまでもないが，ここでは扱わない。

(1) 性交の定義と呼称

性交（sexual intercourse）は，基本的には男女間の膣性交を意味する。しかし，性感染症（同性間の性的接触でも感染する），カップルの親密性（満足感）や性自認・性的指向の面での関心の高まりから，近年の調査では，異性間・同性間にかかわりなく，オーラル・セックス（フェラチオ，クンニリングス），肛門性交も含まれるようになってきた。また，より広く（たとえば，高齢者カップルの性的満足度を把握したいときなど），性器や性的に感じやすい身体の部分を接触し合う行為を含めることもある。すなわち，性交の定義は，調査の目的によって決められる。

なお性交の呼称は，調査票では「セックス」，「性交渉」など一般に馴染みやすい語に置き換えられることが多い。

(2) ライフコースにおける性交の経験

基本属性として調査対象者の性別（男，女）と出生年月（あるいは調査時点における年齢）が把握された上で，性交の経験が尋ねられる。ただし性交の経験は個人差が甚だ大きく，生涯一度も経験しない人もいれば，おびただしく多数の回数経験する人もいる。一般にはそのヒストリーのすべてを把握することは困難であり，性行動調査では①初回性交，②最近の性交，③カップルの日常の性生活に照準があてられることが多い。

1) 初回性交（first sexual intercourse）

「初交」と略される。英語で "sexual initiation" とか "sexual debut" という表現もあるように，個人のライフコースにおける性生活の始まりをしるす事象である。

人口集団における指標としては，①ある年齢における性交経験（あるいは未経験）者の割合（経験率あるいは未経験率），②初交年齢の中央値（median）が算出される。ただし②の計算においては，調査時にまだ経験していない者がいることによるデータの打ち切りを考慮し，カプラン・マイヤー法のような生存時間分析を用いることが望ましい。

2)（調査時点における）一番最近の性交

　相手がどのような人か，リスク回避行動（後述）をとったかどうか，などが調査される。性行動をめぐる調査時点に最も近い状況を把握するものといえる。

3) カップルの日常の性生活

　カップルすなわち夫婦，同棲カップル，恋人など決まった相手同士の間での性交のありさまを把握するものであり，最近の性交頻度などが調査される。妊孕力の観点から重要であり，またカップルの状況（親密性や共有できる時間など）について推察する上で参考になる。

(3) リスク回避行動

　意図しない妊娠（unintended pregnancy）を避けるための避妊と性感染症予防行動（コンドーム使用など）は性行動に際しての2つの大きなリスク回避行動である。当然のことながら，出生力や家族計画に関連する調査では前者に，HIV／エイズなどの感染症予防を主目的とする調査では後者に大きな比重がかけられる。

(4) 性交の相手および動機・状況

　性交の相手や性交がなされる動機（理由）・状況も性行動調査の重要な関心事であり，相手の人数（これまでの経験人数），相手との関係，相手の性別，相手との年齢差，性交の場所，感想・満足度などが調査される。

　相手の人数は，たとえば生涯経験した相手が配偶者1人だけという場合は1人となる。相手がどのような人かといえば，特定の相手（配偶者，同棲パートナーなど）と不特定の相手（知人，行きずり，金銭を介した相手など）に分けられる。

第3節　近年の日本で実施された性行動調査の概要

　日本における一般人口を対象にした性行動調査は篠崎信男によって1950年前後に実施された面接調査（篠崎レポート）を嚆矢とするが，ここでは1970年代半ば以降の日本で全国人口を対象に実施された標本調査のうち，性行動に関する設問を含む9つの調査を取り上げて概要を記す。調査の掲載順は性行動が調査事項に含まれた順であり，性革命による若者の性行動の活発化，HIV／エイズ感染の広まり，少子化・未婚化・「セックスレス・草食化」など，性に関わる社会的関心事の変化が反映していると見ることもできる。このうち（1）と（8）は学生・生徒を対象とした調査であるが，他は一般人口を対象としている。

　なお，いずれの調査でも，基本属性として回答者の性別（男，女）と年齢が尋ねられている。また関連する意識・行動・ライフスタイル，社会経済的属性も尋ねられているが，質問内容は調査の目的やねらいによって大きく異なる。以下の記述では，データ（比率など）は各出典からそのまま引用する。一般に性行動に関する調査は回答率がさほど高くないことから，全国人口に対して回答者に偏りが生じている可能性に注意する必要がある。

(1) 青少年の性行動全国調査

　日本性教育協会によって，1974年（第1回調査）から2017年（第8回調査）まで，ほぼ6年ごとに全国の中学・高校・大学生を対象に実施されている。主に自記式集合調査（教室で調査票を配布し，その場で記入してもらい回収）による調査である。調査の回収数は各回まちまちであるが，第1回から第7回調査（2011年）までは各回5千人ないし9千人程度であり，最新の第8回調査（2017年）では12,925人（内訳は中学生4,449人，高校生4,282人，大学生4,194人）から調査票が回収された（日本性教育協会 2019）。

1) 調査の背景

　1960年代以降の欧米社会で性革命（sexual revolution）と呼ばれる性規範に関

する変化が起こった（瀬地山 2012）。日本でも 1970 年代は「青少年の性」が「問題化」された時代であり，こうした中で青少年の性行動の変化を時系列的に追跡できる調査が企画され（片瀬 2019），総理府青少年対策本部（当時）の委託を受けた日本性教育協会が本調査を継続実施することとなった。

2）性行動に関する調査事項

2017 年調査における性行動に関する調査内容は，①性経験・性行動，②性規範・性意識，③性教育と性知識・情報・悩み，④友人関係，⑤家族関係，⑥学校・学業関係，⑦メディア利用状況ほか，と多岐にわたる（日本性教育協会 2019）。このうち性交経験では，経験の有無，初めて経験した年齢，動機，これまでの経験人数，避妊の実行と方法，相手との年齢差などが尋ねられている。なお性交は，調査票では「セックス（性交）」と言い換えている。

3）主な指標（数値）

第 1 回から第 8 回までの調査を通して，男女別・学校段階別の性交経験割合（以下「経験率」）の推移が注目される（日本性教育協会 2019）。大学生の経験率（分母には不詳・無回答を含む）は，1974 年（男 23.1％，女 11.0％）から毎回上昇したが，2005 年（男 63.0％，女 62.2％）をピークとして減少に転じ，2011 年（男 53.7％，女 46.0％），2017 年（男 47.0％，女 36.7％）と続けて減少している。高校生の経験率は 1990 年代に上昇した後，やはり 2005 年（男 26.6％，女 30.3％）をピークに一転減少に転じている（2017 年は，男 13.6％，女 19.3％）。

すなわち 1999 年・2005 年調査までの変化は，青少年の性行動の「日常化」・「早期化（低年齢化）」・「男女差の消失」傾向とまとめられていた（原 2001, 2007）。ところが，前述のように 2005 年をピークに経験率は低下に転じた。この新しい傾向に対し，林（2019）は，性行動の消極化とともに，活発層と不活発層への分極化を見出している。

（2）出生動向基本調査

旧厚生省人口問題研究所（現国立社会保障・人口問題研究所）が「出産力調

査」の名称で，日本で初めて出生力調査を実施したのは 1940 年のことであった（阿藤 2010）。この調査は第二次世界大戦後，1952 年に再開した後ほぼ 5 年ごとに実施され，わが国の代表的な出生力調査として継続している（1992 年に「出生動向基本調査」に改称）[6]。

1）調査の背景

　国際的には，第二次世界大戦後「人口爆発」への危機感など人口問題への関心が高まり，家族計画プログラムの推進や評価に資すべく，出生力調査が盛んに実施された。出生力調査の主要な関心は夫婦の出生行動や避妊行動であり，性行動が調査項目に含まれることは稀であったが（Ericksen and Steffen 1996），セクシュアリティに関する人口研究において出生力調査は基盤をなすものといえる。西ヨーロッパを中心とした出生力調査としては，国連欧州経済委員会（UNECE）加盟の 23 か国について 1990 年代に実施された「出生力家族調査（Fertility and Family Surveys: FFS）」があり（阿藤 2010），初交年齢，その時の避妊法，過去 4 週間における性交の有無，その避妊法といった性交に関する設問が含まれている[7]。

　国立社会保障・人口問題研究所の出生動向基本調査は，夫婦調査と独身者調査からなり，第 9 回調査（1987 年）から第 15 回調査（2015 年）までの独身者調査において性行動に関する設問が設けられている。性交は，調査票では「性交渉」と言い換えている。

2）性行動に関する調査事項

　①異性との性交経験の有無と②一番最近の性交時の避妊（実行の有無と方法）が尋ねられている（国立社会保障・人口問題研究所 2017）。

3）主な指標（数値）

　特に注目されるのは未婚者のうち異性と性交経験のある者の割合（以下「経験率」）の推移である（国立社会保障・人口問題研究所 2017）（分母には不詳・無回答を含む）。

　それによると，未婚の 18～34 歳男性では，1987 年に 53.0％であった経験率は 1997 年から 2010 年まではほぼ 60％の水準にあったが，2015 年には 54.2％に

低下した。1987年に30.2％であった18〜34歳未婚女性の経験率は2002年（55.4％）がピークで，2015年には50.3％に低下した。このように未婚男女の性交経験率の推移は，前述の「青少年調査」で見られた経験率の推移とよく符合しており，21世紀初頭を境とする若年未婚者の「セックス離れ」傾向を示唆する（佐藤 2019）。守泉（2019）は，こうした傾向に交際状況の変化もあわせて，全体として未婚者の異性との交際・性行動は不活発化の方向にあると見ている。

　上記の性交経験（裏返せば未経験）割合は，未婚者に限ったものである。そこでガズナヴィらは，本調査（独身者調査）の性交未経験割合を基に，国勢調査の配偶関係割合と組み合わせて，全国人口に対する性交未経験割合を計算した（既婚者は性交経験ありとみなす）。それによれば，2015年の18〜39歳の性交未経験者は男性では25.8％，女性では24.6％にのぼる。この割合を米国や英国と比べると，未経験割合はいずれも日本の方が高いという（Ghaznavi et al. 2019）。

(3) 毎日新聞社「全国家族計画世論調査」

　毎日新聞社の人口問題調査会により1950年（第1回調査）以来2000年（第25回調査）までほぼ隔年実施された全国人口を対象とする無作為抽出によるKAP調査である（毎日新聞社 2004）。当初は夫婦（後に有配偶女性）が対象であったが，第20回（1990年）と第22回（1994年）から第25回までの調査で未婚女性が対象に加えられた。未婚女性には性交経験の有無が調査されており，第24・25回調査では初交時の年齢も尋ねている。これらの調査回では，対象は16歳から49歳までの女性約4,000〜5,000人であり，回収率は約60〜70％であった。なお調査票では，性交は「性交渉」と言い換えている[8]。

1) 調査の背景

　本調査は従来有配偶女性を対象としたものであったが，未婚者の結婚観と性行動が調査に取り入れられるにあたっては，未婚化の進行，思春期の性問題，エイズ対策などが社会背景として考慮された（毎日新聞社 1994）と見られる。

2）性行動に関する調査事項

未婚者の①性交経験の有無と②初交時の年齢が尋ねられている。

3）主な指標

1990年，1994年，1996年，1998年，2000年において16歳から49歳までの未婚女性の性交経験割合（分母に無回答を含む）は各々34.9％，41.5％，46.5％，48.9％，50.9％であった（毎日新聞社 2004, p.420）。

（4）「セックス・パートナーリレーション」日本調査

1991年には宗像恒次らにより5大都市（札幌，東京都23区，名古屋，大阪，福岡）在住の20～64歳人口を母集団として無作為抽出法によって得られた1万人の標本人口を対象とする調査（有効回収率31.35％）が実施され，その結果は『エイズとセックスレポート／JAPAN』として刊行された（宗像・田島 1992）。

1）調査の背景

日本のセックス・パートナー関係をめぐる諸行動と，避妊や性感染症予防をめぐる知識・態度・行動の実態を把握することなどを目的とし，厚生省科学研究費エイズ対策推進事業及び世界保健機関の対策事業として実施された。（宗像・田島 1992）。

2）性行動に関する調査事項

性交に関して，①これまでの結婚あるいは特定のパートナーを持った経験，パートナーの性質など，②これまでの性交（膣性交，オーラル・セックス，肛門性交）経験の有無，③最初の性交（年齢，相手の性別，相手の人数，最後の性交の時期など），④最近12カ月の特定のパートナー（配偶者含む）以外の人との性関係，⑤最近4週間の特定のパートナー（配偶者含む）との性関係（有無，回数など）の事項が含まれる。この調査で「特定のパートナー」とは，「1年以上回答者と性関係のあった人（男性あるいは女性）のことをさす。性関係を持つようになってから1年未満でも，今後もその人と関係を続けるつもりならば「特定のパートナー」に含まれる。同棲相手もしくは別々に住んでいる相手のいずれをも含む」としている（宗像・田島 1992）。

3) 主な指標

　集計データとして，性交経験ありの割合，初交年齢（区分）の分布，最近12カ月に性関係を持った特定のパートナー（配偶者含む）以外の人の人数の分布，最近4週間の特定のパートナー（配偶者含む）との性交回数の分布などが示されている。

(5)「日本人のHIV/STD関連知識，性行動，性意識についての全国調査」

　木原正博を代表とする厚生科学研究費補助金エイズ対策研究事業「HIV感染症の疫学研究」の一環として1999年6～7月に実施された調査で（木原正博2000），全国の18～59歳の男女5,000人を住民基本台帳から層化二段無作為抽出法で抽出し，調査方法は調査員の訪問による本人面前自記式を採用した（回収率は71.2％）。

1) 調査の背景

　1980年代以降のエイズ（AIDS）の世界的流行は性行動の調査・研究を促し，1990年代には性行動についての大規模データの利用可能性が高まり，セクシュアリティの研究を前進させたといわれる（Laumann and Paik 2003）。エイズウィルス（HIV）の感染を制圧するために性行動の実態把握が必要となり，特に欧米の各国でそうした調査が企画・実施されていた（斎藤 1996）[9]。このような諸外国の動きを受けて，わが国でも大規模な社会疫学研究プロジェクトの一環として本調査が実施された（木原正博 2000）。

2) 性行動に関する調査事項

　本調査は，これまでに日本で実施された調査の中で，性行動に関して最も詳細な調査内容を含んでいる。以下，性交に関する調査事項を列挙する（木原正博 2000による）。性交は，「セックス（性交渉）」の語を用い，膣性交，オーラル・セックス，肛門性交の3つを含めている。

① 性交経験の有無

② 最初の性交（初交）

　そのときの年齢，相手との関係，相手の年齢，相手の性別（男，女）が含ま

れる。

③ 過去1年間の性交

　過去1年間の性交経験の有無，過去1年間の相手の総数，同時進行，性交の頻度，過去1年間のラブホテルの利用の有無と回数が含まれる。

　また，「決まった相手」との性交（過去1年間），「不定期の相手」との性交（日本国内，過去1年間），「金銭を介したセックスの相手」との性交（日本国内，過去1年間），海外での性経験（過去1年間）が尋ねられた。

④ 一番最近の性交

　②③④に共通して（すなわち各時期の性交に関して），相手がどのような人か，人数，性別，年齢，性交の頻度，性交のタイプ別の行為の有無とコンドーム使用状況，性交の場所等に関する質問がなされている。

⑤ 人生における調査時点までの（生涯の）性経験について

　これまで（初体験から今日まで）の性交相手の人数，性交あるいは性的な興奮を得る行為（性器への刺激，キス，抱擁など）をした（された）相手の性別を尋ねている（回答は「男性のみ」，「女性のみ」，「男性も女性も」のうち1つ）。

3) 主な指標（数値）

　以下，木原正博（2000）により，主な指標（数値）を列挙する。

① 性交経験割合（男93.7%，女92.8%）

② 初交年齢の年齢層別の分布，初交相手との関係（配偶者／婚約者，恋人／友人，買春，その他）別割合，初交相手の年齢（年上，同じ位，年下，わからない）別割合

③ 過去1年間の性交経験割合（男85.4%，女77.7%），相手の種類（決まった相手，不定期の相手，金銭の授受を介した相手）別該当者の割合，相手の人数の分布，同時に複数の相手と関係にあった人の割合，過去1年間の性交頻度（月1回未満，月1回程度，月2〜3回，週1回程度，週2〜3回，週4回以上）別割合

④ これまでの性交相手の人数の分布

(6) NHK「日本人の性行動・性意識」調査

　調査期間は 1999 年の 11〜12 月，母集団は全国 16〜69 歳の男女（層化二段無作為抽出法による 3,600 人），調査員が訪問・面前記入密封回収法・自記式調査で，調査有効数は 2,103 人（調査有効率 58.4 ％）であった（NHK 2002）。

1）調査の背景

　日本社会における男女の関係の変容をセックスという観点から描く試みとして放送ジャーナリズムに関わるテレビ制作者によって企画された。同年実施された疫学寄りの上記（5）調査を補う形になっている（NHK 2002）。

2）性行動に関する調査事項

　性交に関する調査事項を以下列挙する。この調査で「セックス」とは，性器挿入（膣性交，肛門性交）に限らず，性器への接触があり，性的な快感があるもの（自慰は含まない）とした（牧田 2000，NHK 2002）。

① セックス経験（あり，なし，無記入）

② 過去 1 年間のセックス経験（人数／頻度／相手／場所／時間／行為／理由／満足度）

③ 初体験（年齢／相手／理由）

3）主な指標（数値）

　以下列挙する（NHK 2002）。

① これまでのセックス経験ありの割合（93 ％）

② 過去 1 年間のセックス経験：経験ありの割合，人数別割合，過去 1 年間のセックス頻度別割合，最も多くセックスをした相手（配偶者，恋人，それ以外の人）別割合，配偶者や恋人との過去 1 年間のセックス頻度の分布

③ 初体験（年齢／相手／理由）について：初体験の年齢別割合，初体験の相手（配偶者，婚約者，恋人，友人，顔見知りの人，いきずりの人，家族，風俗施設，その他）別割合

(7) 日本版総合的社会調査

　日本版総合的社会調査（Japanese General Social Surveys: JGSS）は，日本の

全国人口を対象に 2000 年の第 1 回調査に始まり（岩井・佐藤 2002），継続実施されている。[(10)]

1) 調査の背景

　本調査には，先行して米国で実施されてきた General Social Survey（GSS）との比較を念頭におきながら，多岐にわたる項目が含まれている（玄田・斎藤 2007）。このうち 2000 年の第 1 回調査（JGSS-2000）と 2001 年の第 2 回調査（JGSS-2001）に性交頻度についての設問が含まれている。

2) 性行動に関する調査事項

　いずれも「あなたの過去 1 年間のセックスの頻度はどれくらいですか」という質問に対し 8 つの選択肢（①全くなし，②年に 1〜2 回，③月 1 回程度，④月に 2〜3 回，⑤週 1 回程度，⑥週に 2〜3 回，⑦週 4 回以上，⑧回答したくない）から選んで回答するものである。

3) 主な指標（数値）

　玄田・斎藤（2007）が両調査を合わせたデータから 20〜59 歳の既婚就業者について分析をおこなったところによると，セックスが月 1 回未満というセックスレスの割合は 15.2%（無回答を除くと 25.7%）であった。また上記データから 20〜44 歳の独身者（未婚と離別を含む）についても分析をおこなったところによると，無回答を除いて，年間のセックスが「まったくなし」が 42.0% でセックスレスが半数以上を占めていた（玄田・斎藤 2007）。

(8) 日欧大学生性行動比較調査

　大学生を対象に実施された性行動調査であり，筆者も企画・実施に加わり，概ね 2001 年 11〜12 月に全国の協力の得られた 21 大学で実施された（佐藤 2002）。教室で学生に調査票を配布し，各人で記入の上郵送にて返信してもらった。配布数 2,167 票に対し，返送された調査票は 984 票（45.4%）であった。

1) 調査の背景

　イタリアの人口学研究者ダラズアンナ（G. Dalla Zuanna）とビラーリ（F. C. Billari）の提案により（Billari et al. 2007），ほぼ同一内容の調査票で 9 か国（イ

タリア，日本，フランス，ポーランド，ブルガリア，ルーマニア，ロシア，オーストラリア，米国）の大学生を対象に実施された性行動調査の日本調査である。

2）性行動に関する調査事項

性交に関しては，以下の事項を尋ねている。

① 最初の性交：性交経験の有無，初交の時期（年，月），相手との関係，どちらが先に（性交について）言いだしたか，など

② これまでの性交：人数，買春の有無

③ ここ 3 か月くらいの間の性交：回数

3）主な指標（数値）

性交経験ありの割合（男 59.5%，女 57.6%）（佐藤 2002）とカプラン・マイヤー法による初交年齢の中央値（男 20.1 歳，女 19.9 歳）（Billari et al. 2007）が算出された。

大学生を対象とした性行動調査は，一般人口を代表していないという欠点を持つ一方，社会経済面で比較的同質的な集団であり，長く精緻な調査票にも協力的という利点がある。[11] ダラズアンナらの研究グループは，2000 年に続いて2017 年にもイタリアの大学生を対象に同様の調査を実施し比較分析した（Minello et al. 2020）。

(9) 男女の生活と意識に関する調査

日本家族計画協会が全国人口を対象に継続的に実施している性行動調査であり，調査の標本は全国の 16~49 歳の男女 3,000 人（層化二段無作為抽出），方法は調査員による訪問留置訪問回収法である。第 1 回調査は 2002 年に実施され，第 8 回調査（2016 年）まで 2 年ごとに実施されている。第 8 回調査の場合，有効回収数は 1,263 票（全標本に対して 42.1%），転居・長期不在・住所不明によって調査票を手渡すことができなかったものを除いた回収率は 46.8% であった（日本家族計画協会 2017）。

1）調査の背景

1950 年から 2000 年（第 25 回）まで半世紀にわたって続けられた毎日新聞社

による全国家族計画世論調査の後継という意味合いもあるが，本調査では性行動に関する内容が多く含まれている。家族計画からセクシュアリティへ，という社会的関心の変化を反映しているといえよう。

2) 性行動に関する調査内容

　第8回調査では性交に関して，①セックス（性交渉）することへの関心の有無（「とても関心」から「嫌悪」まで5段階），②異性とかかわることの意識（「とても面倒」から「嫌悪」まで5段階），③配偶者や恋人とのセックスのイメージ，④異性との性交経験（経験者には，初交年齢，きっかけ，避妊の有無など），また，過去1年間に性交をした相手の人数，1か月間の異性との性交回数などが設問に含められた（日本家族計画協会 2017）。

3) 主な指標（数値）

① これまでの性交経験

　第1回から第8回まで通した調査結果によると，（独身者と既婚者を含む16〜49歳について）異性と性交経験のある者の割合（分母に無回答を含む）は，2006年（女性86.9%）ないし2008年（男性86.1%）あたりがピークで近年低下している（2016年は男性78.5%，女性83.4%）（北村 2017）。この近年の低下傾向には，未婚化の進行が影響しているとみられるが，若年層の「セックス離れ」，いわゆる「草食化」の議論につながるものである。第8回調査（2016年）で未婚男女（18〜34歳）のうち性交経験なしの割合は，男42.0%，女46.0%であったが，これは前年（2015年）実施された「出生動向基本調査」（前述）の対応する割合（男42.0%，女44.2%）に極めて近い値である。

　年齢（または在籍学校）別の性交経験割合の変化をもって若年者の初交年齢の変化の代理指標と見ると，前述の「青少年調査」，「出生動向基本調査（独身者調査）」，この「男女調査」のいずれにおいても21世紀初頭を転換点として性交経験割合低下，すなわち初交年齢の（従来の低年齢化から一転して）高年齢化が見られる。これは近年の日本における「セックス離れ」傾向として注目すべき現象である（佐藤 2019）。

② 有配偶カップルの性生活

婚姻関係（再婚も含む）にある 16〜49 歳の男女のうち，過去 1 か月間性交を
しなかった割合（セックスレス割合）は，2004 年から 2016 年まで，31.9％，
34.6％，36.5％，40.8％，41.3％，44.6％，47.2％と，調査ごとに増加している
（北村 2017）。ここで示されたセックスレス割合が過去に比べ大きく上昇したの
かどうか評価は難しい。ただ前出の篠崎レポートでは，夫婦の性交回数は週 3
回から 5 回が最多（36.5％）で平均 3.9 回という数値が示されており（篠崎
1953），今日とは格段の開きがあるといえる。

おわりに

　近年のわが国で，性行動に関して，全国人口を対象とする無作為抽出による
標本調査が複数実施されているが，調査の方法，性行動の定義や呼称も調査ご
とに異なっている。性交の定義をとっても，異性間に限定するかしないか，膣
性交のみならずオーラル・セックスや肛門性交も含むかどうかなど，不統一・
不明瞭である。調査の回収・回答率にも差がある。それゆえ調査間の正確な比
較はできないものの，複数の調査から大まかな傾向を読み取ることは一定程度
可能である。その際，日本人のライフコースにおける性生活の開始とカップル
の日常の性生活の 2 点が特に注目点といえる。
　なお従来の性行動調査とそれに基づく研究はシスジェンダーの男女の異性間
の性交を典型と捉えるものが主流であったため，既存文献の多くはそれを受け
た論考となっている。今後マイノリティの性行動について調査・研究が進めば，
より多面的な視点から議論が深められることが期待される。

注

(1)「性同一性障害」は，米国精神医学会の「精神疾患の診断・統計マニュアル：第
　5 版」（DSM-5）では "gender dysphoria"（性別違和）に，世界保健機関（WHO）

の「国際疾病分類：第 11 版」(ICD-11) では "gender incongruence"（性別不合）に変更されている（針間 2019）。名称だけでなく近年の脱病理化の流れに沿って定義・概念も幾分変更され，ICD-11 では精神疾患ではなく，「性の健康に関する状態」という分類項目に含まれている（針間 2019）。しかし，新しい名称は日本ではまだなじみが薄く，関連の法律名，学会名も「性同一性障害」のままであり，既存文献も「性同一性障害」として論述されたものがほとんどである。

(2)「トランスジェンダー」の語は，日本では，まずは，医療の側から見た「性同一性障害（GID）」にあたる人を当事者の側から見た語と理解されているように思われる。しかし，服装倒錯（transvestism）や女装者コミュニティの内部で性別適合手術に距離を置き社会の性別二元論に強い違和感をもつ人（性別越境者）を含む広義の用法もあるといわれる（石田 2012）。

(3) 同法（2004 年施行）に基づき戸籍上の性別を変更した人は，司法統計によると，2019 年までに計 9,625 人といわれる（日本経済新聞，2021 年 1 月 4 日電子版）。(https://www.nikkei.com/article/DGKKZO67837880T00C21A1CR8000/，2021 年 9 月 5 日閲覧)。

(4) 日本では 1991 年に「セックスレス・カップル」という言葉が提唱され，1994 年には日本性科学会学術集会で「特殊な事情が認められないにもかかわらず，カップルの合意した性交あるいはセクシュアル・コンタクトが 1 か月以上なく，その後も長期にわたることが予想される場合」をセックスレスと定義することになった（阿部 2012）。

(5) 日本の性行動調査の先駆けとしては，山本宣治や朝山新一の調査が挙げられるが，調査対象は主に学生に限られていた（朝山 1949，柴本 2008）。これに対し，一般人口を対象にした最初の性行動調査は篠崎信男によっておこなわれ「篠崎レポート」と称される。篠崎（1953）は，1949 年から 1952 年にかけて，全国の都市部 3 か所，農村部 5 か所で面接調査を終えた。面接総数はおよそ 2,000 人を超えたが，確実なものはおよそ 750 票に過ぎなかったという。調査項目のうち性交に関するものは，性交回数（妊娠順位別），性交姿勢，性愛技戯の有無，配偶者以外との性交経験，性欲の状態，自慰または夢精，純潔に対する希望状態，性的満足感の実状など多岐にわたる（篠崎 1953）。

(6) 出生動向基本調査の概要と調査結果は，国立社会保障・人口問題研究所のホームページに掲載されている（http://www.ipss.go.jp/site-ad/index_Japanese/shussho-

index.html，2021 年 9 月 3 日閲覧）。

(7) FFS のホームページを参照（https://www.unece.org/pau/ffs/ffs.html，2021 年 8 月 31 日閲覧）。

(8) 本調査の後継として 2004 年に実施された「第 1 回人口・家族・世代世論調査報告書」でも，未婚女性の性交経験を調査している（毎日新聞社 2004）。

(9) 例として 1992 年に米国で実施された「国民健康社会生活調査（National Health and Social Life Survey: NHSLS）」，1990〜91 年に第 1 回調査（Natsal-1）が実施された英国の「性に対する態度とライフスタイルに関する全国調査（National Survey of Sexual Attitudes and Lifestyles: Natsal）」などが挙げられる（Mercer et al. 2013）。一般人口を対象とした無作為抽出の性行動調査は，フィンランド（1971 年，1992 年），ノルウェー（1987 年，1992 年）などでもおこなわれた（鍛冶 2001）。

(10) 大阪商業大学 JGSS 研究センターのホームページ参照（http://jgss.daishodai.ac.jp/index.html，2021 年 10 月 21 日閲覧）。

(11) 他に日本で大学生を対象に実施された性行動調査の例として，エイズ対策研究事業の一環として 1999 年に実施された「全国国立大学学生 Sexual Health Study」などがある（木原雅子 2000）。

参考文献

赤川学（2012）「セクシュアリティ」『現代社会学事典』弘文堂，pp.783-786。

朝山新一（1949）『現代学生の性行動：1000 名の資料による若い世代の性生活の分析』臼井書房。

阿藤誠（2010）「出生力調査」人口学研究会編『現代人口辞典』原書房，p.116。

阿部輝夫（2012）「セックスレス」『現代社会学事典』弘文堂，pp.789-790。

石田仁（2012）「トランスジェンダー」『現代社会学事典』弘文堂，pp.960。

石田仁（2019）『はじめて学ぶ LGBT：基礎からトレンドまで』ナツメ社。

岩井紀子・佐藤博樹（2002）『日本人の姿：JGSS にみる意識と行動』有斐閣。

NHK「日本人の性」プロジェクト（2002）『データブック NHK 日本人の性行動・性意識』日本放送出版協会。

鍛冶良実（2001）「セックス・イン・スウェーデン：スウェーデン国立公衆衛生院 1997 年性行動調査報告」『現代性教育研究月報』2001 年 5 月号，pp.12-13。

片瀬一男（2019）「第 8 回青少年の性行動全国調査の概要」日本性教育協会編『「若者

の性」白書：第 8 回青少年の性行動全国調査報告』, pp.10-28。

釜野さおり（2018）「LGBT」日本人口学会編『人口学事典』丸善出版, pp.192-195。

釜野さおり（2020）「特集に寄せて」『人口問題研究』Vol.76(4), pp.439-442。

北村邦夫（1998a）「性の分化と決定」北村邦夫編『リプロダクティブ・ヘルス／ライ
　　ツ：性と生殖に関する健康と権利』メディカ出版, pp.42-46。

北村邦夫（1998b）「男女の性反応」北村邦夫編『リプロダクティブ・ヘルス／ライ
　　ツ：性と生殖に関する健康と権利』メディカ出版, pp.47-51。

北村邦夫（2017）「第 8 回男女の生活と意識に関する調査結果（概要）」（2017 年 2 月
　　10 日メディア発表会スライド資料）。

木原雅子（代表研究者）（2000）「若者の HIV/STD 関連知識・性行動・性意識に関す
　　る研究」『平成 11 年度厚生科学研究費補助金：エイズ対策研究事業：HIV 感染症
　　の疫学研究：研究報告書：平成 12 年 3 月』, pp.584-593。

木原正博（主任研究者）（2000）『平成 11 年度厚生科学研究費補助金：エイズ対策研
　　究事業：HIV 感染症の疫学研究：研究報告書：平成 12 年 3 月』。

現代性科学・性教育事典編纂委員会（1995）『現代性科学・性教育事典』小学館。

玄田有史・斎藤珠里（2007）『仕事とセックスのあいだ』朝日新聞社。

国立社会保障・人口問題研究所（2017）『現代日本の結婚と出産：第 15 回出生動向基
　　本調査（独身者調査ならびに夫婦調査）報告書』（調査研究報告資料第 35 号）。

斎藤光（1996）「セクシュアリティ研究の現状と課題」『岩波講座現代社会学〈10〉セ
　　クシュアリティの社会学』岩波書店, pp.223-249。

佐藤龍三郎（2002）「若者の性行動に関する日欧比較研究」小島宏（主任研究者）『厚
　　生科学研究費：平成 13 年度報告書：先進諸国の少子化の動向と少子化対策に関
　　する比較研究』, pp.105-176。

佐藤龍三郎（2019）「少子化とセクシュアリティ：日本人の性行動はどのように変わっ
　　たのか」『中央大学経済研究所年報』Vol.51, pp.109-133。

篠崎信男（1953）『日本人の性生活』文芸出版。

柴本枝美（2008）「山本宣治の性教育論における性生活調査の位置づけと役割」『創
　　発：大阪健康福祉短期大学紀要』Vol.7, pp.35-51。

瀬地山角（2012）「性革命」『現代社会学事典』弘文堂, pp.734。

デッカー，ジュリー・ソンドラ著，上田勢子訳（2019）『見えない性的指向：アセク
　　シュアルのすべて：誰にも性的魅力を感じない私たちについて』明石書店。(J. S.

Decker（2014）*The Invisible Orientation: An Introduction to Asexuality*）

日本家族計画協会（2017）『第 8 回：男女の生活と意識に関する調査報告書（CD-ROM）』。

日本性教育協会（2019）『「若者の性」白書：第 8 回青少年の性行動全国調査報告』小学館。

林雄亮（2019）「変化する性行動の発達プロセスと青少年層の分極化」日本性教育協会編『「若者の性」白書：第 8 回青少年の性行動全国調査報告』小学館 , pp.29-46。

原純輔（2001）「〈青少年の性行動全国調査〉が問いかけるもの」日本性教育協会編『「若者の性」白書：第 5 回青少年の性行動全国調査報告』小学館, pp.7-22。

原純輔（2007）「〈青少年の性行動全国調査〉とその 30 年」日本性教育協会編『「若者の性」白書：第 6 回青少年の性行動全国調査報告』小学館, pp.7-21。

針間克己（1998）「パラフィリア」北村邦夫編『リプロダクティブ・ヘルス／ライツ：性と生殖に関する健康と権利』メディカ出版, pp.223-226。

針間克己（2000）「セクシュアリティの概念」『公衆衛生』Vol.64（3）, pp.148-153。

針間克己（2019）『性別違和・性別不合へ：性同一性障害から何が変わったか』緑風出版。

平森大規・釜野さおり，郭水林・小西優実訳（2021）「性的指向と性自認のあり方を日本の量的調査でいかにとらえるか：大阪市民調査に向けた準備調査における項目の検討と本調査の結果」『人口問題研究』Vol.77（1）, pp.45-67。

毎日新聞社人口問題調査会（1994）『新しい家族像を求めて：毎日新聞社・第 22 回全国家族計画世論調査』毎日新聞社。

毎日新聞社人口問題調査会（2004）『超少子化時代の家族意識：第 1 回人口・家族・世代世論調査報告書』毎日新聞社。

牧田徹雄（2000）「日本人の性意識とメディア：〈性についての実態調査〉から」『放送研究と調査』Vol.50（7）, pp.26-43。

三宅大二郎・平森大規（2021）「日本におけるアロマンティック／アセクシュアル・スペクトラムの人口学的多様性：〈Aro/Ace 調査 2020〉の分析結果から」『人口問題研究』Vol.77（2）, pp.206-232。

宗像恒次・田島和雄（1992）『エイズとセックスレポート／JAPAN』日本評論社。

守泉理恵（2019）「統計データからみた日本の性行動：〈出生動向基本調査〉の結果から」『保健の科学』Vol.61（9）, pp.592-598。

我妻堯（2002）『リプロダクティブヘルス』南江堂。

Baumle, Amanda K. (2013) "Introduction: The Demography of Sexuality," A. K. Baumle (ed.), *International Handbook on the Demography of Sexuality*, Dordrecht: Springer, pp.3-9.

Billari, Francesco C., Marcantonio Caltabiano, and Gianpiero Dalla Zuanna (2007)*Sexual and Affective Behaviour of Students: An International Research*, Padova: CLEUP.

Bogaert, Anthony F. (2013) "The Demography of Asexualtiy," A. K. Baumle (ed.), *International Handbook on the Demography of Sexuality*, Dordrecht: Springer, pp.275-288.

Bozon, Michel (2002) "Demography and Sexuality," G. Caselli, J. Vallin, and G. Wunsch (eds.), *Demography: Analysis and Synthesis*, Amsterdam: Elsevier, Vol.1, pp.491-501.

Ericksen, Julia A. and Sally A. Steffen (1996) "What Can We Learn from Sexual Behavior Surveys? The U.S. Example," S. Zeidenstein and K. Moore (eds.), *Learning about Sexuality: A Practical Beginning*, New York: The Population Council, pp.73-85.

Ghaznavi, Cyrus, H. Sakamoto, D. Yoneoka, S. Nomura, K. Shibuya, and P. Ueda (2019) "Trends in Heterosexual Inexperience among Young Adults in Japan: Analysis of National Surveys, 1987-2015," *BMC Public Health*, Vol.19: 355.

Laumann, Edward O. and Anthony Paik (2003) "Sexuality, Human," P. Demeny and G. McNicoll (eds.), *Encyclopedia of Population*, New York: Macmillan Reference USA, pp.881-888.

Mercer, Catherine H., C. Tanton, P. Prah, B. Erens, P. Sonnenberg, S. Clifton, W. Macdowall, R. Lewis, N. Field, J. Datta, A. J. Copas, A. Phelps, K. Wellings, A. M. Johnson (2013) "Changes in Sexual Attitude and Lifestyles in Britain Through the Life Courses and Over Time: Findings from the National Surveys of Sexual Attitudes and Lifestyles (Natsal)," *Lancet*, Vol.382, pp.1781-1794.

Minello, Alessandra, Marcantonio Caltabiano, Gianpiero Dalla Zuanna, and Daniele Vignoli (2020) "Catching Up! The Sexual Behaviour and Opinions of Italian Students (2000-2017)," *Genus,* Vol.76(16), pp.1-22.

（佐藤龍三郎）

第2章　性的マジョリティの初交経験：
日本社会における過去半世紀の変遷

はじめに

　戦後の日本社会では若者の性交渉に対する考え方に大きな変化があった。次頁の**図2-1**は，16〜29歳の若者が婚前交渉に対してどのような考え方をしてきたのかを示したグラフである。1973年には「結婚式がすむまでは，性的まじわりをすべきでない」もしくは「結婚の約束をした間柄なら，性的まじわりがあってもよい」を選択する者の割合は高く，女性で約60％，男性でも約40％を占めていた。しかしその割合は1998年には女性で約15％，男性では約10％にまで低下している。その後，2000年代以になるとふたたび増加傾向にはあるものの，近年の日本では性交渉の前提に結婚があるという考え方をする人は少数派であり，「深く愛し合っている男女なら，性的まじわりがあってもよい」とする人が多数派を占めている。

　では，このような婚前交渉に対する考え方の変化に対応して，実際の若者の性行動も変化してきたとみてよいのだろうか。つまり，かつての日本では若者の多くが婚前交渉を経験しないまま結婚していたが，近年では未婚者が性交渉を経験することが珍しくなくなったと考えてよいのだろうか。

　この疑問に対して，定量的なデータから答えることは実は容易ではない。もちろん，近年の若者の性行動の実態は確認することができる。**図2-2**は1987年から2015年の間に，「異性との性交渉」の経験があると回答した未婚者（過去に結婚経験がない者）の割合がいかに推移してきたかを示したグラフである。最新の2015年に注目すると，性交渉の経験があると回答している未婚者は，男

28

女ともに18〜19歳では約20%，20〜24歳では約50%である。そして，25〜29歳，30〜34歳になると，男性の約70%，女性の約60%が経験ありと回答している。この値は1997年もしくは2002年時点と比較すると低下傾向にあるが，少なくとも現代の日本社会において，未婚者が異性との性交渉をすることが珍しくないということが確認できる。

　一方，「かつて」の若者の性行動の実態を知ることは難しい。第1章で見てきた通り，日本社会を対象とした性行動研究，性行動調査はこれまでにも行われてきている。特に，1974年に「青少年の性行動全国調査」が開始されたことで，

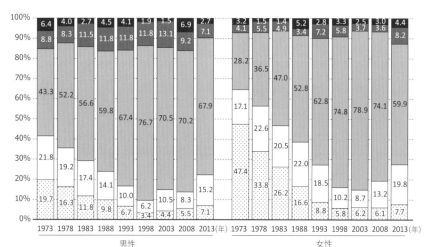

図2-1　年次別にみた婚前交渉に対する意識（16〜29歳の男女）：1973年から2013年
（資料）　NHK放送文化研究所世論調査部「日本人の意識調査」（第1回〜第9回調査）の個票データより筆者集計．
　（注）　調査票では「結婚していない若い人たちの男女関係について，どのようにお考えですか．リストの中から，あなたのお考えにいちばん近いものを選んでください」という質問文とともに，「結婚式がすむまでは，性的まじわりをすべきでない」「結婚の約束をした間柄なら，性的まじわりがあってもよい」「深く愛し合っている男女なら，性的まじわりがあってもよい」「性的まじわりをもつのに，結婚とか愛とかは関係ない」「その他」「わからない」という選択肢が提示されている．

その後の世代の若者の性行動については定量的に時代の変化を捉えることができるようになった。しかし，それ以前には全国規模の代表性のある性行動調査は行われておらず，1970 年代以降に行われた定量的な調査においては高い年齢層（言い換えるならば古い世代）の人々が若者であったときの性行動を測定することに主眼が置かれていない場合が多い。そのため，1970 年代以前の日本社会における若者の性行動の実態に関する情報は限られている。[(1)] つまり，「近年では未婚者が性交渉を経験することが珍しくなくなった」ことはデータから確認することができるが，「かつての日本では若者の多くが婚前交渉を経験しないまま結婚していた」のかどうかがわからない。

　そこで本研究では，日本社会における過去半世紀の若者の性行動の変化を描出することを目的とする。具体的には，2000 年前後に行われた疫学的性行動調査の結果から，個人がライフコースの中で最初に経験する性交渉（初交）が世

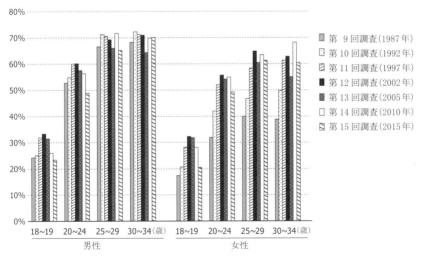

図2-2　男女別，年齢階級別にみた，「異性との性交渉」の経験がある未婚者の割合：
1987 年から 2015 年

（資料）　国立社会保障・人口問題研究所「出生動向基本調査」独身者調査.
　（注）　「あなたはこれまでに異性との性交渉をもったことがありますか」という質問に対し，「ある」と回答した者の割合. 調査票上では「性交渉」の定義を示していない. また, 調査回によって質問文が若干異なっている.

代によっていかに変化してきたかを確認する。さらにその結果を踏まえた上で，「出生動向基本調査」の独身者調査の個票データを分析し，1990年代から2010年代にかけて，未婚の若者の性交渉経験の有無に関連する背景要因がいかに変化してきたかを検討する。

本研究において初交に注目する理由は2つある。第一に，人々の性行動には多様な側面があり，個人の一生の中でも変化する。そのため，性行動の世代間比較を行うのであれば基準となる指標が必要である。初交は個人のライフコースの中で1度しか発生しない（1度も発生しないこともあり得る）事象であり，交際や結婚といったカップル形成行動との関係も深い。そのため，性的マジョリティの人々のセクシュアリティの時代変遷を描出する基準として適していると考えた。

第二に，公衆衛生分野では初交年齢は性的活動の開始とともに妊娠や性感染症といったリスクへの暴露期間に入ることを示す指標（Slaymaker et al. 2020）とされ，過去に行われてきた性行動調査でも初交に関する質問が行われている場合が多い。日本の場合，個票データが公表されている性行動調査が限られているという制約があるが，初交については公表済みの集計表からであっても比較的多くの情報を読み取ることができるという利点がある。

なお，本研究では日本社会の性的マジョリティの動向をとらえることに主眼を置いているため，「男女間で行われる膣性交」を念頭におきながら「性交渉」という表現を用いている。しかし，本章で参照している調査では質問文の中で「性交渉」「セックス」という表現が使われており，対象者に「性交渉」「セックス」に膣性交以外の行為を含むということを明示している調査もある。また，そもそも一般的に「性交」は「性交渉」「セックス」よりも膣性交を想起させると想定されるので，調査で測定されている「性交渉」「セックス」には「性交」以外の行為が含まれている可能性が高い。つまり，男女の膣性交以外を含む「性交渉」「セックス」を測定した調査を参照し，測定されている「性交渉」「セックス」を「男女間で行われる膣性交」と解釈していることになる。この点は厳密さを欠くことになるが，データの制約上やむを得ないと判断した。

　また，近年の学術研究においては「性交渉」ではなく「性交（sexual intercourse）」という用語が使用される傾向にある。しかし，上記のような調査票を用いて測定されている「性交渉」「セックス」を「性交」と言い換えることには慎重になる必要がある。さらに，本文中に「性交渉」と「性交」が混在することで混乱が生じる可能性もあったため，本章では「性交渉」という表現を統一して用いている。なお，調査結果を引用する際には，図の注や脚注において調査票の質問文をできるだけ丁寧に示している。本文と合わせて確認いただきたい。

第1節　初交はどのように変化してきたか？

　本節では全国規模で実施された性行動調査の結果から，人々が初交をいつ，どのような相手との間で経験してきたのかを確認する。具体的には，1999年6月に厚生省HIV感染症の疫学研究班行動科学研究グループ（研究代表者：木原正博）が実施した「日本人のHIV／STD関連知識，性行動，性意識についての全国調査」，1999年11月から12月にかけてNHKが実施した「日本人の性行動・性意識調査」，日本家族計画協会が2002年から2年毎に実施している「男女の生活と意識に関する調査」の第1回調査の結果報告書（NHK「日本人の性」プロジェクト 2002，木原ら 2000，日本家族計画協会 2003）を参照する。

　上記の3調査には2つの共通点がある。1点目は，調査の実施もしくは開始の時期が2000年前後であること，2点目は個人の性行動について，過去の経験を含めて質問している全国規模のサンプリング調査であることである。これは2000年頃に発生したHIV感染症の流行と10代の人工妊娠中絶・性感染症の増加という当時の社会的問題を背景に設計・実施された調査であることに起因する。これら3つの調査は調査主体が異なるものの，公衆衛生上の問題を背景として日本社会全体における性行動の実態を捉えることを主眼においた設計となっており，性行動というプライバシーに抵触する質問を中心とした調査票であるにも関わらず高い回収率を達成している。

　なお，本節で参照する調査の集計結果には，性交渉の相手が同性の場合も含まれている。本来であれば性交渉の相手の性別も区別できる形で集計し，その結果を参照することが望ましいが，いずれの調査も個票データが公表されておらず，公表済の集計表を参照せざるを得ない。そのためすべての初交は異性との間で行われたものであるとみなして集計結果を解釈することとした。ただし，「日本人の HIV／STD 関連知識，性行動，性意識についての全国調査」によれば過去に同性との性的接触の経験があると回答した人は男性で 1.5%，女性で 1.8%（木原ら 2000）とされていることから，同性間の性交渉が含まれていたとしても影響は限られていると判断した。

（1）1900 年代半ばからから 2000 年頃まで

　初交はいつ，どのような相手との間で経験される事象なのだろうか。図2-3 は「第 1 回男女の生活と意識に関する調査」の結果によって，年齢階級別にみた性交渉の経験の有無別の割合を示し，性交渉の経験がある人については初交の相手との関係別の内訳を示したグラフである。性交渉の経験がある人の割合は，20 歳未満では男女いずれも 3 割程度であるが，20〜24 歳では男性の約 7 割，女性の約 6 割を占める。そして，25〜29 歳では男女いずれも約 8 割に，30〜34 歳で約 9 割に及ぶが，35〜39 歳で 95% ほどに達するとそれ以上の年齢階級ではほとんど一定になる。

　つまり，10 代で初交を経験している人も 3 割程度いるが，性交渉の経験がある人の割合が高くなるのは 20 代である。あくまで 2002 年時点の横断調査のデータに基づいた解釈ではあるが，日本においては 10 代から 30 代前半で初交を経験する人が多く，特に 20 代での経験する可能性が高い。

　では，どのような相手との間で初交を経験する人が多いのだろうか。男性の場合，いずれの年齢階級でも初交の相手が「恋人」であったと回答している者の割合が最も高い。特に 20 歳未満，20〜24 歳では初交の相手のほとんどが「恋人」で，それ以外の「ゆきずりの人」「この中にはいない」といった回答を選択している人はわずかである。

　しかし，25～29歳では「配偶者」「お金を払った相手（性風俗など）」といった回答を選択する人が現れている。「ゆきずりの人」「この中にはいない」といった回答をしている者の割合も20歳未満，20～24歳よりも高く，初交の相手が「恋人」以外である割合が増加している。さらに30代，40代と年齢階級が高くなるほど，初交の相手を「恋人」以外が占める割合が上昇する。特に，初交の相手は結婚相手（「配偶者」「婚約者」）である割合が高い。また，35～39歳ならびにそれ以上の年齢階級では「お金を払った相手（性風俗など）」と回答している者の割合が10%を上回っている。

　女性の場合も男性と同様で，いずれの年齢階級でも初交の相手が「恋人」であったと回答している者の割合が最も高い。20歳未満，20～24歳では初交の相

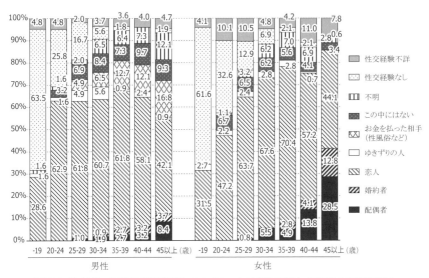

図2-3　男女別，年齢5歳階級別にみた「セックス（性交渉）」の経験の有無の割合
（初交の相手との関係別の内訳）：2002年

（資料）　日本家族計画協会（2003）の43頁と48頁掲載の統計表をもとに筆者作成.
（注）　集計対象は2002年10月1日時点で満16～49歳の男女1,572人（調査票本数は3,000人）.「あなたはこれまでにセックス（性交渉）をしたことがありますか」という質問に対する回答の集計結果. この調査では，調査対象者に対し「セックス（性交渉）」の具体的な定義は示していない. 初交の相手との関係は「初めてセックス（性交渉）をした相手は，当時，あなたとどういう関係でしたか」（下線ママ）という質問に対する回答を集計した結果を参照した. 凡例に示した選択肢以外の選択肢には「セックス（性交渉）することでお金をくれる相手」があったが，「該当者」がいなかったため凡例には記していない.

手のほとんどが「恋人」である点も共通している。そして，25～29歳ならびに
それ以上の年齢階級で「恋人」以外の回答が増加し，年齢階級が高いほど結婚
相手（「配偶者」「婚約者」）の割合が高くなる傾向も同じである。ただし，結婚
相手（「配偶者」「婚約者」）が占める割合は男性よりも高い。また，男性では
「お金を払った相手（性風俗など）」という回答が見られたが，女性では見られ
なかった。

　これらの結果を要約すると以下の3点になる。第一に，10代から20代前半
の若者が初交を経験している場合，その相手は「恋人」である場合が大半を占
めている。第二に，20代後半以上で初交を経験している者では，相手が結婚相
手（「配偶者」「婚約者」）という場合が観察されるようになる。そして結婚相手
（「配偶者」「婚約者」）が占める割合は，年齢が高いほど，そして男性よりも女
性の場合に高い。第三に，男性では初交の相手が買春（「お金を払った相手（性
風俗など）」）という場合がある。

　では，初交の相手は時代とともに変化してきたのだろうか。先述の通り，2000
年頃の日本社会では男女ともに10代から30代前半で初交を経験する者が多く，
30代では初交を経験している者の割合は9割を超えている。このことから考え
ると，たとえば40代の人に初交の相手を調査した場合でも，60代の人に初交
の相手を調査した場合でも，回答者は自身が10代から30代に経験した初交の
時の相手を回答していることになる。つまり，40代以上の人々を対象に年齢階
級別の初交の相手の分布を比較すると，そこから初交の相手の世代間の変化を
読み取ることができる。このような視点に基づいて，「第1回男女の生活と意識
に関する調査」よりも高い年齢層を調査対象に含んでいる「日本人の性行動・
性意識調査」の結果をみていく。

　「日本人の性行動・性意識調査」は1999年に実施されているため，概ね，60
代は1930年代生まれの世代，50代は1940年代生まれの世代，40代は1950年
代生まれの世代とみなすことができる。また，30代は初交を経験する過程にあ
る年齢層として位置づけられるが，初交を経験している者の割合は30代でも9
割程度に達しているため，30代を1960年代生まれの世代とみなして世代間比

較に加える。

　図2-4 は，「日本人の性行動・性意識調査」の結果を参照し，図 2-3 と同様に年齢階級別にみた性交渉の経験の有無別の割合を示し，性交渉の経験がある人については初交の相手との関係別の内訳を示したグラフである。男性の場合，初交の相手が「恋人」である割合は 30 代では 50％ を上回っているが，年齢階級が高くなるほど割合は低下し，60 代では 14.6％ となっている。反対に，初交の相手が結婚相手（「配偶者」「婚約者」）であった者の割合は 30 代では 3.9％ で

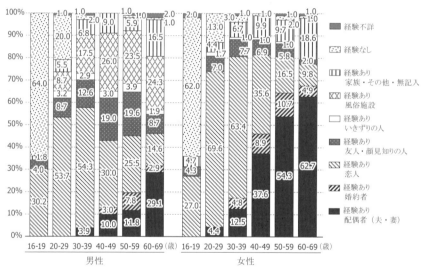

図 2-4　男女別，年齢 10 歳階級別にみた「セックス」の経験の有無の割合
（初交の相手との関係別の内訳）：1999 年

（資料）　NHK「日本人の性」プロジェクト（2002）196 頁掲載の問 7 の集計表，225 頁掲載の問 47 の集計表から筆者作成．

（注）　集計対象は 16〜69 歳の国民 2,103 人（調査対象者数は 3,600 人）．調査票ではセックスの定義を明示し（「ここでいう『セックス』とは，必ずしも性器挿入（膣性交，肛門性交）にかぎりません．性器への接触があり，性的な快感がともなえば，『セックス』と考えてください．ただし，『キスする』や『抱き合う』など性器への接触をともなわない行為や，『マスターベーション（オナニー・自慰）』は含めないでください」），その後に「あなたは，いままでにセックスをしたことがありますか．」という質問で性交渉の経験を聞いている．そして，「はい」と回答した者を対象に「初めてのセックスの相手は，当時，あなたとどういう関係にありましたか」という質問をしている．調査票上では「友人」「顔見知りの人」「家族」「その他」「無記入」はそれぞれ独立した選択肢であったが，製図の都合上カテゴリを集約した．集計には同性間の性交渉が含まれている．

あったが，年齢階級が高くなるほど割合が上昇し，60代では32.0％であった。また，買春（「風俗施設（赤線・ソープランドなど）の人」）は30代では17.5％であるが，60代では24.3％であった。

　女性の場合，30代では初交の相手が「恋人」である割合は全体の6割を超えているが，年齢階級が上昇するほど低下し，60代では1割を下回る。一方で初交の相手が結婚相手（「配偶者」「婚約者」）である割合は30代では4.4％であるが，60代では約70％に及ぶ。そして図2-3の結果と同様，買春（「風俗施設（赤線・ソープランドなど）の人」）を選択した人はいなかった。

　つまり，1930年代生まれから1960年代生まれの世代の中で，初交の相手は結婚相手（「配偶者」「婚約者」）から「恋人」へと変化してきた。また，いずれの世代でも初交の相手が結婚相手（「配偶者」「婚約者」）である割合は女性のほうが高く，特に1930年代生まれの女性では結婚相手（「配偶者」「婚約者」）が全体の約7割を占めていた。[4]

　そして1930年代から1960年代生まれの男性では，4人から5人に1人程度が買春（「風俗施設（赤線・ソープランドなど）の人」）によって初交を経験していた。なお，初交の相手が買春であるとした回答の割合は調査によって若干水準が異なっており，「第1回男女の生活と意識に関する調査」から作成した図2-2の30代，40代の結果と，「日本人の性行動・性意識調査」の結果から作成した図2-3の30代，40代の結果を比較すると，後者のほうがやや高い。また，「日本人のHIV／STD関連知識，性行動，性意識についての全国調査」では，性交渉の経験がある男性のうち，初交相手との関係が買春と回答している者の割合は，35〜44歳では18.6％，45〜54歳で22.8％，55〜59歳で23.1％となっている[5]。調査によってばらつきがあるものの，概ね2割前後が買春によって初交を経験していたと言えるだろう[6]。

(2) 2000年代から2015年まで

　では，21世紀に入ってからはどのような変化が起きているのだろうか。(1)項で参照した「男女の生活と意識に関する調査」は2002年実施の第1回調

査以降も継続して実施されているが，第 2 回調査（2004 年）以降は初交の相手
との関係を問う質問の形式が変更されてしまった。2000 年代以降の「初交の相
手との関係」の変化を捉えることはできなくなってしまったため，別の視点か
ら 2000 年代以降の変化について検討する。

　先述の通り，図 2-2 は「出生動向基本調査」のデータから異性との性交渉の
経験がある未婚者の割合を示したグラフである。「性交渉の経験がある」という
ことは「初交の経験がある」ということと同義であるため，初交を経験してい
る未婚者の割合と言い換えてもよい。18〜19 歳では男女ともに第 9 回調査（1987
年）から第 12 回調査（2002 年）の間に性交渉の経験がある未婚者の割合が上
昇しているが，第 13 回調査（2005 年）から第 15 回調査（2015 年）の間には低
下している。20〜24 歳では，18〜19 歳よりも性交渉の経験がある者の割合が高
いが，18〜19 歳と同様，2000 年頃までは割合が上昇し，その後は低下するとい
う推移をたどっている。25〜29 歳，30〜34 歳では，男性の場合，調査期間中に
はっきりとした変化を読みとることができないが，女性では第 9 回調査（1987
年）から第 12 回調査（2002 年）の間で，性交渉の経験がある者の割合が上昇
し，2015 年にやや低下する傾向がみられる。

　つまり，2000 年代中盤以降に若者の性交渉経験率が低下している。そして，
このような傾向は他の性行動調査においても確認されている（日本家族計画協
会 2003, 2017；林 2018a；片瀬 2019）。また，日本だけではなくアメリカでも
1990 年代から 2000 年代にかけて 10 代の性交渉経験率が低下しており（Manlove
et al. 2009），世界的な変化が起きている可能性がある。

第 2 節　「出生動向基本調査」の独身者調査データからみた
1990 年代以降の若年層の動向

(1)　問題設定

　第 1 節で見てきたように，20 世紀中盤以降の日本社会では初交の相手は結婚
相手から恋人へと変化し，未婚者が性交渉を経験していることが珍しくなくなっ

てきた。しかし，2000年代以降になると未婚の若者の性交渉経験率の低下傾向
が観察されるようになった。

　図2-1で確認できるように，婚前交渉に対する否定的な意見をもつ人々の割
合が低下しているにも関わらず，近年，未婚の若者の性交渉経験率が低下して
いることは一見不自然に見える。この背景にはどのような要因が関係している
のだろうか。本節では，1990年代から2010年代までの未婚の若者の性交渉経
験の有無に着目し，そこに関係する要因を探る。

(2) 先行研究，データと分析

　若者の性交渉経験に関連する要因を分析した研究はこれまでにも行われてき
た。日本国内を対象として，若者の性行動の時代変遷に着目した研究としては，
1974年から学生を対象に実施されている「青少年の性行動全国調査」を使用し
たものがあげられる。たとえば林（2019）は，2017年に実施された第8回調査
までのデータを使用し，1990年代以降は性行動の男女差が縮小したものの，2000
年代以降ふたたび拡大していることなどを明らかにしている。また，調査対象
となっている学生の家庭環境とデート経験や性行動の関係を扱った研究もおこ
なわれている（苫米地 2019，林 2018b）。

　ただし，この調査は調査対象となる学生の家庭環境や性に対する意識や知識，
性行動に関する内実を詳しく調査している一方で，調査対象者の居住地や両親
の社会経済的地位といった情報が得られていないという特徴がある。この点を
カバーしているのが国立社会保障・人口問題研究所が実施している「出生動向
基本調査」の独身者調査である。この調査は概ね5年おきに全国を対象として
実施されており，1982年に実施された第8回調査からは独身者が調査対象者と
なっている。そして1987年に実施された第9回調査以降，独身者に対して調査
時点までに異性との性交渉の経験があるかどうかを質問している。

　「出生動向基本調査」を使用し，性交渉経験の有無に関連する要因を分析した
研究には，Otani（1992）とGhaznavi et al.（2019）がある。Otani（1992）では
1987年の18〜22歳の未婚女性の情報を使用し，個人の人格の特性（統制の所

在，Locus of control）に焦点を当てた分析が行われている。また，Ghaznavi et al.（2019）では 2010 年時点の男女のデータを使用し，調査対象者の居住地や教育水準，就業状態，所得といった要因に焦点を当てた分析がなされている。しかし，調査対象者の出身家庭による影響や 1990 年代以降の時代による変化に着目した分析はこれまでに行われていない。

　そこで本研究は，「出生動向基本調査」の独身者調査を使用し，調査対象者の出身家庭の状況と性交渉経験の有無の関係を分析する。さらに，その関係が 1990 年代から 2015 年の間にいかに変化しているのか，また，していないのかについても検討する。分析では，第 10 回調査（1992 年実施），第 11 回調査（1997 年実施），第 13 回調査（2005 年実施），第 14 回調査（2010 年実施），第 15 回調査（2015 年実施）の 5 回の調査データを使用する。なお，第 9 回調査と第 12 回調査は独立変数として使用する情報が調査に含まれていなかったため分析の対象外とした。

　分析では 18〜24 歳の未婚男女のデータを使用した。18〜24 歳を対象とした理由は以下の 2 点である。第一に，現代の日本では 10 代から 20 代前半の若者のほとんどが未婚者であり，既婚者が分析対象外になることで分析結果に生じるバイアスが少ないと考えらえるためである。第二に，図 2-3 で確認した通り，2000 年頃の日本社会では 10 代から 20 代前半の未婚者が性交渉を経験している場合，その相手はほとんどが「恋人」であり，男性の場合も買春によって初交を経験したという回答がみられない。つまり，少なくとも 2000 年前後には 10 代から 20 代前半の未婚者が「性交渉の経験がある」といった場合，「異性との性交渉を伴うカップル形成の経験がある」ということを意味していると読み替えることができる。本研究ではこの点に注目し，性交渉経験の有無に関連する要因の男女間の比較を行う。

　従属変数は異性との性交渉の経験の有無である。調査では「あなたはこれまでに異性との性交渉をもったことがありますか」という質問をしている。この質問に対して「ある」という回答を 1，「ない」という回答を 0 としたダミー変数を作成し，ロジスティック回帰分析を行った。なお，第 13 回調査は質問文と

回答の選択肢が他の調査回とは異なっているが，他の調査回に準じる形で変数を作成し，分析に使用した。

　推定では，統制変数として調査時点の年齢（年齢各歳別のダミー変数），調査時点の就業状態（就業している場合を1，学生・無職の場合を0としたダミー変数），調査時点の居住地（北海道，東北，関東，中部，近畿，中国・四国，九州・沖縄の7区分）を使用した。なお，「出生動向基本調査」では対象者が調査時点までに性交渉を経験しているかどうかということしかわからないため，統制変数として使用した調査対象者の調査時点の情報は「性交渉経験確率を上昇・低下させる要因」とみなすことができない点に注意が必要である。これらの変数の推定結果は，「調査時点においてどのような状態にある人が，過去に性交渉の経験があると回答する確率が高いのか」を示していると解釈する必要がある。

　これ以外の独立変数として，調査対象者の出身家庭に関する変数を使用した。具体的にはきょうだい構成と両親の学歴である。きょうだい構成では，きょうだいのいない場合を「一人っ子」，年下のきょうだいの有無にかかわらず年長の異性のきょうだいがいる場合には「年長のきょうだいあり（異性）」，年下のきょうだいの有無にかかわらず年長で同性のきょうだいのみがいる場合には「年長のきょうだいあり（同性のみ）」，年長のきょうだいはおらず年下のきょうだいのみがいる場合を「年下のきょうだいのみあり」とした，両親の学歴は「両親ともに高卒以下」「母親のみ高卒後進学」「父親のみ高卒後進学」「両親ともに高卒後進学」という4つの分類を作成した。「出生動向基本調査」では，調査対象者が回答している「両親」が実の親であるか否か，「両親」が離別もしくは死別しているかどうかを調査していない。そのため，ひとり親家庭で育った場合であっても，両親の学歴について回答されていれば分析の対象としている。これらの変数は調査対象者の出生時点で概ね確定している情報であるため，性交渉経験確率に影響する要因として解釈することができる。

　分析結果は表2-1，表2-2の通りである。男性の結果である表2-1から見ていくと，いずれの調査時点においても調査時点の年齢が高いほど異性との性交渉の経験があると回答している確率が高いことが確認できる。また，調査時点に

おける就業状況をみると，就業していない者に比べて就業している者のほうが
1.45 倍（第 11 回調査）から 1.88 倍（第 15 回調査）程度，性交渉を経験してい
る確率が高い。そして調査時点における居住地をみると，第 10 回調査から第
14 回調査までの間，「関東」に比べて「九州・沖縄」に居住している場合に異
性との性交渉の経験があると回答している確率が高い。調査回によって「東北」，
「中部」，「近畿」，「中国・四国」も統計的に有意に高い場合があるが，一貫した
傾向があるわけではない。

　調査対象者の出身家庭に関する変数を見ていくと，第 10 回調査では両親がと
もに高校卒業後に進学している場合に性交渉経験確率が高い傾向が確認できる。
ただし，第 11 回調査以降は統計的に有意にはなっていない。また，きょうだい
構成では，第 10 回，第 13 回，第 15 回調査では統計的に有意な傾向は確認され
ていない。しかし第 11 回調査と第 14 回調査において一人っ子と比べて「年長
のきょうだいあり（異性）」「年長のきょうだいあり（同性のみ）」の場合に性交
渉経験確率が高い傾向が確認された。そして第 14 回調査では「年下のきょうだ
いのみあり」の場合も一人っ子と比べて 1.5 倍高いという結果であった。

　女性の結果（表 2-2）も男性の場合と同様，調査時点の年齢が高いほど性交
渉の経験があると回答している確率が高い傾向がある。また，第 14 回調査を除
くと調査時点で就業している者のほうが性交渉を経験している確率が統計的に
有意に高いことも共通している[7]。

　しかし，調査時点における居住地は男性とは異なった結果になっている。第
10 回調査では「関東」に比べて「近畿」「中国・四国」である場合，第 11 回調
査では「近畿」である場合に統計的に有意に低い傾向がみられる。第 13 回調査
では統計的に有意な変数は確認できないが，第 14 回調査では「関東」に比べて
「九州・沖縄」が 1.42 倍高く，第 15 回調査では「北海道」が 2.24 倍高いという
結果になっている。

　調査対象者の出身家庭に関する変数についてみていくと，第 10 回調査では
「両親ともに高卒以下」の場合と比べて「父のみ高卒後進学」「両親ともに高卒
後進学」の場合に性交渉を経験している確率が低い。しかし，第 11 回調査，第

13回調査では「母のみ高卒後進学」の場合に性交渉経験確率が高いという結果になっている。そして，第14回調査では「両親ともに高卒以下」の場合よりも「父のみ高卒後進学」の場合に0.74倍に，第15回調査では「両親ともに高卒後進学」の場合に0.77倍に性交渉経験確率が低下している。

きょうだい構成についてみると，第10回調査，第11回調査，第15回調査に

表 2-1　調査時点における性交渉経験の有無に関連する要因：男性

	第10回 （1992年） オッズ比	第11回 （1997年） オッズ比	第13回 （2005年） オッズ比	第14回 （2010年） オッズ比	第15回 （2015年） オッズ比
調査時点の年齢					
18歳（基準カテゴリー）	1.00	1.00	1.00	1.00	1.00
19歳	1.56 **	2.08 ***	1.34	1.47	2.01 ***
20歳	2.47 ***	2.67 ***	2.40 ***	2.38 ***	2.55 ***
21歳	3.42 ***	4.28 ***	3.14 ***	3.77 ***	3.78 ***
22歳	5.02 ***	5.24 ***	3.59 ***	3.59 ***	3.64 ***
23歳	5.27 ***	5.31 ***	4.12 ***	4.83 ***	4.65 ***
24歳	5.04 ***	6.30 ***	5.85 ***	6.02 ***	4.95 ***
調査時点の就業状態					
就業	1.61 ***	1.45 ***	1.60 ***	1.67 ***	1.88 ***
調査時点の居住地					
北海道	1.33	1.11	1.33	1.39	1.00
東北	1.46 ***	1.29	1.40	1.40	0.66
関東（基準カテゴリー）	1.00	1.00	1.00	1.00	1.00
中部	0.97	1.20	1.39 *	0.91	1.23
近畿	0.82	0.84	0.91	1.51 **	1.00
中国・四国	0.73 *	1.27	1.69 *	1.07	1.48
九州・沖縄	1.41 **	1.32 *	2.09 ***	1.41 *	0.68
両親の学歴					
両親ともに高卒以下（基準カテゴリー）	1.00	1.00	1.00	1.00	1.00
母のみ高卒後進学	1.39	1.22	1.43	1.09	1.07
父のみ高卒後進学	1.09	1.19	0.84	0.77	0.89
両親ともに高卒後進学	1.37 **	0.86	0.83	0.88	0.82
きょうだい構成					
一人っ子（基準カテゴリー）	1.00	1.00	1.00	1.00	1.00
年長のきょうだいあり（異性）	1.21	1.63 **	1.13	1.73 **	1.17
年長のきょうだいあり（同性のみ）	1.18	1.65 **	1.17	1.76 **	1.16
年下のきょうだいのみあり	0.92	1.38	0.93	1.50 *	1.02
定数	0.20 ***	0.17 ***	0.30 ***	0.16 ***	0.18 ***
モデル χ 二乗	283.67 ***	219.12 ***	154.21 ***	179.03 ***	129.53 ***
自由度	19	19	19	19	19
N	2325	1946	1107	1425	1041

（注）　1）　***：p<0.01，**：p<0.05，*：p<0.1
　　　　2）「出生動向基本調査」（第10回，第11回，第13回，第14回，第15回）の独身者調査票のうち，結婚経験がない18〜24歳の男性のデータを使用．ロジスティック回帰分析を行った推定結果．

おいて，「一人っ子」の場合よりも「年長のきょうだいあり（異性）」の場合にオッズ比が統計的に有意に高い。また第11回調査では「年長のきょうだいあり（同性のみ）」の場合にも性交渉経験確率が高いという結果であった。

　表2-1，表2-2の結果から確認することができるのは，男性と女性では性交渉経験の有無に影響する出身家庭の要因に相違があるということ，そして，1992

表2-2　調査時点における性交渉経験の有無に関連する要因の推定結果：女性

	第10回 （1992年） オッズ比	第11回 （1997年） オッズ比	第13回 （2005年） オッズ比	第14回 （2010年） オッズ比	第15回 （2015年） オッズ比
調査時点の年齢					
18歳（基準カテゴリー）	1.00	1.00	1.00	1.00	1.00
19歳	1.81 ***	1.86 ***	1.69 **	2.03 ***	1.04
20歳	2.50 ***	2.30 ***	2.52 ***	3.72 ***	2.58 ***
21歳	2.40 ***	2.97 ***	2.74 ***	3.91 ***	2.68 ***
22歳	3.34 ***	3.77 ***	3.87 ***	6.39 ***	4.19 ***
23歳	3.40 ***	3.59 ***	3.91 ***	4.89 ***	3.40 ***
24歳	3.99 ***	4.32 ***	3.94 ***	5.01 ***	5.03 ***
調査時点の就業状態					
就業	1.88 ***	1.74 ***	1.58 ***	1.21	1.68 ***
調査時点の居住地					
北海道	1.02	0.69	0.82	1.00	2.24 ***
東北	1.24	1.09	1.33	1.41	1.19
関東（基準カテゴリー）	1.00	1.00	1.00	1.00	1.00
中部	1.17	1.07	1.02	1.14	1.01
近畿	0.64 ***	0.70 **	0.95	0.98	1.17
中国・四国	0.61 ***	0.75	1.10	0.76	0.72
九州・沖縄	0.92	1.01	1.06	1.42 *	1.43
両親の学歴					
両親ともに高卒以下（基準カテゴリー）	1.00	1.00	1.00	1.00	1.00
母のみ高卒後進学	0.85	1.59 **	2.13 ***	0.94	1.14
父のみ高卒後進学	0.71 **	1.00	1.30	0.74 *	0.88
両親ともに高卒後進学	0.66 **	0.84	1.00	0.84	0.77 *
きょうだい構成					
一人っ子（基準カテゴリー）	1.00	1.00	1.00	1.00	1.00
年長のきょうだいあり（異性）	1.37 *	1.58 **	1.29	1.08	1.81 **
年長のきょうだいあり（同性のみ）	1.18	1.80 ***	1.42	1.15	0.96
年下のきょうだいのみあり	1.26	1.12	1.48	0.88	1.05
定数	0.14 ***	0.19 ***	0.22 ***	0.26 ***	0.19 ***
モデルχ二乗	232.67 ***	211.86 ***	143.42 ***	156.02 ***	164.2 ***
自由度	19	19	19	19	19
N	2307	2032	1384	1552	1112

（注）　1）　***：p<0.01，**：p<0.05，*：p<0.1
　　　　2）「出生動向基本調査」（第10回，第11回，第13回，第14回，第15回）の独身者調査票のうち，結婚経験がない18〜24歳の女性のデータを使用．ロジスティック回帰分析を行った推定結果．

年から 2015 年の約 20 年の間に若者の性交渉経験の有無に関連する要因に変化があったということである。

　まず両親の学歴をみると，第 10 回調査（1992 年時点）において男性の場合は「両親ともに高卒後進学」の場合に性交渉経験確率が高いという結果になっているが，女性の場合は「父のみ高卒後進学」「両親ともに高卒後」の場合には性交渉経験確率が低い。中学生と高校生を対象とした分析では父親の階層が高いほど子の性行動が抑制されるという結果になっていた（林 2018b）。しかし，18 歳以上を分析対象とした本分析では，女性の場合は両親学歴が高いことが性交渉経験を抑制する方向に作用しているが，男性の場合には促進する方向に作用している。ただし，親の学歴と子の性交渉経験確率の関係が統計的に有意に確認できるのは，男性では第 10 回調査時点，女性では第 10 回調査と第 15 回調査時点のみである。

　本研究のみからこの背景を明らかにすることは困難であるが，18 歳以下という若年で経験された性交渉経験の有無に関連する要因と，24 歳までに経験された性交渉経験の有無に関連する要因は異なっている可能性が考えられる。男性の場合，父親の階層が高いことが若年での性交渉経験を抑制するが，18 歳以上ではその効果が消失するのかもしれない。第 1 節でみてきたように，20 代前半までに性交渉を経験している者では，初交の相手のほとんどが「恋人」であることを踏まえると，出身家庭の階層の高さが異性のパートナーの獲得可能性を上昇させている可能性があるだろう。これに対し女性の場合，両親の学歴が高いことは 18 歳以下での性交渉経験であれ，24 歳以下での性交渉経験であれ，抑制する方向に作用している。子どもが娘である場合，両親が高学歴であることが子の性行動への抑制効果を持ち続けるのかもしれない。

　そして 1997 年以降の調査では，男性の場合，両親の学歴と本人の性交渉経験確率の間に統計的に有意な関係性は観察されなくなる。しかし女性の場合は，1997 年と 2005 年には「母のみ高卒後進学」の場合に性交渉経験確率が上昇し，その後は「父のみ高卒後進学」と「両親ともに高卒後進学」の場合に性交渉経験確率が低下している。

　表 2-2 をみると，18～19 歳，20～24 歳の未婚女性の性交渉経験率が最も高く
なったのは第 12 回調査（2002 年）である。その後の第 13 回調査（2005 年）で
は若干低下し，2010 年以降の調査では明らかな低下傾向に転じている。性交渉
経験率の上昇時期（1997 年，2005 年）に「母のみ高卒後進学」の場合に女性の
性交渉経験確率が上昇している点は興味深い。推測にはなるが，「母のみ高卒後
進学」という出身家庭の階層や両親の関係性が，娘の異性のパートナーの獲得
可能性を上昇させていたのかもしれない。しかし 2010 年以降の性交渉経験率の
低下時期になるとこの効果は消失し，親が高学歴であることは性交渉経験確率
を抑制する方向に作用するようになる。このような時代変化の背景を論じるに
はさらなる研究が必要であるが，1990 年代後半から 2000 年代半ばに性交渉経
験率の上昇が起きた時期が特殊であり，2010 年代以降の女性の性行動に関連す
る要因が 1990 年代前半に近い形に戻りつつあるのかもしれない。
　次にきょうだい構成をみると，男性では「一人っ子」の場合よりも年長のきょ
うだいがいる場合に性交渉経験確率が高い。苫米地（2019）は男子高校生を対
象とした分析から，同性の年長のきょうだい（兄）がいる場合に性交渉経験確
率が高いという結果を示しているが，本分析では同様に結果は確認されなかっ
た。しかし女性では，第 10 回調査と第 15 回調査時点において年長の異性のきょ
うだい（兄）がいる場合に性交渉経験確率が高いという結果が観察された。本
分析ではきょうだい数による影響を考慮しておらず，また，きょうだい構成に
よる影響は調査の実施時期によって結果が異なっているため安易に結論付ける
ことはできないが，年長のきょうだいの存在が異性のパートナー獲得可能性に
関係していることを示唆する結果である。

おわりに

　本研究で得られた知見は以下の 3 点である。第一に，日本社会では過去半世
紀の間に，婚前交渉に対する開放的な考え方が広まっただけではなく，実際に

婚前交渉を経験する若者の増加が起きた。図2-4で示した通り，戦前生まれ（1930年代生まれ）の世代では，婚前交渉をしなかった人の割合が女性全体の約7割，男性全体の約3割であったが，1960年代生まれの世代では女性全体の約1割，男性の約4％にまで低下した。

　第二に，初交の相手との関係は男女で異なっている。男女ともに初交の相手が結婚相手や恋人である割合が高いことは共通しているが，男性では，買春である場合が一定程度存在する。調査や調査対象者の世代によって多少ばらつきがあるが，1950年代生まれの世代の男性の2割程度がこれに該当するとみられる。

　第三に1990年代以降の日本社会において，未婚者の性交渉経験の有無に関連する要因には男女で違いがあり，その要因は時代とともに変化している。学生を対象とした調査を使用した先行研究からは性行動の性差がなくなってきているとの指摘がなされており（木原雅子 2006），性交渉経験率の男女差も小さくなっているが（図2-2），2000年代以降もその背景には男女で違いがある。

　本章の冒頭で，「かつての日本では若者の多くが婚前交渉を経験しないまま結婚していたが，近年では未婚者が性交渉を経験することが珍しくなくなったと考えてよいのだろうか」という疑問を提示した。第一，第二の知見からわかるのは，約半世紀前の日本社会では2000年代以降と比較して，若者が婚前交渉をしていなかったということである。20世紀中盤以降の日本社会では，かつては初交と結婚との結びつきが強かったものの，徐々に弛緩し，近年では初交は交際の中で経験されるものへと移行してきたということになる。ただし，女性のほうが男性よりも婚前交渉を経験していない。また，男性の場合には買春によって初交を経験するという場合があり得たという男女間の違いも確認された。

　その後，2000年頃には10代から20代前半の若者の間では，初交の相手は恋人が主流となった。一見，初交を経験する過程には男女間の相違がなくなったように見えるが，多変量解析の結果からは，性交渉経験の有無に関連する背景要因は男女で異なっていることが確認された。かつてのような形ではないものの，近年においても性行動に男女での相違があることは間違いない。

　最後に，本章において触れていない論点について触れておく。本章では個人がライフコースの中で経験する初交という事象に着目し，全国規模の調査の結果から定量的に時代の変化を描出するというアプローチをとった。そのため，社会制度との関係には言及してこなかった。しかし，たとえば売買春や人工妊娠中絶，経口避妊薬等に関係する法律・制度は，当然個人の性行動と深く関わっている。また，戦後の教育改革による男女共学化は異性交際や性交渉を生じさせる方向に作用したのではないかと予想されるが，男女共学は純潔教育と表裏一体の関係にあった（小山 2014）という指摘がなされるなど，社会の制度と性行動の関係はそう単純ではない。こういった要因と若者の性行動の関係については，今後の研究課題としたい。

〈付記〉
・　本稿第 1 節 (1) は中村（2022）の一部に加筆・修正を加えたものである。
・　本研究は，厚生労働行政推進調査事業費補助金（政策科学総合研究事業（政策科学推進研究事業））「長期的人口減少と大国際人口移動時代における将来人口・世帯推計の方法論的発展と応用に関する研究（研究代表者：小池司朗，課題番号（20AA2007）」による助成を受けた，また，平成 30 年度～令和 3 年度科学研究費助成事業（科学研究費補助金）（基盤研究（C））「忘れられた地域性データの二次分析―人口・家族・村落に関するフレームワークの構築（研究代表者：中島満大)」（課題番号 18K02035）による成果を一部含んでいる。
・　図 2-1 の集計に当たり，東京大学社会科学研究所附属社会調査・データアーカイブ研究センターSSJ データアーカイブから「日本人の意識調査, 1973～2008」（NHK 放送文化研究所世論調査部）と「日本人の意識調査, 2013」（NHK 放送文化研究所世論調査部）の個票データの提供を受けました。
・　本研究で使用した「出生動向基本調査」（独身者調査）の調査票情報（個票データ）は，統計法第 32 条の規定に基づき二次利用したものである。

注

(1) 本文中では取り上げなかったが，1970 年代以前にもいくつかの性行動調査が行われている。朝山新一によって 1948 年から 1950 年代にかけて行われた一連の調査は，高校生，大学生，未婚もしくは既婚の独身女性などを対象としている（朝山 1957）。また，篠崎信男らが 1949 年から 1952 年にかけて夫婦を対象として実施した調査（篠崎 1953）や，共同通信が 1982 年に実施した「現代社会と性」調査（石川ら 1984）などもある。これらが貴重な先行研究であることは間違いないが，公表されている統計表が限られているという制約がある。そのため本研究ではこれらの調査結果は補足的に参照することとした。また，非定量的な研究の中で重要なものとしては，戦前期の若者の性行動に関する民俗学の研究（赤松 2004，服部 2017）や，雑誌等の史料の検討から男性のセクシュアリティの歴史的な変化を扱った研究（澁谷 2003，澁谷 2013）が挙げられる。

(2) 本章では性自認や性的指向にかかわらず，異性と性交渉の経験がある人を「性的マジョリティ」と定義している。

(3) 無論，調査間でのワーディングの違い（「性交渉」「セックス」）が調査結果に影響している可能性もある。しかし本章のみでこの点を厳密に検討することは困難であるため，「性交渉」と「セックス」を同義のものとして解釈するという方針を採ることとした。

(4) 1953 年から 1956 年にかけて大阪市近郊の有配偶女性を対象に性行動調査の結果によれば，結婚前に「接触」を経験した者の割合は 12.8%，経験なしと回答している者が 80.0%，無回答が 7.0% となっている。そして初交の相手は 20 代では 8 割，30 代から 40 代では 5 割，50 代の 8 割が「現在の夫」であった。（朝山 1957）。図 2-4 の結果と概ね一致する結果ではあるが，図 2-3，図 2-4 中で初交の相手として回答されている「恋人」がその後結婚相手である可能性は考慮する必要がある。山田・白河（2008）は，1970 年代まではセックスはあくまでも結婚を前提としたもので，セックスをして結婚をしないという選択肢をとることは難しく，結婚とセックスが結びつかなくなったのは 1980 年代からであると指摘している。

(5)「日本人の HIV／STD 関連知識，性行動，性意識についての全国調査」では，「セックス（性交渉）」の定義を調査対象者に示し（「この調査では，セックス（性交渉）とは，以下の 3 つの行為を意味します。膣（ちつ）性交：男性の性器（ペニス）を女性の性器に挿入する（される）行為／口を使ったセックス（性交渉）：

男性の性器（ペニス）や女性の性器を口や舌で刺激する（される）行為／肛門性
交：男性の性器（ペニス）を女性あるいは男性の肛門に挿入する（される行為）」），
性交渉の経験は「あなたはこれまでにセックス（性交渉）の経験がありますか」
という質問をしている。そして，「はじめてのセックス（性交渉）の相手とその
当時のあなたとの関係をあげてください」という質問とともに「配偶者（夫，妻）」
「婚約者」「恋人」「友人」「顔見知りの人（親類も含む）」「たまたま出会った人」
「お金を払って（もらって）セックスした人」「その他」という選択肢を提示し，
初交の相手との関係を聞いている。なお，選択肢では「お金を払って（もらって）
セックスした人」となっているが，報告書 577 頁の表 4「初交の相手との関係」
では「買春」となっている（木原ら 2000）。ここでは集計表の数値を引用した。

(6) 1949 年から 1951 年に夫婦を対象に性行動調査を行った篠崎（1953）によれば，
結婚前に性交渉の経験があると回答した男性は 58.1% となっている。そして結婚
前に性交渉の経験がある男性のうち，その相手の 9 割以上が「職業婦」であると
回答している。本節で参照してきた調査と比較すれば小規模であり，調査対象地
域や調査手法等によるバイアスがある可能性は否定できないものの，売春防止法
の施行（1957 年）前に行われた調査であることを考えれば社会の実態を反映した
数字であると推察できる。買春によって初交を経験している男性の割合はより高
い可能性がある。

(7) 第 14 回調査のデータを推定したモデルでも p 値は 0.14 となっており，他の調査
回と異なる傾向がみられるわけではない。

参考文献

赤松啓介（2004）『夜這いの民俗学・夜這いの性愛論』筑摩書房。

朝山新一（1957）『性の記録』六月社。

石川弘義・斎藤茂雄・我妻洋（1984）『日本人の性』文藝春秋。

NHK「日本人の性」プロジェクト（2002）『NHK 日本人の性行動・性意識：データ
　　ブック』日本放送出版協会。

片瀬一男（2019）「第 8 回〈青少年の性行動全国調査〉の概要」日本性教育協会編
　　『『若者の性』白書：第 8 回青少年の性行動全国調査報告』小学館，pp. 10-28。

木原雅子（2006）『10 代の性行動と日本社会―そして WYSH 教育の視点』ミネルヴァ

書房。

木原正博・木原雅子・内野英幸・石塚智一・尾崎米厚・島崎継雄・杉森伸吉・土田昭司・中畝菜穂子・箕輪眞澄・山本太郎（2000）「日本人の HIV／STD 関連知識，性行動，性意識についての全国調査（HIV&SEX in Japan Survey）—日本人の HIV／STD 関連知識，性行動，性意識に関する性・年齢別分析—」『平成 11 年度厚生科学研究費補助金エイズ対策研究事業：HIV 感染症疫学研究班報告書』，pp.565-583。

国立社会保障・人口問題研究所（2017）『現代日本の結婚と出産—第 15 回出生動向基本調査（独身者調査ならびに夫婦調査）報告書—』（調査研究報告資料第 35 号）。

小山静子（2014）「純潔教育の登場—男女共学と男女交際」小山静子・赤枝香奈子・今田絵里香編『セクシュアリティの戦後史』京都大学学術出版会，pp.15-34。

澁谷知美（2003）『日本の童貞』文藝春秋。

澁谷知美（2013）『立身出世と下半身』洛北出版。

篠崎信男（1953）『日本人の性生活』文芸出版社。

苫米地なつ帆（2019）「家庭環境や親子のかかわりの違いは青少年の性行動に影響を与えるか」日本性教育協会編『「若者の性」白書：第 8 回青少年の性行動全国調査報告』小学館，pp.69-85。

中村真理子（2022）「日本における婚前交渉の半世紀：未婚者の性行動はいかに変化してきたか？」『人口問題研究』Vol.78(3)。

日本家族計画協会（2003）『平成 14 年度厚生労働科学研究費補助金（子ども家庭総合研究事業）研究「望まない妊娠，人工妊娠中絶を防止するための効果的な避妊教育プログラムの開発に関する研究」班：男女の生活と意識に関する調査報告書—性に関する知識意識行動について』。

日本家族計画協会（2017）『第 8 回男女の生活と意識に関する調査報告書：日本人の性意識・性行動』。

服部誠（2017）「近代日本の出会いと結婚—恋愛から見合いへ」比較家族史学会監修，平井晶子・床谷文雄・山田昌弘編著『出会いと結婚：家族研究の最前線②』日本経済評論社，pp.317-345。

林雄亮（2018a）「青少年の性行動・性意識の趨勢」林雄亮編著『青少年の性行動はどう変わってきたか：全国調査にみる 40 年間』ミネルヴァ書房，pp.10-40。

林雄亮（2018b）「青少年の性行動と家庭環境—性交経験の有無とタイミングに着目し

て」林雄亮編著『青少年の性行動はどう変わってきたか：全国調査にみる 40 年間』ミネルヴァ書房，pp. 61-79。

林雄亮（2019）「変化する性行動の発達プロセスと青少年層の分極化」日本性教育協会編『「若者の性」白書：第 8 回青少年の性行動全国調査報告』小学館，pp.29-46。

山田昌弘・白河桃子（2008）『「婚活」時代』ディスカヴァー・トゥエンティワン。

Ghaznavi, C., Sakamoto, H., Yoneoka, D., Nomura S., Shibuya, K., and Ueda, P.（2019）"Trends in Heterosexual Inexperience Among Young Adults in Japan: Analysis of National Surveys, 1987-2015," *BMC Public Health*, Vol.19: 355.

Manlove, J., Ikramullah, E., Mincieli, L., Holcombe, E., and Danish, S.（2009）"Trends in Sexual Experience, Contraceptive Use, and Teenage Childbearing: 1992-2002," *Journal of Adolescent Health*, Vol.44（5）, pp.413-423.

Otani, K.（1992）"Locus of Control, Premarital Sexual Exposure, Marriage and Conception Among Japanese Women," *The Journal of Population Studies*, Vol.15, pp.31-43.

Slaymaker, E., Scott, R. H., Palmer, M. J., Palla, L., Marston, M., Gonsalves, L., Say, L., and Wellings, K.（2020）"Trends in Sexual Activity and Demand for and Use of Modern Contraceptive Methods in 74 Countries: A Retrospective Analysis of Nationally Representative Surveys," *The Lancet Global Health*, Vol.8, pp.567-79.

（中村真理子）

第3章　社会経済的要因にみる婚外交際行動

はじめに

　配偶者以外との性交渉，いわゆる「不倫」は現代社会において，社会道徳的に許されないものとされ，結果として婚姻関係の解消や社会的地位を失う場合もある。わが国では，社会的地位の高い個人や著名人等の不倫が公になった場合，スキャンダルとして報道され，社会的非難にさらされる。これまで，不倫については，一般的に個人の異性問題と捉えられ，その背景にある人口学的要因や社会経済的要因についての議論はあまり行われてこなかった。

　そもそも不倫とは，その言葉本来の意味とすれば倫理から外れた事象を意味し，配偶者以外との恋愛あるいは性交渉を示す言葉として捉えられるようになったのは，比較的最近のこととされる。(1) 近代以前の日本社会において，不倫は「姦通」，「不義密通」と呼ばれ，時代によっては処罰規定も設けられていた時期もあった。

　鎌倉時代において，先例や武家社会での慣習や道徳をもとに制定された『武家諸法度』の 34 条では，密懐（不倫）を行った武士は所領半分没収ならびに職務罷免とされた。江戸時代における刑事法令を定めた『公事方御定書』の 47 条では，不義密通を死罪とする重罰規定が設けられていた。近代日本においても，『旧刑法』において，既婚女性が不倫し，夫からの告訴があった場合，姦通罪という刑事的責任を負うものとされていた。一方で，既婚者男性の場合は，相手方が既婚女性の場合のみ，姦通罪が成立するものとされ，憲法 14 条の法の下の平等（差別のない状態）に反するとの趣旨から，1947 年に廃止された。現在の

日本社会における不倫行為は，民法770条でいうところの"不貞行為"に該当し，離婚事由の一つとして規定されている。判例における"不貞行為"の定義としては，男女間の性交渉が該当し，性交渉を伴わない男女間の密会等は"不貞行為"にあたらないとされている。

　このように不倫行為については，一般的には非道徳的行為であり，実際にその行為を行っている個人に対しての調査が困難であるため，定量的なデータを用いた経済学的考察があまり行われてこなかった。

　また不倫は，婚姻関係の解消や社会的制裁以外にも，離婚後のシングルマザーの貧困や両親の離婚が子どもの幸せ（well-being）に与えるマイナスの影響などの問題の一因ともなりえる。このような問題を回避する意味においても，不倫の背景や要因を考察することは，社会的にも一定の意義があるものと思われる。

　本章では，既婚者が配偶者以外と性交渉を行うことを「婚外交際行動」と定義し，経済学における分析枠組みを用いて，婚外交際行動とその要因について，定量的に明らかにする。

第1節　諸外国ならびにわが国における婚外交際行動の状況

　世界的避妊用具製造企業Durexが2005年に行ったアンケート調査結果から諸外国における婚外交際行動の状況をみると，わが国では21％と全体平均並みである（図3-1）。諸外国の状況について，デンマーク，ノルウェー，アイスランド等の北欧諸国では割合が高いということ，フランス，イタリアを除く欧米諸国の割合が低いということが特徴的である。北欧諸国の割合が高い要因としては，結婚に対する価値観の違いが挙げられる。北欧諸国では，他の国と比べ女性における社会的・経済的進出の度合いが高く，既婚女性において離婚後の経済的不安が少ないため，離婚率が高い傾向にある。このため，既婚者女性において婚外交際行動への抵抗感も低くなっていることが考えられる。

　欧米諸国の割合が低い要因としては，これらの国では戒律で婚外交際行動を

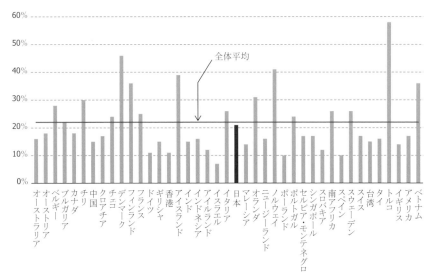

図 3-1　諸外国における婚外交際行動の状況

（資料）　Durex（2005）より作成.

禁じている宗教の信者数が多いといった点が考えられる。ユダヤ教およびキリ
スト教の正典とされる『旧約聖書』の『出エジプト記』第 20 章のモーセの十戒
の戒律に「汝，姦淫するべからず」という項目がある。この戒律は，婚姻関係
以外の性交渉を禁じたもので，性欲を満たすために人を物として扱う自己中心
的な欲望を禁じているものとされる。イスラム教では，イスラム法であるシャ
リーアにおいて，婚外性交渉と婚前性交渉をズィナーという犯罪行為と規定し，
法を犯した者については石打刑・銃殺刑・斬首刑・絞首刑といった刑が科され
ることもある。

　門倉（2016）は，カナダの既婚者男女向け出会い系サイト「アシュレイ・マ
ディソン」が 2014 年に行った調査結果を紹介し，「不倫（婚外交際行動）につ
いての罪悪感があるか」という質問に対して，「ある」と回答した女性の世界平
均は 8％であったのに対して日本人女性は 2％，男性の場合，世界平均 19％に
対して日本人男性は 8％であったとしている。国際的にみて日本の男女（特に

女性）は，罪の意識が希薄であることが明らかになった。門倉は，日本では無宗教を自覚することが多く，そのことが婚外交際に対する罪悪感の希薄さに少なからず影響を及ぼしているとの見解を述べている。

　図3-2 は ISSP（国際社会調査プログラム）[4] の 2018 年公表結果であるが，数値が高ければ高いほど，婚外交際行動への許容度も高いことを示している[5]。これをみると，キリスト教やイスラム教の信者の婚外交際行動に対する許容度は他の宗教や無宗教の人々より低い傾向がある。この点は，図 3-1 において，欧米諸国の婚外交際行動割合が低い傾向にあった点と整合的である。

　図3-3 は，婚外交際行動への許容度を男女別ならびに年齢別に比較している。

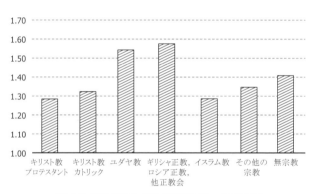

図 3-2　宗教別にみる婚外交際行動への許容度
（資料）　ISSP（2018）より作成.

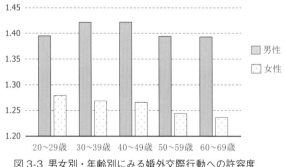

図 3-3　男女別・年齢別にみる婚外交際行動への許容度
（資料）　ISSP（2018）より作成.

図3-3をみると，男性において，女性と比べて婚外交際行動に対して寛容な考えをもっており，中年層が最も寛容となっている。女性においては，年齢が上昇するにつれ，否定的な考えが強まることが示されている。

第2節　婚外交際行動に関連する諸要因

(1) 家計内生産関数を援用した婚外交際行動モデル

　婚外交際については，生物学や社会学，心理学，宗教学，ジェンダー研究等の多方面の分野から学術的研究が行われている。経済学的見地からの研究は，それら分野の研究と比較して蓄積は少ない[6]。

　Fair（1978）はBecker（1973）の家計内生産関数の考え方を援用し，個人の効用最大化行動の視点からの分析を行っている。具体的には，個人は自らの満足度（効用）を最大化させるように，一定の時間的制約の下で異なる相手と過ごす余暇時間（配偶者と過ごす時間，婚外交際行動の相手と過ごす時間）ならびに労働時間を適切に配分するとともに，一定の金銭的制約の下で異なる相手に対する消費活動（配偶者のための消費支出，婚外交際相手のための消費支出）を行うという理論モデルを示している。Fairは，社会経済的要因が賃金率，婚姻関係から得られる満足度ならびに婚外交際行動から得られる満足度に与える影響を媒介して，婚外交際行動に影響を与えることを指摘している。わが国においては，五十嵐（2018）が，家族社会学の視点から，日本における婚外交際行動の規定要因について，機会及び夫婦関係の枠組みを用いて分析している。

　以下では，社会経済的要因が婚外交際行動に与える影響について，便益（効用）と費用の観点から整理した上で，分析を行っていく。

(2) 婚外交際と人口学的要因 (性別, 年齢, 学歴, 宗教, 婚姻年数, 子どもの有無)

　社会経済的要因に関する議論を始める前に，婚外交際と人口学的要因との関連性について整理する。性別については，男性の方が女性よりも婚外交際する

傾向が強いとされている。その理由として，上述したように，歴史的経緯や宗教上の価値観などにより，婚外交際を行った場合，男性よりも女性の方がより強い社会的非難を受けやすく，罪悪感についても男性よりも強く感じる傾向がある（Spanier and Margolis 1983）。このため，男性よりも女性の方が婚外交際することについての心理的費用が高いと類推される。

　年齢については，加齢とともに婚外交際から得られる便益は減少するといわれている。Fair（1978）は，婚外交際と年齢との関係性について，年齢が性交渉から得られる満足度と反比例する場合は，婚外交際行動も同様に反比例的な関係になると仮定している。Elmslie and Tebaldi（2008）は，女性の婚外交際行動への関心は出生力と関係しており，加齢により出生力が低下すると婚外交際行動への関心も低くなることを指摘している。

　性別ならびに年齢については，図3-3を参考にすると，男性の方が女性よりも婚外交際に対して寛容であるとともに，中年層における許容度が高いため，中年男性において寛容な価値観を持っていることがわかる。一方で，女性は総じて男性よりも婚外交際に対する許容度は低いが，そうした中でも30歳未満の成人女性については他の年齢層と比べて，婚外交際に対して寛容な傾向がみられる。

　学歴については，高学歴の個人ほど婚外交際を行いにくいことが指摘されている。このような指摘については，時間・危険選好率の考え方から説明できる。時間選好率が高い個人は，小さくても，より短期間で得られる報酬を好む傾向があり，危険選好率が高い個人は不確実でも，より大きい報酬を好む傾向がある。時間選好率の高い個人は，将来の家族関係から得られる満足度よりも現時点の婚外交際から得られる満足度を優先する。この場合，婚外交際と時間選好率は相関すると仮定できる。同様に，危険選好率が高い個人が，婚外交際が発覚した場合に支払わなければならない慰謝料による損失よりも現時点の婚外交際から得られる満足度を優先するならば，そういった個人はより婚外交際しやすい傾向があるといえる。先行研究から，学歴の低い個人は時間・危険選好率が高い傾向があることが確認されている。以上の議論を踏まえると，学歴が高

い個人は婚外交際しにくく，学歴が低い個人は婚外交際しやすい傾向があると仮定することができる[7]。Fair（1978）は，婚外交際と学歴との関係性について，学歴については賃金に影響を与えるが，賃金が婚外交際に与える影響はプラスもしくはマイナスになるのか確定できないとしている。

　宗教関係では，信仰心が強い個人について婚外交際しにくい傾向が指摘されている。図 3-2 を参考にすると，戒律において婚外交際を禁じているキリスト教のプロテスタントやカトリックなどの宗派やイスラム教の信者の間では，婚外交際に対する許容度も低くなっていることから，他の宗教の信者や無宗教の人々と比較して，信仰心の強さが婚外交際の心理的費用を高めていることが示唆される。Fair（1978）は，婚外交際と宗教との関係性について，信仰心が強ければ，婚外交際に対する道徳的抵抗感も強くなるとして，信仰心は婚外交際に対してマイナスの影響を与える，もしくは影響がないとしている。

　婚姻年数については，長くなればなるほど，婚外交際の便益を高めるとする仮説がある。Fair（1978）は，婚外交際と婚姻年数との関係性について，婚姻関係から得られる満足度がいわゆる倦怠期（boredom）などにより婚姻年数とともに低下していくならば，そのような満足度の低下は婚外交際確率を高める，もしくは影響がないとしている。Wells（2003）は，Fair（1978）と同様のデータを用いて婚外交際の決定要因に関して再検証を行い，婚外交際と婚姻年数の間には統計的に有意な関係性はみられないとしている。

　子どもの存在は，婚外交際の便益を低下させ，費用を上昇させるものと考えられている。子どもをもつ個人が満足度を感じており，婚外交際発覚に伴う家族関係の崩壊により，その満足度が得られなくなると考えるならば，子どもの存在はマイナスの影響を及ぼす。また，子どもと多くの時間を過ごしている，あるいは子どもに多くの費用をかけている場合は，婚外交際によって失われる子どもからの満足度も大きくなるので，その意味においてもマイナスの影響を与えることになる。Fair（1978）は，婚外交際と子どもの有無との関係性について，子どもの存在が婚姻関係から得られる満足度にプラスの影響を与え，婚外交際に対してマイナスの影響を与える，もしくは影響がないとしている。五十

嵐（2018）は，子どもがいることで家族関係に対する金銭的・時間的投資量は飛躍的に増加するとともに，夫婦関係以外の選択肢を心理的に選びにくくなるとしている。

(3) 婚外交際と社会経済的要因（労働時間，収入）

労働時間が婚外交際に与える影響については，正負両面の影響がある。Fair（1978）のモデルでは，労働時間の残余が余暇時間となるため，労働時間が長ければ長いほど，余暇時間が短くなる。個人が，その限られた余暇時間の中で，婚外交際を行うことは，家族とのコミュニケーションや家事育児，趣味，睡眠などの婚外交際行動以外の活動の価値（機会費用）を高めるので，結果的に，長時間労働は婚外交際にマイナスの影響を与えるものと考えられる。他方，同じ職場に結婚相手以外の交際相手がいると想定した場合，長時間労働の方が交際相手と接触する機会が増えるため，婚外交際を促すように作用する（五十嵐 2018，Greeley 1994，Atkins et al. 2001）。

収入が婚外交際行動に与える影響についても，正負の両面の影響が指摘されている。収入が婚外交際に対して正の影響を与えると指摘する研究としては，Atkins et al.（2001），Chohaney and Panozzo（2018），五十嵐（2018）がある。Atkins et al.（2001）は，婚外交際という秘密の関係を維持するには金銭的な手段が必要となるため，収入が高ければ高いほど関係を維持しやすくなると指摘している。Chohaney and Panozzo（2018）は，既婚者向け出会い系サイトの利用者データを用いて，収入が高い利用者ほどサービスへの課金も増加する傾向にあることを示している。五十嵐（2018）は，先行研究の結果から，収入は婚外交際を拓く機会となりうるが，その効果は男性のみにみられると指摘している。

一方で，収入が婚外交際に対して負の影響を与えると指摘する研究もある。本分析では，婚外交際を既婚者が配偶者以外と性交渉を行うことと定義しているが，玄田・斎藤（2007）では，所得が高い人は，個人的な旅行や趣味，エステなど，性交渉以外の余暇についての選択肢が広がることにより，性交渉への

関心が薄くなる可能性があると指摘している。玄田・斎藤の指摘が正しければ，所得が高ければ婚外交際への関心も低くなり，交際行動から得られる便益も低下するため，マイナスの影響が想定される。

第 3 節　婚外交際行動ならびに婚外交際経路に関する分析

(1) データ

　本節では，2005 年に実施された「仕事とセックスに関する調査」（朝日新聞社 AERA 編集部（委託先インフォプラント））の調査データを用いて，婚外交際行動の決定要因および婚外交際経路に関する分析を行う。本調査データの調査対象は，モニター登録者の中から，既婚もしくは同棲していて，現在働いている者からランダム抽出されている。調査方法は，2,620 人に質問紙を配布し，そのうちの 20 代から 50 代までの各世代から男女 100 人ずつ，800 人から Web 調査により回答を得ている。本分析では，そのうち既婚者男女 783 名を分析対象としている。

(2) 分析モデル

　分析モデルについて，社会経済的要因が婚外交際に与える影響を明らかにするために，Fair（1978）を参考に（a）式を定式化し，くわえて本分析では，労働時間が内生的に決定している可能性を考慮して（b）式を追加し，2 式を同時に推定した。

$$E_i = \alpha + \beta X_i + \gamma W_i + u \qquad \text{(a)}$$

$$W_i = \omega + \eta z_i + \delta X_i + \varepsilon \quad \text{Cor}(u, \varepsilon) = \rho \quad \text{(b)}$$

　E は婚外交際状況，α は定数項，添え字 i は各個人を表している。X は婚外交際状況に影響を与えると考えられる労働時間以外の社会経済的要因のベクトルを示し，それらには年齢，学歴，収入，夫婦間会話頻度，子どもの有無の変数

が用いられる。W は労働時間，ω は定数項を表している。z は W の操作変数と解釈される。u, ε は誤差項である。ρ は（a）式および（b）式の誤差項の相関関係を表しており，両者の相関関係が成り立つ場合，労働時間変数は内生変数ということになる。

　本分析では社会経済的要因の中でも，特に労働時間に着目する。その理由として，労働時間は婚外交際行動の時間的制約要因となると同時に，近年のワーク・ライフ・バランス施策など政策的にコントロール可能な変数となっているためである。

　一方で，婚外交際行動と労働時間の因果関係が同時決定になっていることにともない推定誤差が生じる可能性がある。例えば，婚外交際相手あるいは婚外交際しようとしている相手が職場にいて，家庭内で過ごす時間をなるべく少なくしようとする個人がいた場合，婚外交際と長時間労働は同時に選択される問題となる。Glass（2003）は，交際相手は職場の同僚となる場合が多いことを指摘している。このように，婚外交際と労働時間に同時決定の関係が成り立つ場合，通常の最小2乗法で求められた分析結果には一定のバイアスが生じる可能性がある。

　このような分析上の問題点に関して，就業の有無と労働時間が日本人の性行動に与える影響を分析した玄田・川上（2006）では，労働時間が就業規則等によって定められており，原則その決定を外生的とみなすことが許容される給与所得者に限定した上で，既婚者を対象とした推定を行っている。

　本分析では，労働時間には影響を与えるが婚外交際には影響を及ぼさないと考えられる操作変数を用いて，外生化された労働時間変数を推定することで推定誤差を小さくするという方法で対応する。具体的には，通常のプロビットモデルとともに，第1段階で職種変数ならびに肩書変数という操作変数を用いて労働時間変数を推定し，第2段階で推定された労働時間変数を用いる操作変数プロビットモデル分析を行う。[8] 婚外交際経路に関する分析については多項ロジットモデルを用いた分析を行う。

　本分析対象となる変数は，婚外交際状況ならびにその経路である。婚外交際

表 3-1　男女別の記述統計量

	男性 (N=388)				女性 (N=395)			
	平均	標準偏差	最小	最大	平均	標準偏差	最小	最大
婚外交際ダミー	0.090	0.287	0	1	0.051	0.220	0	1
年齢 (歳)	39.629	11.171	25	55	39.513	11.206	24.5	54.5
学歴ダミー								
大学卒	0.580	0.494	0	1	0.309	0.463	0	1
短大・専門学校卒	0.137	0.344	0	1	0.377	0.485	0	1
高校卒	0.271	0.445	0	1	0.294	0.456	0	1
中学卒	0.013	0.113	0	1	0.020	0.141	0	1
子どもありダミー	0.789	0.409	0	1	0.691	0.463	0	1
同居年数 (年)	10.804	6.922	0	20	11.344	7.124	0	20
一日平均夫婦間会話 (時間)	2.067	1.468	0	8	2.176	1.451	0	8
週平均労働時間 (時間)	48.223	9.134	20	61	32.692	11.233	20	61
年収 (対数値)	6.254	0.528	5	7	5.198	0.679	5	7

変数は,「あなたは, いまのパートナー以外とのセックスを」との質問に対して,「している」と回答している場合は 1,「したことがある (今はしていない)」あるいは「したことがない」と回答する場合は 0 とするダミー変数である。婚外交際経路変数は, 婚外交際を行っている回答者について「あなたはその相手 (婚外交際相手) とは, どこで知り合いましたか」という質問に対して,「同じ職場で」,「仕事関係で (職場以外)」,「学生時代」,「友達の紹介」,「お見合い」,「インターネットで」,「その他」と回答した場合, それぞれについて 1, 婚外交際を行っていない場合を 0 とするダミー変数である。

　婚外交際変数および婚外交際経路変数の決定要因として, 年齢, 学歴, 子どもの有無, 同居年数, 労働時間, 収入, 夫婦間会話頻度を取り上げる。これらの変数は, カテゴリー変数として調査されているため, 中位値を分析に用いている。表3-1 では, 男女別の記述統計量を示している。

第4節　わが国における婚外交際の特徴

(1) 男女別・年齢別にみる婚外交際状況

　以下では，まず本分析データについて，わが国における婚外交際の特徴を概観した上で，実証分析結果からの考察を行う。図3-4をみると，男女別ならびに年齢別に，現在配偶者以外との性交渉を行っているかという婚外交際状況についてみると，20歳代では男女ともに約4～5％と同程度であるが，30歳代以上の世代では男性がいずれも10％を超えており，女性よりも高くなっている⁽⁹⁾。

　図3-5をみると，現在婚外交際中の相手と知り合った場所について，男性で

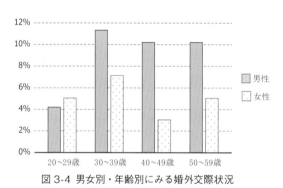

図3-4　男女別・年齢別にみる婚外交際状況

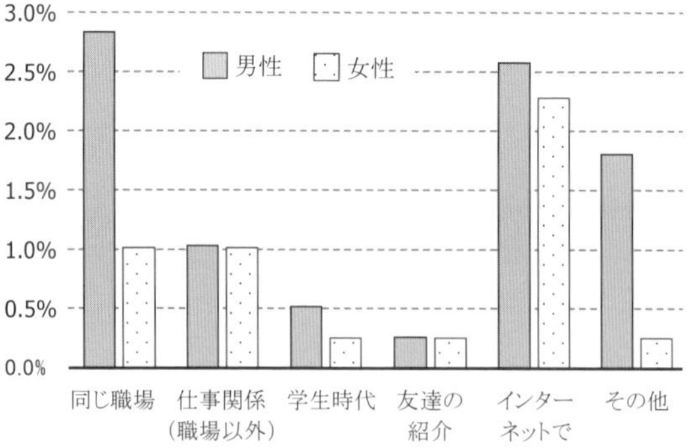

図3-5　男女別にみる婚外交際経路

は「同じ職場で」ならびに「インターネットで」が2.5～3％，次いで「その他」が1.8％との回答割合となっている。

　一方，女性では「インターネットで」との回答が最も多く2％を超える結果となっている。次いで，「同じ職場で」，「仕事関係で（職場以外）」といった仕事関係で婚外交際相手と知り合っている者が多い。

(2) 婚外交際と社会経済的要因

　表3-2 は，社会経済的要因が婚外交際に与える影響についての推定結果である。推定結果の解釈に入る前に，労働時間の内生性検定の結果をみると，男性では ρ の値が非有意となっており，労働時間は婚外交際の内生変数とはなっていない（モデル(2)）。一方，女性では ρ の値が有意となっており，労働時間は婚外交際の内生変数であることが示されており，操作変数に関する外生性のワルド検定結果についても有意であるため。モデルが妥当であることが示されて

表 3-2　婚外交際に関するプロビット・操作変数プロビット分析結果

	(1)	(2)	(3)	(4)
	男性		女性	
	プロビット	操作変数プロビット	プロビット	操作変数プロビット
年齢	0.0694	0.0714	-0.0487	0.0392
	(0.0780)	(0.0819)	(0.0825)	(0.0670)
年齢の2乗	-0.000918	-0.000950	0.000349	-0.000492
	(0.000954)	(0.00100)	(0.00104)	(0.000804)
学歴：大学・大学院卒	-0.591***	-0.608***	-0.499*	-0.227
	(0.218)	(0.230)	(0.276)	(0.228)
学歴：短大・専門学校卒	-0.425	-0.467	-0.494*	-0.246
	(0.295)	(0.385)	(0.269)	(0.213)
子どもの有無	0.255	0.206	-0.138	-0.0497
	(0.110)	(0.411)	(0.267)	(0.209)
同居年数	0.00317	0.00777	0.0279	0.00852
	(0.0249)	(0.0353)	(0.0275)	(0.0234)
一日平均夫婦間会話時間	-0.229**	-0.222**	-0.166*	-0.0863
	(0.102)	(0.112)	(0.0911)	(0.0749)
年収（対数）	0.637**	0.613**	-0.0805	-0.731***
	(0.306)	(0.296)	(0.193)	(0.172)
週平均労働時間	0.0201*	0.0323	0.00798	0.0886***
	(0.0112)	(0.0613)	(0.0106)	(0.0143)
定数項	-7.052***	-7.516**	0.232	-0.541
	(2.198)	(3.030)	(1.930)	(1.363)
Pseudo R2 (擬似決定係数)	0.1103	–	0.0667	–
ρ (労働時間の内生性検定)	–	-0.110	–	-1.188***
	–	(0.552)	–	(0.433)
外生性のワルド検定	–	0.04	–	7.53***
	–	(0.8422)	–	(0.006)
サンプルサイズ	388		395	

（注）　表中の値は係数値，括弧内の値は標準誤差の値を示す．***，**，* は 1%，5%，10%水準で統計的に有意であることを示す．

いる（モデル(4)）。以上の結果から，男性について労働時間は婚外交際と外生的な関係であることが確認できたため，男性ではモデル(1)，女性ではモデル(4)について，各変数の推定結果を解釈する。

　男性については，年収が婚外交際行動とプラスで有意な関係性をもっていることが示された。同様に，労働時間についても婚外交際行動とプラスの関係性にあることが示されているものの有意性は低くなっている。学歴が婚外交際に与える影響については，（中学卒・高校卒との対比で）大学・大学院卒者が婚外交際を行いにくい傾向にあることが確認された。会話頻度については，係数がマイナスで有意となっており，夫婦間の会話頻度が少なければ少ないほど，婚外交際しやすくなる結果が示されている。[10]

　女性については，年収が婚外交際行動とマイナスで有意な関係性となっており，男性とは，逆の関係性が示されている。この点は，労働時間の内生性をコントロールしているか否か（婚外交際行動が労働時間に影響を与えるという逆の因果関係を排除しているか否か）の違いによる可能性が考えられる。労働時間については，男性と同様にプラスの関係性が示されており，有意水準も高くなっている。

(3) 婚外交際経路と社会経済的要因

　前節では，家計内生産関数を援用した Fair（1978）を念頭に，婚外交際の決定要因に関する分析を行った。以下では，Mortensen（1970），Salop（1973），Keeley（1977）のサーチ理論を援用した結婚相手を探すメイトサーチ・モデルを参考に，婚外交際相手を探すメイトサーチ・モデルを用いた分析を行うが，具体的には坂爪（1998），岩澤・三田（2005）を参考にする。

　坂爪（1998）は，Keeley（1977）を参考に受諾賃金を設定し，結婚形態を恋愛結婚，お見合い結婚に大別したサーチモデルを理論的に導出した。Keeley（1977）は，結婚賃金について，個人が市場をサーチして候補者と結婚するとき，その候補者と協力して生産する単位期間あたりの家計内生産物における個人の分配分と定義している。坂爪（1998）は，Keeley（1977）を拡張し，結婚

賃金について，恋愛結婚した場合の結婚賃金と見合い結婚した場合の結婚賃金に大別し，サーチモデルを用いた考察の結果，個人は状況に応じてサーチ方法を選択し，はじめ配偶者候補を恋愛でサーチし，ある時点でサーチ方法を見合いに変更することを導き出している。

　岩澤・三田（2005）は，「出生動向基本調査」の夫妻の出会いのきっかけに関する調査データを用いて，初婚率低下の背景の原因について，出会いのきっかけを従属変数とした多項ロジット分析を行っている。従属変数となるきっかけの種類は，「見合い結婚」「地縁・趣味・街中結婚」「友縁結婚」「学縁結婚」「職縁結婚」の5種類とし，「職縁結婚」に対する他の出会い方のロジットを説明するモデルと，「学縁結婚」に対する他の出会い方のロジットを説明するモデルについて推定を行っている。分析の結果，大企業の事務職の男女，官公庁勤務の男女は，上役の紹介による見合い結婚を含めた職縁結婚の機会に恵まれてきたと指摘している。

　本分析では，個人が特定のサーチ方法でみつけた相手と婚外交際するとき，交際相手と協力して生産する単位期間あたりの家計外生産物から得られる効用を婚外交際効用と定義する。また交際形態別の効用について，坂爪（1998）が結婚形態別の家計内生産物を定義したのを参考に，交際相手をみつけた経路別に家計外生産物から得られる効用を特定化する。そのうえで，個人が婚外交際しないことの効用と各経路でみつけた交際相手との婚外交際効用を比較検討し，効用最大化となる行動を選択するという婚外交際経路モデルを用いた分析を行った。

　表3-3では，男性の婚外交際経路に関する多項ロジット分析結果を示している。従属変数となる婚外交際経路の種類は，「職場交際」「職場外（仕事）交際」「友人紹介・学生時代の知合い・その他」「ネット交際」の4種類のダミー変数である。これら4種類の経路ダミー変数の分析結果に対して，基準となるグループは婚外交際を行っていないグループとなる。独立変数は，表3-2の婚外交際モデル分析と同様である。なお，女性についてはサンプルサイズが小さく，推定値が不安定であったため，割愛する。

　分析結果をみると，男性では，学歴について（中学卒・高校卒との対比で）短大・専門学校卒の場合，「職場交際」および「ネット交際」する確率が低くなる（モデル(5)，(8)）。同様に，大学・大学院卒の場合，「友人紹介等」による婚外交際確率が低くなる（モデル(7)）。子どもの有無については，子どもがいる場合，「ネット交際」する確率が高くなる（モデル(8)）。会話時間については，夫婦間の会話時間が少なければ少ないほど，「職場交際」および「職場外（仕事）交際」する確率が高くなる（モデル(5)，(6)）。年収については，年収が高ければ高いほど，「職場交際」「職場外（仕事）交際」および「ネット交際」す

表 3-3 婚外交際経路に関する多項プロビット分析結果（男性のみ）

	(5)	(6)	(7)	(8)
	男性			
	職場交際	職場外・仕事	友人紹介等	ネット交際
年齢	8.56e-05	0.503	0.131	0.199
	(0.295)	(0.558)	(0.248)	(0.292)
年齢の2乗	-0.000190	-0.00722	-0.00181	-0.00310
	(0.00344)	(0.00836)	(0.00318)	(0.00360)
学歴：大学・大学院卒	-0.658	-2.492	-2.051**	-1.183
	(0.644)	(2.080)	(0.945)	(0.770)
学歴：短大・専門学校卒	-14.97***	1.640	-0.0581	-15.34***
	(0.539)	(2.109)	(0.759)	(0.651)
子どもの有無	0.552	-1.962	-0.0107	14.21***
	(0.995)	(2.350)	(1.164)	(0.581)
同居年数	-0.0198	-0.209	0.0940	0.0372
	(0.100)	(0.165)	(0.0645)	(0.0863)
一日平均夫婦間会話時間	-0.726*	-4.027**	-0.109	-0.409
	(0.416)	(1.637)	(0.235)	(0.397)
年収（対数）	2.149**	8.547***	0.0572	1.518*
	(0.978)	(1.519)	(0.910)	(0.886)
週平均労働時間	-0.0131	-0.0368	0.128**	0.0350
	(0.0226)	(0.0918)	(0.0535)	(0.0381)
定数項	-14.80*	-57.23***	-12.77*	-30.57***
	(8.495)	(15.68)	(7.364)	(7.211)
擬似対数尤度	-133.225			
カイ2乗	4004.98			
Pseudo R2（擬似決定係数）	0.200			
サンプルサイズ	388			

（注）　表中の値は係数値，括弧内の値は標準誤差の値を示す。***，**，*は1%，5%，10%水準で統計的に有意であることを示す。

る確率が高くなる（モデル(5)，(6)，(8)）。労働時間については，長時間労働になるほど「友人紹介・学生時代の知合い・その他交際」確率が高くなる結果が示されているが，労働時間変数の内生性を考慮したモデルによる分析結果ではないため，一定の留保が必要である。

おわりに

　本章では，2005年に実施された「仕事とセックスに関する調査」を用いて，社会経済的要因が婚外交際ならびに交際経路に与える影響を分析した。

　人口学的要因である学歴が婚外交際に与える影響については，学歴が高い個人の時間選好率が低い場合，婚外交際によって失われる妻子との別れや慰謝料などの将来にわたる便益の損失を高く評価するため，婚外交際しにくい傾向があることが想定される。推定結果では，男性について（中学卒・高校卒との対比で）大学・大学院卒者が婚外交際を行いにくい傾向にあることが確認された。年齢や子どもの有無，同居年数については，男女ともに，有意な関係性はみられなかった。

　年収が婚外交際行動に与える影響については，収入が高ければ高いほど婚外交際行動を隠蔽するための金銭的予算制約が弱くなるためプラスの影響を与えるという考え方と，収入が高くなれば婚外交際以外の余暇行動（旅行やエステなどの個人的趣味に関する行動）への金銭的予算制約が強くなるためマイナスの影響を与えるという考え方がある。今回の分析結果では，男性においては前者，女性においては後者を支持する結果が得られた。このような男女間の推計結果の違いについては，男女における婚外交際に対する考え方の違いとともに，婚外交際の際に男女のどちら側が費用負担を行っているかという点も影響している可能性がある。婚外交際に関する費用について，主に男性側が負担している場合は，男性においてプラスの関係性が現れやすくなる。

　労働時間が婚外交際行動に与える影響についても正負両面の影響が考えられ

る。婚外交際相手が職場にいる（または仕事関係者であった）場合，労働時間が長くなればなるほど，婚外交際相手と接触する機会も増える。そのため，労働時間の長さは婚外交際に対してプラスに影響を与える。一方で，それ以外の場合については，労働時間が長くなればなるほど，婚外交際する時間は少なくなり時間的制約が強くなるため，労働時間は婚外交際に対してマイナスの影響を与える。推定結果では，男女ともに労働時間の長さは婚外交際に対してプラスの影響は確認されていることから，わが国における婚外交際行動において職場環境が影響を与えていることが示唆される。

　その他の要因については，夫婦会話時間は男性においてのみ有意な影響を与えていることが確認された。分析結果から，夫婦間の会話時間を増やすことが，パートナーの婚外交際行動の抑制につながることが確認された。夫婦間の会話時間を増やすためには，お互いの生活スケジュールを一致させる必要があることから，それらを可能とする柔軟な働き方も婚外交際行動を抑止することが示唆される。

　また本章では，婚外交際行動を相手と知り合った経路から類型化し，社会経済的要因が与える影響を婚外交際タイプごとに明らかにした。男性において，年収は，職場内外の交際ならびにネット交際に対してプラスの影響を与えている。このことは，それぞれの交際において収入が多ければ多いほど，交際を隠蔽する費用や交際関係を維持する費用を負担しやすくなるため，収入の多い個人は婚外交際しやすい傾向があることを示唆している。ネット交際については，高収入者において既婚者向けマッチングサービスのサービス利用が多くなるというChohaney and Panozzo（2018）の結果と整合的である。女性においては，婚外交際行動全体としてみた場合に有意な影響が確認されなかった子どもの有無や学歴といった要因が，一部の交際タイプにおいて有意な影響が確認された。

　婚外交際行動は，一般的に個人間の恋愛関係の問題と捉えがちであるが，分析結果から収入や労働時間といった社会経済的要因も有意な影響を及ぼしていることが明らかになった。これらの結果は，第一に，ワーク・ライフ・バランス等の取組による労働時間の短縮が，夫婦関係ならびに配偶者以外の異性関係

にも影響を及ぼしうることを示唆している。婚外交際行動は最悪の場合，離婚の直接的原因ともなりうる。両親の離婚は子どもの幸せ（well-being）にマイナスの影響を与えることが指摘されているが，婚外交際行動の要因を明らかにすることは，そういった子どもの成長にマイナスとなる要因をいかに改善するかといった視点からの考察を可能にする。

　第二に，収入や労働時間などの要因が有意な影響を及ぼしている点は，個人が一定の金銭的・時間的制約の中で，自らの効用（満足度）を最大化させる行動の結果として，婚外交際行動を選択していると解釈することができる。この点は，婚外交際の要因分析においても，結婚の意思決定分析と同様に，経済学における家計内生産関数アプローチや費用便益アプローチが有用であることを示唆している。

　　〈謝辞〉この研究では，二次分析にあたり，東京大学社会科学研究所附属社会調
　　　　査・データアーカイブ研究センターSSJ データアーカイブから「仕事とセック
　　　　スに関する調査（朝日新聞社 AERA 編集部（委託先インフォプラント））」の個
　　　　票データの提供を受けた。貴重なデータの提供に深謝申し上げたい。

注

(1) 南谷（2012）は，1983 年の TBS ドラマ『金曜日の妻たちへ』が人気となり，不倫という言葉が日本社会に定着したと指摘している。

(2) シングルマザーの貧困については「平成 28 年度全国ひとり親世帯等調査」をみると，平成 27 年の母子世帯の平均就労収入は約 200 万円にとどまっている。両親の離婚が子どもの幸せ（well-being）にマイナスの影響を与えることについては Amato and Keith（1991）が指摘している。

(3) ここでの調査結果について，サンプル調査という性質上，調査結果を一般的な傾向としてみてよいかどうかという点については，注意が必要である。

(4) International Social Survey Programme (ISSP) は，社会科学に関する多様なトピックについて年 1 回の国際調査を行うプログラムである。本プログラムは，オーストラリア，ドイツ，イギリス，アメリカを創設国として，1984 年のプログラム開

始以来，毎回 1 億人を超える回答者が参加している。2022 年 3 月現在，参加 43 か国についての社会科学に関する調査の個票データを収集，保存し，それらを学術目的の二次分析のため提供している。本章で利用した人口関連の最新データセットは，ドイツのライプニッツ社会科学研究所（GESIS）において公表されている。

(5) 図 3-2 は，信仰している宗教別に「配偶者以外との性交渉は悪いことか」との質問に対して，「どのような場合であっても悪いことである」が 1，「たいていの場合は悪いことである」が 2，「悪いこととなる場合もある」が 3，「悪いことではない」が 4 で回答した調査結果をまとめた図である。

(6) 橘木・迫田（2020）では，不倫に関する国内外の調査結果および研究論文を紹介するとともに，不倫男女の経済的要因について考察している。

(7) 他方，Fair（1978）は学歴の高さと賃金は相関しているため，学歴が婚外交際に対して正の影響を及ぼすのか，あるいは負の影響を及ぼすかは不明であるとしている。

(8) 職種変数としては，教員・教職，医師・弁護士・会計士，保安関係，専門・技術職，製造技術者，マスコミ関係，技能職，事務職，営業・販売・サービス，建築家・芸術家・芸能人，運輸・通信従事者，作業・工具，経営者，農林水産作業者，フリーター，その他，を用いている。肩書変数としては，ホワイトカラーの管理職，ホワイトカラーの非管理職，ブルーカラーの管理職，ブルーカラーの非管理職，どちらともいえない，を用いている。

(9) 本分析では，年収や労働時間などの社会経済的要因に着目しているため，現在婚外交際中のケースのみを婚外交際者として取り扱っている。過去に婚外交際経験のあったと回答した者は，男性では 54.1％，女性では 39.5％という割合となっている。

(10) 会話頻度の分析結果については，婚外交際が進展することで夫婦間の会話頻度が低下するという逆の因果関係の可能性も考えられる。

参考文献

五十嵐彰（2018）「誰が〈不倫〉するのか」『家族社会学研究』Vol.30(2), pp.185-196。

岩澤美帆・三田房美（2005）「職場結婚の盛衰と未婚化の進展」『日本労働研究雑誌』Vol.535, pp.16-28。

門倉貴司（2016）『不倫経済学』ベストセラーズ。

玄田有史・川上淳之（2006）「就業の二極化と性行動」『日本労働研究雑誌』Vol.556, pp.80-91。

玄田有史・斎藤珠里（2007）『仕事とセックスのあいだ』朝日新聞出版。

坂爪聡子（1998）「配偶者のサーチモデルと晩婚化現象─恋愛結婚か見合い結婚か」『經濟論叢』Vol.162(4)。

橘木俊詔・迫田さやか（2020）『離婚の経済学─愛と別れの論理』講談社現代新書。

南谷覺正（2012）「戦後日本の性とメディア」『群馬大学社会情報学部研究論集』Vol.19, pp.55-74。

Atkins, D. C., D. H. Baucom and N.S. Jacobson（2001）"Understanding Infidelity: Correlates in a National Random Sample," *Journal of Family Psychology*, Vol.15(4), pp.735-749.

Amato, P. R. and B. Keith（1991）"Parental Divorce and the Well-Being of Children: A Meta-Analysis," *Psychological Bulletin*, Vol.110(1), pp.26-46.

Becker, G. S.（1973）"A Theory of Marriage: Part Ⅰ," *Journal of Political Economy*, Vol.81(4), pp.813-846.

Chohaney, M. L. and K. A. Panozzo（2018）"Infidelity and the Internet: The Geography of Ashley Madison Usership in the United States," *Geographical Review*, Vol.108(1), pp.69-91.

Durex（2005）*2005 Global Sex Survey Report*.

Elmslie, B. and E. Tebaldi（2008）"So, What Did You Do Last Night? The Economics of Infidelity," *Kyklo*, Vol.61(3), pp.391-410.

Fair, R.（1978）"A Theory of Extramarital Affairs," *Journal of Political Economy*, Vol.86(1), pp.45-61.

Glass, S. P.（2003）*Not "Just Friends": Protect Your Relationship from Infidelity and Heal the Trauma of Betrayal*, New York: Free Press.

Greeley, A.（1994）"Marital Infidelity," *Society*, Vol.31(4), pp.9-13.

Keeley, M. C.（1977）"The Economics of Family Formation," *Economic Inquiry*, Vol.15(2), pp.238-250.

McKinnish, T. G.（2007）"Sexually Integrated Workplaces and Divorce: Another Form of On-the-Job Search," *The Journal of Human Resources*, Vol.42(2), pp.331-352.

Mortensen, D. T. (1970) "Job Search, the Duration of the Unemployment, and the Philips Curve," *American Economic Review*, Vol.60(5), pp.847-862.

Salop, S. C. (1973) "Systematic Job Search and Unemployment," *Review of Economic Studies*, Vol.40, pp.191-201.

Spanier, G. B. and R. L. Margolis (1983) "Marital Separation and Extramarital Sexual Behavior," *Journal of Sex Research*, Vol.19, pp.23-48.

Wells, C. (2003) "Retesting Fair's (1978) Model on Infidelity," *Journal of Applied Econometrics*, Vol.18, pp.237-239.

（鈴木俊光）

第4章　セックスレス・カップルと価値観：出生力と セクシュアリティの観点から

はじめに

　本章では，日本におけるセックスレス・カップルの実態と親密性の様相について検討する。カップル間の性交頻度の低調さについては，「セックスレス」[(1)]という単語によって専門家のみならず，一般からも広く注目されている。人口学的には，避妊をしない性交頻度は直接的に出生を規定する近接要因の一つであるため（Wood 1994），セックスレスは日本における超低出生の隠れた原因の可能性として看過できない現象である。また，女性は生殖可能年齢に生物学的制約をより受けるため，女性当事者からも，カップルのセックスレスを問題視する声があがっている。さらに，妊娠・出産を意図しない場合や生殖期間を過ぎたカップルの場合であっても，性行動はカップルのセクシュアリティや親密性のありかたに強く関連しており，リプロダクティブ・ヘルスの点においても重要な社会課題である。一口に「セックスレス」と言っても，性行動は，人間の生物としての要件や機能と特定の社会環境に影響された複雑な営みの結果である。このように，セックスレスが生物学的かつ文化的現象であることを踏まえて，本章では，セックスレス・カップルが日本社会において意味することを紐解いていく。

　第1節ではカップルの性交頻度について，出生力が関わる生殖面と親密性が関わるセクシュアリティの面からセックスレスの人口学的意義を論じる。第2節では，セックスレスの実態を概観する。最初にセックスレス・カップルの割合について論じ，そのあと，性交頻度の低さが関連すると思われる「不妊症」

が関わる問題について指摘する。近年，妊娠を企図し，また医学的には不妊の原因が特定できないが，妊娠がかなわないカップルが顕在化している。そのような不妊状態にあるカップルについて性交頻度に着目してセックスレスと不妊について考察する。続く第3節では，日本社会においてカップルでの自然発生的な性関係が起こりにくい文化的土壌に焦点を当て，第1回（2007年）と第2回（2010年）全国調査「仕事と家族」のプールデータを使用して，人々が持つ価値観とセックスレスの関連について実証分析する。第4節では，既存の研究結果と今回の分析結果を踏まえて，日本社会とセックスレス・カップルについて問題の所在を包括的に論じる。

第1節　セックスレスの人口学的意義

(1) 性交頻度がなぜ重要か：日本における少子化への影響

　超少子化の問題が社会課題として取り上げられるようになって久しいが，低出生力について論じるにあたって，女性の生物学的な妊娠能力である妊孕力の概念は重要である。出生力を生物学と社会科学の交差する現象として取り扱った先駆者であるボンガーツとポッターは，性交頻度は出生力の近接要因の一つであり，避妊なしの性交頻度は妊孕力を直接的に規定するとした（Bongaarts and Potter 1983）。彼らは健康な20代の女性を想定し，排卵がある月経周期の割合や受胎確率など他の生物学的要件を一定として，月経周期あたりの避妊なしの性交の回数を変化させて妊孕力を推計している。この推計によると，平均26日の月経周期のうち最低4回の性交がある場合，確率としては妊娠するまでに約12カ月かかり，その後回数の増加によってかかる月数は減少し，10回以上になると約5カ月でほぼ横ばいとなる。逆に，例えば周期内で1回しか性交がない場合は，医学上の問題がない女性であっても妊孕力の観点からは妊娠するまでに43カ月という月数がかかる計算になる（Bongaarts and Potter 1983, pp.32-34）。つまり，おおよそ1カ月に4回以上の避妊をしない性交がなければ，

1年以内に妊娠することは妊孕力の面で難しいことが分かる。この1年というのは，日本産科婦人科学会（2018）が「不妊症」の診断の目安とする期間である。この「妊娠しない状態」は生殖の基本的行為を欠いた結果であるため，性交頻度の問題を「不妊症」としてどう解釈し，社会的に取り扱っていくかについては数々の問題をはらんでいる。

　加えて，この妊孕力の推計は20代女性の生殖機能を前提としている点にも注意が必要である。婚外出生の割合が依然として低い日本社会の状況において，女性の平均初婚結婚年齢の上昇と出産先送り傾向（阿藤 2017）および加齢による妊孕力の低下（仙波 2002）を考慮すると，現代日本における実質的妊孕力はボンガーツとポッターの推計レベルよりも低いことは確かであろう。つまり，逓減する妊孕力と性交頻度の低調さによる負の相乗効果によって希望通りに子どもが得られない構図があるといえる。ただし，推計式では性交は月経周期のなかでランダムに発生すると仮定されているため，カップルの自然発生的な性交ではなく，生殖を念頭に排卵期に意図的に性交を行う場合や生殖補助医療などの医療行為の介入がある場合は，この推計式とは異なる妊孕力レベルになることにも留意したい。ボンガーツとポッターの推計式では，性交は生殖を念頭に月経周期を計算したタイミングありきの行為ではなく，排卵の時期に関係なく発生するものと考えられている。この推計式の設定が日本におけるカップル間の性行動の傾向にどの程度当てはまるかについては，「子を作る」ことの社会的・倫理的観点から議論していく必要があるだろう。以下では，セックスレスと日本におけるカップル間の親密性のありかたについて詳しく述べる。

（2）セクシュアリティとのインターセクション：親密性の問題

　性交頻度を，出生力を規定する要因の一つとして考えるならば，セックスレス現象は憂慮すべき人口問題であろう。しかし，当事者である個々のカップルにとって，性交の有無および多寡はどの程度「問題」として認識されているのであろうか。この点について森木らは，フォーカス・グループ・ディスカッションによる質的データから，家族として機能していることに意味があり，夫婦間

の性交渉の頻度やセックスレス状態であること自体は特に大きな問題ではないという知見を示している（Moriki et al. 2015）。さらに，量的データの統計分析の結果から，セックスレス・カップルを規定する有意な変数として夫の週60時間以上の長時間労働，夫の年齢の高さ，夫婦仲の悪さ（配偶者に対するストレスあり，離婚を考えたことあり），3歳未満の子どもがいることが指摘されている（Moriki et al. 2015）。夫の長時間労働と性行動の低調さの相関関係については玄田・川上（2006）の研究でも報告されているが，ここで注目したいのが「3歳未満の子どもがいる」という点である。日本家族計画協会の北村（2009）によると，婚姻関係にある人がセックスに対して積極的になれない主な理由は「仕事で疲れている」（男性25%，女性15%），「出産後何となく」（男性14%，女性21%），「面倒くさい」（男性9%，女性19%）などである。つまり，「3歳未満の子どもがいる」という変数が統計的に有意である意味は，妊娠・出産を経た夫婦においては，ある種自然な流れで性交渉の頻度が低くなり，結果的にセックスレスと呼ばれる状態に落ち着くと解釈できるだろう。また，夫妻ともに日々の仕事・家事・育児に追われ時間や精神的余裕がないなかで，配偶者との性行為は優先順位が低い活動であろうとも考えられる。

　日本について調査を行ってきた学者の多くは，日本の家族は「子ども中心主義」であると主張する（Goldstein-Gioni 2012；Lebra 1984, 2004；Small 1998）。リブラの分析によると，この子ども中心の家族において，子どもの必要や要求が最も優先され，親，特に母親は子どものために存在しているとみなされる傾向があるという（Lebra 1984）。実際，例えば，森木の論文では，子どもが生まれると「お母さんだから」という理由によって性交渉に興味を失い，第1子の妊娠・出産以降，数年にわたってセックスレス状態が続いている20代のフォーカス・グループ参加者の女性の語りが報告されている（Moriki 2012）。このケースのように，「お母さんだから…（性交渉などというカップル行為は行わない）」という文化的な規範の内面化が強いため，夫婦生活よりも子どもの母親としての立場が選好されていると考えられる。

　さらに，日本の子ども中心社会の特徴として親子の身体的親密さ，具体的に

は「川の字就寝」の習慣も指摘されている。文化人類学者のスモール（2000）は子育てについて，日本社会においては，子どもの独立心の育成にはさほど重きが置かれず，共同体の一員として機能するように育てることが肝要で，そのため，一番身近な存在である母親との一心同体が重視されていると分析する。親子の添い寝が就寝場所などの物理的制約からではなく，好みとして選択され，広く実践されてきたことは他のいくつかの研究（柏木 2011，篠田 2009, Caudill and Plath 1974）においても論じられている。また，川の字就寝とセックスレスの関係については，「いつまでも続くわけではない一時的な幸せの時間」と認識し，積極的に親子での添い寝を楽しみつつ，安らぎや安堵感といった親密な感情を添い寝に見出す子育て中の男女の姿を示す研究もある（Moriki 2017）。このような夫婦にとって，親密性は親子関係から得るものであり，男女としての夫婦関係に必ずしも求めるものではないため，特に子どもを持ったあとの夫婦にとって性交渉はその他のより重要な日々の関心事に比べて二の次の話になるというわけである。

　それでは，子どもを中心とした日本社会において，生殖を意図しないセクシュアリティとしての性行動は「本当に」低調なのだろうか。この点については，十分に学問的なデータが不足していたこともあり検証が容易ではなかったが，最近になってより信頼性のあるデータが収集されつつある。そのうえでまず指摘したいのが，既婚者に性交渉の頻度を尋ねる際に質問の仕方や回答者の理解，配慮，思惑によって，必ずしもその回答者が一定の期間の間に経験した全ての頻度が計上されているわけではないという点である。調査によっては，例えば，次節で詳述する全国調査「仕事と家族」での性交渉の頻度に関する質問のように，「夫婦間での」性交渉の頻度を教えてくださいという形で相手を明確化している場合もある。[4]つまり，この質問の仕方の場合，回答者の婚姻外での性行為については含まれておらず，いわゆる性風俗の利用や婚外交渉などについては（もしも存在していたとしても）カウントされていないことになる。ただし，相模ゴム工業株式会社が実施したインターネットサーベイの結果やフォーカス・グループ参加者の語り[5]（Moriki 2017）から婚外交渉の経験率の高さが示唆され

ている。

　日本家族計画協会家族計画研究センターがジェクス株式会社の依頼によって
2020年に実施したインターネットサーベイによると，婚外交渉の経験率が急上
昇しているという。この調査は2012年，2013年，2017年にも実施されている
が，2020年に不倫を現在進行形で経験している男性は約41%，女性は約31%に
のぼっている（ジェクス／ジャパン・セックスサーベイ 2020）。さらに，男女
関係について長年取材しているフリーライターの亀山早苗の著作（亀山 2012）
のように，夫婦での性行為への興味や実行の意思は希薄であるが，婚姻外での
（性的・社会的・心理的な面での）男女関係に積極的な男女それぞれの言い分，
説明，ジレンマなどを描き出す報告も散見される。そのため，従来「セックス
レス」という表現は特定のパートナーシップにおけるそのパートナーとの性交
渉の有無を示唆してきたが，回答者の性行動全般について検討するならば，想
定と現実との乖離の程度について注意深く検証する必要があるといえる。

　以上のように一見，日本社会における「セックスレス」の構図は家族構造の
中で上手く機能しているようにも理解できる。しかし，セクシュアリティとし
ての夫婦生活の希薄さは，篠田（2009）が家族の寝方調査の知見から指摘する
ように，カップルとしての関係を育てる阻害要因になっているという見方も否
定できない。実際，夫婦の男女としての関係に悩む夫や妻の状況を描く書籍や
コミックも広く出版されはじめている（モチ・三松 2020，ポレポレ美 2018，
二松 2012）。たとえ夫婦の関係が悪くない場合でも，夫または妻，特に年齢的
な制約がより存在する妻の側が子どもを望む場合は，夫婦間でのセックスレス
の状況は大きな問題となり得る。この点は早急に社会全体として検討していく
べき課題であろう。

　この節では，セックスレスの人口学的意義を妊孕力とセクシュアリティの観
点から議論してきた。特に，日本社会においてカップル間の性関係を含む横の
つながりよりも，川の字就寝が象徴する親子の縦のつながりを優先する価値観
が強固に存在していることを指摘した。次の節では，夫婦間の性交渉の頻度の
実態としてセックスレス・カップルの割合を検討し，さらに性交頻度と「子ど

もが欲しい」という希望との関係についても論じる。

第2節　セックスレス・カップルの実態

(1) セックスレス・カップルの割合について

　カップルの性交頻度については内容の性質上，信頼度の高いデータを収集することは容易ではない。しかし，継続する少子化への懸念やセクシュアル・リプロダクティブヘルスへの関心の高まりからか，信頼に足る学術的データの収集も進みつつある。その中でも例えば，2004年より定期的に日本家族計画協会が実施している「男女の生活と意識に関する調査」では，調査対象の16歳から49歳の男女3,000名に「あなたの，この1カ月のセックス（性交渉）回数はどれくらいですか」と，ここ1カ月の性交渉の頻度について質問している。この調査からのセックスレスの結果を経年で見ると，婚姻関係にある回答者のセックスレスの割合は，2004年の31.9%，2006年の34.6%，2008年の36.5%，2010年の40.8%，2012年の41.3%，2014年の44.6%と年々増加している（北村 2015）。最新の2016年の同調査では，47.2%の高い割合が示されている（日本家族計画協会 2017）。また，「日本版総合的社会調査（JGSS）」の2000年版と2001年版でも20歳から89歳の男女に性交渉（セックス）の頻度に関して質問している（Moriki et al. 2015）。JGSS-2000とJGSS-2001を使用したセックスの頻度（相手の特定はされていない）の集計報告によると，20歳から39歳の約16%がセックスレスの定義に当てはまる。しかし，この調査においては，性交渉の頻度についての質問項目の無回答（「回答したくない」）が約47%にのぼる（玄田・川上 2006）ため，JGSSデータからのセックスレス割合の的確な見積もりは難しいともいえる。

　次に，第1回（2007年）と第2回（2010年）全国調査「仕事と家族」で収集した性交渉に関するデータからセックスレスの割合を検討する。この調査では，前述のように20歳から59歳の男女計9,000名を対象として「あなた方ご夫婦

のここ 1 年間の性交渉の頻度は次のうちどれにあたりますか？」と性交渉の相手を配偶者に限定して質問しているのが特徴である。回答の選択肢は，1）1 週間に 1 回またはそれ以上，2）2 週間に 1 回，3）1 ヶ月に 1 回，4）2 ヶ月に 1 回，5）6 ヶ月に 1 回，6）全くない，7）その他，8）無回答，である。サンプリング方法は層化二段無作為抽出法による留め置き法を使用し，回収率は第 1 回の 2007 年が 51.4%，第 2 回の 2010 年が 57.3% であった。

　以下の**表4-1** が示すように，第 1 回調査（2007 年），第 2 回調査（2010 年）ともに，有配偶者のほぼ半数が 1 カ月に 1 回未満の性交渉しかもたなかった「セックスレス」状態に当てはまる結果となっている（第 1 回が 45%，第 2 回が 44%）。前述した日本家族計画協会による調査とは対象年齢が異なるため厳密な比較は難しいが，セックスレスの割合としてはおおむね同程度であるといえるだろう。頻度の分布のうち，とりわけ，過去 1 年間において配偶者との性交渉が「全くない」と回答した人が両年ともに約 4 分の 1 いることは注目に値する。当然，この数値レベルを一概に「低い」「高い」と評価することは難しい。しかし，例えば，数少ない過去の日本社会における性行動の記録である通称「篠崎レポート」が報告する数値と比較すると明らかに頻度は低いといえる。戦後間もない日本で家族計画指導の一環として性行動の実態を調査した篠崎によると，妻の年齢別の性交頻度は 20 代までが週約 2 回前後，30 代から 40 代半ばまでが週約 1 回であった。さらに，結婚直後の回数については，約 3 割が週 1 回から 2 回，約 6 割が週 3 回以上と報告されている（篠崎 1953）。こういったデータは比較において貴重で

表 4-1　有配偶者（初婚）のここ 1 年の配偶者との性交渉の頻度（%）

頻度	第1回調査 （2007）	第2回調査 （2010）
1 週間に 1 回以上	14	13
2 週間に 1 回	13	11
1 ヶ月に 1 回	13	13
2 ヶ月に 1 回	6	7
6 ヶ月に 1 回	15	13
全くない	24	25
その他	1	1
無回答	13	18
サンプル数（人）	2,464	2,833

（資料）　第 1 回・第 2 回全国調査「仕事と家族」から筆者らがデータを集計（回答者は男女）。数値はウェイトで調整済み。

あるだけでなく，現在の性交頻度とは別に結婚直後の頻度についても質問している点もその区別が人々の行動において意味をもっていたという社会背景を示唆している点で重要である。

　本章では詳しい検証は行わないが，篠崎レポートの時代と現在の男女関係の大きな違いに，知り合ってから婚姻に至るまでの期間の差がある。篠崎は，恋愛結婚の場合は遅くて 8，9 カ月，早くて 6 カ月，見合い結婚の場合は大体 4 カ月から 6 カ月が（期間として）多いと記述している（篠崎 1953, pp.24-25）。一方で，近年の結婚前のデート期間については，平均 3 年にもなるというデータがある。さらに，1980 年代以降，性交渉を含む恋愛（性行動）と結婚（生殖）の分離が社会的により許容され進行した（山田 2007）ことも鑑みると，現代日本社会においては，未婚者であっても長いデート期間中に性関係がパートナーとの間に発生していると考えられる。つまり，いわゆる「新婚」期間は，篠崎レポートの時代とは異なり，性交の面からはすでに年数を経た既婚カップルと同様であり，新婚の既婚者であってもすでに夫婦間での性行為があまり活発でない可能性は十分にあるだろう。一方で，国立社会保障・人口問題研究所が実施している 1987 年から 2015 年の計 7 回分の「出生動向基本調査」を基に，総人口に対する性交未経験者割合を推計したガズナヴィらによると，過去 20 年で異性間性交渉が未経験である 18 歳から 39 歳の成人日本人男女の割合は上昇しているという。特に 30 代の未経験率が顕著であり，30〜34 歳女性は 6.2% から 11.9% に，男性は 8.8% から 12.7% に，また，35〜39 歳女性は 4.0% から 8.9%，男性は 5.5% から 9.5% に上昇している（Ghaznavi et al. 2019）。このように，過去の状況と比較して，程度は定かでないにしろ，現在の日本社会では既婚者においても未婚者においても「セックス離れ」と呼ばれる現象が進んでいることは否めないであろう。

(2) セックスレスと「子どもが欲しい」の関係

　第 1 節で論じたように，生殖と少子化の観点から考えると，性交頻度は妊孕力に直接的に関わる要因の一つであり，セックスレス状態の場合，妊娠の確率

は相応に低いといえる。さらに，現在の日本人女性の平均初婚年齢が30歳に近いことや依然として婚外出生の割合が低いこと[8]を念頭におくと，年齢別の性交頻度は少子化問題を考える上で重要な指標である。以下の**表4-2**は第2回全国調査「仕事と家族」（2010年）から，妻の年齢別の性交渉の頻度を示したものである。まず，妊孕力の点から20代と30代に注目する。特筆すべきは前述のボンガーツとポッターの妊孕力の推計から妊娠までにかかる時間が約1年以内とされる週1回程度の性交渉がある回答者の割合が20代で35%，30代で17%のみだったことである。他方で，セックスレスにあてはまる割合は，20代で22%，30代で37%と高い割合であるといえるだろう。特に，現代日本の平均初婚年齢を考慮すると，30代のセックスレス割合の高さは出生力への影響という点で懸念される。次に，40代と50代のセックスレス割合に関しては，それぞれ44%と56%とより高い水準であり，週に1回など定期的な性交渉がある回答者は10%程度である。これらの結果は，効果の高い避妊方法の実行率が極めて低いことや人工妊娠中絶実施率が継続して低下していることを考慮すると，性交頻度の低さが夫婦出生率の低下傾向の要因の一つではないかとする佐藤（2008）の仮説と整合性がある。

　より詳しく性交頻度と出生力との関係を検討するため，次に，今後（もう1

表4-2 妻の年齢別（初婚）ここ1年の配偶者との性交渉の頻度（%）

頻度	20代	30代	40代	50代	合計
1週間に1回以上	35	17	10	7	13
2週間に1回	14	14	11	7	11
1ヶ月に1回	15	17	13	9	13
2ヶ月に1回	8	8	7	5	7
6ヶ月に1回	6	14	14	13	13
全くない	8	15	26	38	25
その他	2	2	1	1	1
無回答	13	15	18	20	18
サンプル数（人）	180	763	756	844	2,833

（資料）　第2回全国調査「仕事と家族」から筆者らがデータを集計（回答者は男女）．数値はウェイトで調整済み．

人以上）子どもが欲しいと考えている回答者にしぼって頻度を考察する。⁽⁹⁾**表4-3**
は「仕事と家族」（2010年）から年齢別（20代，30代，40代）の子どもを（も
う1人以上）欲しいと考えている回答者のここ1年の配偶者との性交渉の頻度
の分布である。まず目立つのが，子どもを希望していても，妊孕力の面で最小
必要限度と見なされる週1回以上の頻度があった人の割合がさほど高くないと
いう点である（20代で37%，30代で20%，40代で16%）。子どもを希望する回
答者のセックスレスの割合についても，各年代それぞれ22%（20代），37%（30
代），50%（40代）で，これらの数値も子どもを（もう1人以上）希望していな
い回答者を含むレベルとほぼ同等である。このような実態から，子どもを希望
しているとしながらも配偶者との性交渉の頻度は低いことが分かる。避妊実施
状況や不妊治療の介入，排卵期に合わせた性交の実施など，より詳細な情報は
ここでは分析できない。しかし，少なくとも，ボンガーツとポッターの推計が
示唆するような月経周期内にランダムなタイミングで発生した性交による出生
は起こりにくいであろうと考えることができる。

　さらに，これまでに生んだ子ども数（パリティ）別にセックスレスの割合を
調べるとパリティ0で29%，パリティ1で50%，パリティ2で41%，パリティ3
で23%であった（**表4-4**）。年代とパリティ別では，特に，30代の既存子ども数

表4-3　年齢別（初婚）子どもが欲しい回答者のここ1年の配偶者との性交渉の頻度（%）

頻度	20代	30代	40代	合計
1週間に1回以上	37	20	16	23
2週間に1回	17	14	11	14
1ヶ月に1回	15	18	13	17
2ヶ月に1回	8	8	12	9
6ヶ月に1回	5	14	11	11
全くない	9	15	27	16
その他	2	1	2	2
無回答	7	9	9	9
サンプル数（人）	142	406	129	677

（資料）　第2回全国調査「仕事と家族」から筆者らがデータを集計
　　　　（回答者は男女）．数値はウェイトで調整済み．

が 1 人で，もう 1 人（以上）子どもを希望する場合（48%）と 40 代の 0 人から 2 人の子ども数（0 人で 45%，1 人で 67%，2 人で 55%）の場合のセックスレスの割合が目立つ。「二人目不妊」と称されることもあるが，次の子どもを希望しているが，生殖行動が実現できていないカップルが相当数いることが確認できる。一方，各年代において子ども数が 3 人以上でさらに子どもを希望している場合は，セックスレスの割合が顕著に低い。既存子ども数と性交頻度については，子ども数が多いカップルについて社会的属性など多様な観点からの詳細な検討が必要である。

　子どもを希望するカップルの性行動の実態については，すでに発表されている他の調査結果からも意外ともいえる低調さが見て取れる。小西と玉置は「生物人口学プロジェクト」と題する 20〜44 歳の女性を対象とするインターネット調査を 2014 年に実施し，妊娠するまでにかかる時間について妊孕力のフレームワークから検証している。この調査によると，すぐに子どもが欲しいと考えている有配偶女性の間で，週 1 回以上のパートナーとの性交がある割合が 24%，月に 1〜3 回ある割合が 38% であった（Konishi and Tamaki 2016）。明確に妊娠の意図がある女性であっても妊孕力的に可能性の高い頻度で性交を行っている回答者は少ないことがこの結果から明らかである。同調査データを使用して，有配偶で避妊をやめているがサーベイ開始までにまだ出産も妊娠もしていない回答者についても分析がされているが，彼女らの 85% について避妊をやめてか

表 4-4　子どもが欲しい回答者（初婚）の年齢別，既存子ども数別のセックスレスの割合（%）

既存子ども数	20代	30代	40代	合計
0人	14	35	45	29
1人	40	48	67	50
2人	19	40	55	41
3人以上	0	22	24	23
サンプル数（人）	127	360	112	599

（資料）　第 2 回全国調査「仕事と家族」から筆者らがデータを集計（回答者は男女）．数値はウェイトで調整済み．

ら 12 カ月またはそれ以上の期間が経過している（残りの 15% は比較的最近，0
〜11 カ月以内，に避妊を中止）（Konishi et al. 2018）。つまり，避妊をやめて妊
娠を企図していると考えられる女性の大部分が 1 年以上の間受胎待ちをしてい
る「不妊症」の状態であることもこの調査結果から捉えることができる。

　さらに注目したいのが，性交頻度と不妊治療との関連である。小西らが実施
した生物人口学プロジェクトにおいて不妊治療を行っている女性に着目すると，
生殖補助医療（ART）を実施している女性のわずか 8% とそれ以外の不妊治療
を行っている女性の 14% のみが週 1 回以上の性交をもっていた。セックスレス
の定義にあてはまる性交頻度については，ART 実施の女性で 49%，それ以外の
治療を行っている女性で 47% であり，いずれも治療を行っていない女性のセッ
クスレスの割合（43%）よりも高い水準であった（Konishi et al. 2018）。この点
について，カップルの親密性と生殖補助医療の使用についてエスノグラフィッ
クな方法で日本人の母親にインタビューを実施したカストロ＝ヴァズキエズは，
彼が調査を行った不妊治療を経験した女性は子どもを作ることを生物医学的な
行為であると認識し，生殖をセクシュアリティと切り離して考えていると指摘
している（Castro-Vazquez 2017）。生殖を医学の領域であると受け入れて医療技
術に頼る姿勢は，夫婦間でのセックスレスの実態とも高い親和性があり，生殖
行動の「脱セクシュアリティ化」の一端であるといえるだろう。今後，性交の
生殖役割とセクシュアリティ役割がどのように分別されていくのか，注視して
いく必要がある。

第 3 節　価値観とセックスレスの関係

(1) データとモデルについて

　本節では，前述の第 1 回（2007 年）と第 2 回（2010 年）全国調査「仕事と家
族」から性交渉の頻度についてのデータを合算し，プールデータとして使用し
て価値観とセックスレスの関係について分析する。この「仕事と家族」調査は

パネルデータではないものの，調査対象者要件やサンプリング方法などが同一であるため，第1回と第2回のケース数をプールしての分析が可能である。ここでは，セックスレスであることを従属変数とし，一連の価値観に関する項目（計6項目）を含む次の項目を説明変数に，どのような価値観を有する人がセックスレスの傾向があるかについて二項ロジットモデルを用いて検証した。分析モデルに含まれる変数は，性別（男性・女性），夫／妻の年齢，結婚持続期間，夫の職業（正規雇用か否か），妻の職業，夫の週平均労働時間，夫の年収，夫／妻の健康状態，3歳未満の子どもの有無，3歳以上の子どもの有無，現在の居住地（都市部・農村部），結婚形態（見合い・その他），子どもを（もう1人以上）欲しいかどうか，離婚について考えたことがあるかどうか，親との同居（同居・非同居），調査年次（2007・2010），伝統的価値観指数（0〜18）である。

　全国調査「仕事と家族」では，日本社会に流布している様々な価値観について回答者の意見を聞いている。その中でも，第1回と第2回の両調査で質問している6項目を伝統的価値観指数として分析に使用した。回答の選択肢は，1）賛成，2）どちらかというと賛成，3）どちらかというと反対，4）反対，である。分析モデルでは，各項目において「賛成」と回答した場合に3ポイント，「どちらかというと賛成」に2ポイント，「どちらかというと反対」に1ポイント，「反対」に0ポイントを配分し，6項目のポイントを足しあげて最高18ポイントとなるスコア化した変数を作成した。ここでは，この伝統的価値観指数において，ポイントが高いほど日本社会における「伝統的価値観」を持つ傾向が強いと想定する。

　モデルに含んだ価値観の質問項目は，1）男女が一緒に暮らすなら結婚すべき，2）子どもは法的に結婚した夫婦の間で生まれるべき，3）長男には親を扶養する義務がある，4）家名は養子をとってでも絶やさないようにすべき，5）先祖の墓は大切に守って，子孫に伝えていくべき，6）夫は外で働き，妻は家庭を守る，である。**表4-5**はこれらの価値観に対する回答の分布である。まず，大多数の回答者は法律婚と嫡出の子どもについて伝統的な立場を取っていることが分かる。この価値観については，阿藤（2005）も他の調査における類似の質

表 4-5　回答者の価値観の分布（%）

	賛成	どちらかと いうと賛成	どちらかと いうと反対	反対
男女が一緒に暮らすなら結婚すべき	28	55	13	4
子どもは法的に結婚した夫婦の間で生まれるべき	52	40	6	2
長男には親を扶養する義務がある	4	34	42	19
家名は養子をとってでも絶やさないようにすべき	4	23	47	25
先祖の墓は大切に守って，子孫に伝えていくべき	35	47	14	5
夫は外で働き，妻は家庭を守る	8	34	41	17

（資料）　第1回・第2回全国調査「仕事と家族」から筆者らがデータを集計（回答者は男女）．
　　　　数値はウェイトで調整済み．

　問に対する回答分布の変遷を分析した結果，同棲許容度は多少増加傾向ではあるが，婚外子の許容度は依然として低いと指摘している．次に，家の継続と老親扶養が関わる価値観についてだが，家名の存続と老親の扶養については全面的に賛成の立場を取る回答者は少数で，大多数は「どちらかというと賛成または反対」というあいまいな立場である一方で，全体の2割前後は反対の立場をとっていることにも注目したい．小川とレザフォード（Ogawa and Retherford 1993）は毎日新聞社による全国家族計画世論調査を時系列で分析し，1950年代以降1990年代にむけていわゆる「親孝行」の価値観は大きく低下したと述べる．その後，2000年代に入っても老親扶養の意識は低調傾向が持続している（阿藤 2005）との報告がある通り，伝統的な親孝行の価値観を有している人々は少数派であることが見て取れる．ただし，墓の維持については8割程度が賛成よりの立場である．最後にジェンダー役割についてだが，性別役割分業に対しては6割近くが反対よりの立場であり，全面的な賛成は1割未満である．伝統的な性別役割分業を支持する価値観は，他の調査結果からもこの30年間で大きく弱まってきた（阿藤 2005）と指摘されている．

(2) 分析結果

　以下の表4-6 によると，第1回「仕事と家族」(2007) を使用した筆者らの先の報告 (Moriki et al. 2015) の知見とも一致する結果として，性別 (女性と比べて男性がよりセックスレスになりやすい)，夫・妻の年齢 (年齢が上昇するほどセックスレスになりやすい)，夫の週平均労働時間 (50 時間未満と比べて 60 時間以上だとセックスレスになりやすい)，妻の健康状態 (健康だとセックスレスになりにくい)，3 歳未満の子どもの有無 (いる場合はセックスレスになりやすい)，離婚について (考えたことがある場合はセックスレスになりやすい) の変数が統計的に有意となった。妻の就業形態，夫の年収，出会いの形態，(追加的に) 子どもが欲しいかどうか，親との同居，は今回の分析でも変数として有意ではなかった。一方で，先の分析では有意でない，結婚持続期間，夫の就業形態，現在の居住地，が今回は有意となっている。特に，結婚持続期間について，この分析では，1 年から 5 年までは有意にセックスレスになりにくく，10 年以上になるとなりやすい傾向がある。さらに，新規にモデルに含めた妻の健康状態と 3 歳以上の子どもの有無も統計的に有意であった (妻が健康な場合も 3 歳以上の子どもがいる場合もセックスレスになりにくい)。以上の結果については，既出の知見と整合性があり，特に夫の労働時間は玄田・川上 (2006) の研究とも一致するため，労働時間数とセックスレスの相関関係を再確認する結果である。労働時間が重要である一方で，夫または妻の就業形態や夫の年収は有意な要因ではないことも同時に示された。また，海外のデータを用いた Greenblat (1983) の研究が指摘するように，結婚持続期間が長くなるほどセックスレスになりやすいことも今回の分析結果から明らかになった。

　伝統的価値観指数については，指数が高い，すなわち「伝統的価値観」を持つと想定される人ほど傾向として有意にセックスレスになりにくいことが示された。強調したい点は，この分析において年齢，健康状態，就労状況，家庭状況などをコントロールしたあとも，「伝統的価値観」を持つ人ほどセックスレスになりにくかったことである。この結果の解釈については，いわゆる「家を維持する」意識が強い人ほどセックスレスになりにくい傾向があるといえるので

表 4-6　二項ロジットモデル結果

説明変数		推計値	説明変数		推計値
平均値		46	夫の健康状態		
回答者の性別			健康		46
男性		49 ***	不健康	†	47
女性	†	43	妻の健康状態		
夫の年齢			健康		45 **
35歳未満	†	34	不健康	†	51
35〜39歳		50 ***	3 歳未満の子供の有無		
40〜44歳		50 ***	いる		54 ***
45〜49歳		53 ***	いない	†	44
50〜54歳		55 ***	3 歳以上の子供の有無		
55歳以上		57 ***	いる		44 *
妻の年齢			いない	†	50
35歳未満	†	39	現在居住地		
35〜39歳		43	都市部		47 **
40〜44歳		49 **	農村部	†	40
45〜49歳		60 ***	結婚形態		
結婚期間			見合い結婚		45
1年		36 ***	その他	†	47
2年		41 ***	子供が欲しい		
5年		45 ***	子供が欲しい		46
10年		51 ***	子供が欲しくない	†	47
20年		50 ***	離婚について		
夫の職業			考えたことがある		59 ***
正規雇用		47 *	考えたことがない	†	40
その他	†	42	親との同居		
妻の職業			同居		47
フルタイム		45	非同居	†	46
パートタイム		47	調査年次		
自営業者		48	2007年	†	49
専業主婦	†	47	2010年		44
夫の週平均労働時間			伝統的価値観指数		
50時間未満	†	45	0		52 *
50〜60時間		46	3		51 *
60時間以上		56 ***	6		49 *
夫の年収			9		47 *
100万円		46	12		45 *
250万円		46	18		42 *
500万円		47			
750万円		47	N		2933
1000万円		47	Log likelihood		−1794.25
1500万円		48			

***＝1%，**＝5%，*＝10%の有意水準を示している。　†はリファレンスグループ

(注)　表の値は二項ロジットモデルに使用された変数によって予測された確率である．計算方法の詳細については Retherford and Choe (1993) を参照されたい.

はないだろうか。なぜ「伝統的価値観」を持つ人ほどセックスレスになりにくいのかは今後のとりわけ質的な研究が待たれるが，子ども数が3人以上の人のセックスレスの割合の低さ（表4-4）も合わせて考察すると，生殖に対する意欲がなにかしら夫婦間の性交の活発さの維持に貢献していると推測できる。

第4節　まとめ

　本章ではセックスレスの人口学的観点からの意義とセックスレス・カップルの実態について最新の利用可能なデータを使用して論じてきた。セックスレスという現象は，人間の生物としての機能と文化規範に応じて行動した結果の複合的な営みであるという点が，単なる「性交頻度」を超えて興味深い人口学的テーマである。全体を総括して指摘できることは，まずは，年齢層に関わらず，性交渉の頻度は低調であり，過去の知見と一致してセックスレス・カップルの割合が約5割程度あるということである。妊孕力の観点から考えると，持続する超少子化の状況と整合的であるといえる。親密性の観点からは，親子の縦のつながりによる親密度を重視する社会構造の中で，パートナーとの性関係による横のつながりの低調さは，当事者にとって問題がある困った状況であるとは必ずしも言えない。

　しかし，それでは，パートナー間での性的な関係が希薄であることに問題がないかというと，それもまたそうとも言えないことが示唆された。特に，「子どもが欲しい」という希望を持つ人々においても性交頻度が低く，セックスレスの割合もかなりあるという知見は見過ごせない点であろう。女性にとっては，ライフコース上にいかにして「子どもを持つ」という希望を位置づけるのか，そしてその希望がある場合に，希望を実現するために必要な生殖行動をどのような形で実現するのかということは大きな課題である。現代日本社会において多くの事柄は時間の制約なく努力によって実現可能であるかもしれない。だが，今日においても子どもを持つことは，個人の努力だけではなしえない側面を多

分に有している現実を真剣に議論していくべきであろう。また，セクシュアリ
ティのあり方についての個人の自由を尊重することを前提としながらも，社会
が規定する男性，女性のあり方を含む文化規範が介在する問題でもあるという
ことを認識する必要もある。

　筆者らの調査データに基づく分析の貢献としては，ここでは価値観に着目し
た分析を行った。性行動が単に性欲や経済的観点によるものではなく，文化規
範に基づくものでもあることを踏まえて，価値観とセックスレスの傾向につい
て検証した。結果として導かれた知見は，「伝統的価値観」を持つ人々ほどセッ
クスレスになりにくいということである。今回は，一連の価値観に関する質問
への回答以上のデータがないため，詳しい解釈は控えざるを得ないが，得てし
て「古臭い」と評価されやすいかもしれない日本社会に存続する価値観をより
強く持つ人ほど配偶者間での性交渉が活発であることは注目に値する。例えば，
性別役割分業や家名を継ぐことの是非を問う質問に対して賛成する「伝統的」
傾向の強い人ほどセックスレスになりにくいということである。今回の分析で
使用した「伝統的価値観指数」の妥当性への懸念はあるが，それでも，全体と
して，現在は明確には意識されていないように捉えられるかもしれない「家意
識」の人々の性行動への影響は今後より詳細に検討するべき論点であることが
提示されたといえる。第 1 節にて論じたように，日本社会は子どもを中心とし
た構造を持ち，また共同体の一員として機能することが重視されている。川の
字就寝の親密性における重要な役割も考え合わせると，「家」に限らず例えば核
家族という単位にしろ，なにかしらの集団の維持・発展への期待が，日本人の
配偶者間での性行為に対するモチベーションとなっている可能性が考えられる。

おわりに

　最後に，日本社会におけるパートナー間の性交渉の頻度と親密性のありかた
の未来についてなにが示唆されるだろうか。カップル間のセックスレスが現象

として目立つようになった一方で，妊娠・出産を望む人々は存在している。よって，子どもを希望する人が低い性交頻度に起因して効果的に妊娠を達成できていないとするならば，希望を達成するための支援のあり方について広範な角度から新たな社会制度の設計に向けて議論することが必須であろう。相手を伴う（異性間の）性行動は生殖だけでなく親密性を含むセクシュアリティの面からも人間にとって大きな意味を持っている。日本社会に生きる人々が今後どのような形で妊娠・出産という生殖行動とセクシュアリティが関わる親密性への欲求を充足させていくのか，今後の研究が求められる分野である。

注

(1) 性交（sexual intercourse）は，基本的には男女間の膣性交を意味するが，近年，調査によっては「性交」にオーラルセックスや肛門性交も含まれるようになった。しかし，この語が示す性行為の範囲は定まっていない。また，本章で分析に使用した調査を含めて調査票では「セックス」や「性交渉」という単語が使用されていることもある。よって，本章では，「性交」「性交渉」「セックス」を文脈に応じて使用する。

(2) 日本性医学会は 1994 年に「セックスレス」を「特殊な事情が認められないにもかかわらず，カップルの合意した性交あるいはセクシュアル・コンタクトが 1ヶ月以上なく，その後も長期にわたることが予想される場合，セックスレスのカテゴリーに入る」（阿部 2004, pp.18-19）と定義した。本章におけるセックスレスの定義を含め，学術的出版物において「セックスレス」はこの定義に従っていることが多い。

(3) 日本大学人口研究所が世界保健機関（WHO）と共同で実施した 20 歳から 59 歳の日本人男女計 9000 人を対象とした全国調査である。先進国の一つである日本における低出生力とリプロダクティブ・ヘルスが関わる事柄に焦点を当てた学術的なデータを収集することを目的としている（森木 2008）。

(4) 第 2 節および第 3 節で使用するデータである，全国調査「仕事と家族」では，性交渉の頻度について「あなた方ご夫婦のここ 1 年間の性交渉の頻度は次のうちど

れにあたりますか？」と相手を限定して質問している。なお，例えば，日本版総合的社会調査（the Japanese General Social Surveys）など他の調査においては性交渉の相手について明確に限定した形式では質問していない。

(5) 相模ゴム工業株式会社のインターネット調査「ニッポンのセックス 2018 年版」によると，結婚相手／交際相手以外にセックスを行うなにかしらの相手がいると回答した男性が約 27％，女性が約 15％であった（相模ゴム工業株式会社 2018）。

(6) 毎日新聞社全国家族計画世論調査と全国調査「仕事と家族」のデータからの筆者らによる計算に基づく。

(7) 結婚持続期間に応じて性交頻度が減少することは複数の調査から確認されている（Greenblat 1983, James 1983）。

(8) 2019 年における女性の平均初婚年齢は 29.6 歳（表 6-12），婚外出生の全出生に占める割合は 2.3％であった。婚外子は，1960 年以降継続して 1％から 2％（表 4-12）の低水準である（国立社会保障・人口問題研究所編 2021）。

(9) 調査では，「あと何人子どもが欲しいか」，そして（1 人以上欲しいと回答した場合は）「次の子どもはいつごろ欲しいか」と質問している。ここでは，1 人以上欲しいと回答した人全員を分析対象とした。

参考文献

阿藤誠（2005）「家族観の変化と超少子化」毎日新聞社人口問題調査会編『超少子化時代の家族意識：第 1 回人口・家族・世代世論調査報告書』，pp.11-42。

阿藤誠（2017）「日本の少子化と少子化対策」『学術の動向』，pp.8-11。

阿部輝夫（2004）『セックスレスの精神医学』筑摩書房。

柏木恵子（2011）『親と子の愛情と戦略』講談社。

亀山早苗（2012）『セックスレス：そのとき女は』中央公論新社。

北村邦夫（2009）「ユニークな少子化対策への提案―キーワードは男女間のコミュニケーション・スキルの向上」『公衆衛生』Vol.73, pp.581-586。

北村邦夫（2015）「性教育の新しい課題について考えるヒントを得る：〈第 7 回男女の生活と意識に関する調査〉結果から」『現代性教育研究ジャーナル』Vol.49, pp.1-136。

玄田有史・川上淳之（2006）「就業二極化と性行動」『日本労働研究雑誌』Vol.556,

　　pp.80-91。

国立社会保障・人口問題研究所編（2021）『人口の動向：日本と世界―人口統計資料
　　集 2021』厚生労働統計協会。

相模ゴム工業株式会社（2018）「02 パートナ・セックス回数・浮気 etc」（https://www.
　　sagami-gomu.co.jp/project/nipponnosex2018/02_partner_sex.html，2022 年 8 月 14 日
　　閲覧）。

佐藤龍三郎（2008）「日本の〈超少子化〉：その原因と政策対応をめぐって」『人口問題
　　研究』Vol.64 (2), pp.10-24。

ジェクス／ジャパン・セックスサーベイ（2020）「ジェクス／ジャパン・セックスサーベイ
　　2020」（https://www.jfpa.or.jp/sexsurvey2020/index.html，2021 年 8 月 1 日閲覧）。

篠崎信男（1953）『日本人の性生活』文芸出版。

篠田有子（2009）『子どもの将来は「寝室」で決まる』光文社。

スモール，メレディス（2000）『赤ん坊にも理由がある』角川書店。

仙波由加里（2002）「不妊と生殖補助技術の現状と課題」『人口学研究』Vol.31, pp.37-
　　46。

日本家族計画協会（2017）『第 8 回 男女の生活と意識に関する調査報告書 2016 年：日
　　本人の性意識・性行動（CD-ROM）』。

日本産科婦人科学会（2018）「不妊症」（http://www.jsog.or.jp/modules/diseases/index.
　　php?content_id=15，2021 年 7 月 25 日閲覧）。

二松まゆみ（2012）『夫とは，したくない。：セックスレスな妻の本音』ブックマン社。

ポレポレ美（2018）『今日も拒まれています：セックスレス・ハラスメント嫁日記』ぶ
　　んか社。

モチ漫画，三松真由美監修（2020）『君とはもうできないと言われまして』KADOKAWA。

森木美恵（2008）「全国調査〈仕事と家族〉より：女性の就労観と夫婦間の性交渉の
　　頻度について」『中央調査報』No.606, pp.1-9。

山田昌弘（2007）『少子社会日本：もうひとつの格差のゆくえ』岩波書店。

Bongaarts, J. and R. Potter（1983）*Fertility, Biology, and Behavior: An Analysis of the*
　　Proximate Determinants, San Diego: Academic Press.

Caudill, W. and D. Plath（1974）"Who Sleeps by Whom? Parent-child Involvement in
　　Urban Japanese Families," T. S. Lebra and W. P. Lebra (eds.), *Japanese Culture and*

Behavior: Selected Readings, Honolulu: University of Hawaii Press, pp.225-276.

Castro-Vázquez, G.（2017）*Intimacy and Reproduction in Contemporary Japan*, New York: Routledge.

Ghaznavi, C., H. Sakamoto, D. Yoneoka, S. Nomura, K. Shibuya, and P. Ueda（2019）"Trends in Heterosexual Inexperience among Young Adults in Japan: Analysis of National Surveys, 1987-2015," *BMC Public Health*, Vol.19: 355.

Greenblat, S.（1983）"The Salience of Sexuality in the Early Years of Marriage," *Journal of Marriage and Family*, Vol.45（2）, pp.289-299.

Goldstein-Gidoni, O.（2012）*Housewives of Japan: An Ethnography of Real Live and Consumerized Domesticity*, New York: Palgrave Macmillan.

James, H.（1983）"Decline in Coital Rates with Spouses' Ages and Duration of Marriage," *Journal of Biosocial Science*, Vol.15（1）, pp.83-87.

Konishi, S. and E. Tamaki（2016）"Pregnancy Intention and Contraceptive Use among Married and Unmarried Women in Japan," *Japanese Journal of Health and Human Ecology* , Vol.82（3）, pp.110-124.

Konishi, S., E. Tamaki, and J. Yoshinaga（2018）*Biodemography of Fertility in Japan*, Singapore: Springer.

Lebra, T. S.（1984）*Japanese Women: Constraint and Fulfillment*, Honolulu: University of Hawaii Press.

Lebra, T. S.（2004）*The Japanese Self in Cultural Logic*, Honolulu: University of Hawaii Press.

Moriki, Y.（2012）"Mothering, Co-sleeping, and Sexless Marriages: Implications for the Japanese Population Structure," *The Journal of Social Science*, Vol.74, pp.27-45.

Moriki, Y., K. Hayashi, and R. Matsukura（2015）"Sexless Marriages in Japan: Prevalence and Reasons," N. Ogawa and I. H. Shah (eds.), *Low Fertility and Reproductive Health in East Asia*, Dordrecht: Springer, pp.161-185.

Moriki, Y.（2017）"Physical Intimacy and Happiness in Japan: Sexless Marriages and Parent-Child Co-sleeping," W. Manzenreiter and B. Holthus (eds.), *Happiness and the Good Life in Japan*, London: Routledge, pp.41-52.

Ogawa, N. and R. Retherford（1993）"Care of the Elderly in Japan: Changing Norms and Expectations," *Journal of Marriage and the Family*, Vol.55（3）, pp.585-597.

98

Retherford, R. and M. K. Choe (1993) *Statistical Models for Causal Analys*is, New York: John Wiley & Sons.

Wood, J. (1994) *Dynamics of Human Reproduction: Biology, Biometry, Demography*, New York: Aldine De Gruyter.

（森木美恵・松倉力也）

第5章　恋愛人口の頻度と関連要因

はじめに

　本章では，現代社会において人びとがどのように恋愛を経験しているのか，その実態と規定メカニズムを解明する。そのために，恋愛の経験を「人数」で捉えて，計量的に分析する。

　振りかえると，戦前の日本社会はほぼすべての人が結婚を経験する「皆婚社会」であった。当時の結婚とは，見合い結婚を意味した。その後高度経済成長をへて，1965～70年のあいだに見合い結婚を恋愛結婚が上回り，現在まで恋愛結婚が主流でありつづける（2015年に恋愛結婚が87.3%，見合い結婚は5.5%，出生動向基本調査）。したがって，結婚するには恋愛することが，経験的にほぼ前提となっている。

　さらに，日本では非嫡出出生の比率が2.3%（2019年，人口動態調査）と，きわめて少ない。その結果，子をもつためには結婚することが，これも事実上の前提となる。こうして，現代の日本社会では，いわば「恋愛の壁」，「結婚の壁」，そして「出産の壁」という3つの壁を，順に乗りこえてはじめて，子をもつことができるといえる（小林・大崎 2019, p.87）。

　このように，恋愛から結婚への移行，さらに結婚から出産への移行が，日本社会では密接につながっている。そのため，恋愛メカニズムの探求なしに，未婚化・晩婚化や少子化への理解を深めることはできないはずである。

第1節 現代社会における恋愛経験

(1) リサーチクエスチョン

　現代の日本社会において，人びとはどのように恋愛をしているのだろうか。男性と女性のあいだで，恋愛の仕方に違いがあるのだろうか。若い男性では恋愛離れが進んで，恋愛経験が少なくいわば「草食化」したといわれるが，ほんとうなのか。そうだとしたら，若い女性も同じように草食化したのか，それともむしろ積極的になり「肉食化」したのだろうか。どのような人が恋愛しやすく，どのような人がそうでないのか。恋愛経験が豊富な「恋愛強者」と，そうでない「恋愛弱者」がいるのだろうか。もしそうだとすれば，恋愛格差を埋めるにはどういった支援が必要なのか。

　本章では，こうした疑問にアタックするために，人びとがどのように恋愛を経験しているのか，その実態と規定メカニズムを解明することをリサーチクエスチョンとする。そこで，恋愛の経験を「人数」で捉えて，計量的に分析する。この問題が未解明のままだと，ともすれば恋愛したいけれどできないという人が増えても，見過ごされるかもしれない。

(2) 恋愛を定義する

　では，恋愛とはどのように定義できるだろうか。客観的な基準で恋愛を特徴づけようとすると，じつは容易でない。「デートする」ことを恋愛の条件と考える人がいるかもしれないが，仕事，病気などさまざまな事情から，デートできなくても恋愛関係にある，という人もいるだろう。人によっては気持ちを「告白」してはじめて，恋愛がスタートするかもしれない。人によっては，しかし，とくに告白なく恋愛が進むこともあろう。

　他にキス，性関係，周囲からの承認などでも同様である。客観的な定義を試みると，どのような指標を用いてもかならず例外があり，抜け落ちてしまう部分があることに気づく。

　そこで，本章では恋愛の客観的な特徴づけはしないで，「本人たちが主観的に恋愛だと思っている状態」と定義し，そのような関係にある人を「恋人」とよぼう。ちょうど，家族とはなにかを客観的に定義することが難しく，「人びとが主観的に家族と思っているもの」と捉えざるをえないのと似ている。

　以下では，恋人と交際する，キスする，告白する，告白されるといった恋愛に関連した経験を，まとめて「恋愛経験」とよぶ。そうした人を累積した人数を，個人ごとの「恋愛人数」とよぼう。

　なお，本章の分析では，恋愛をとくに男女間に限定してはいない。そのため，データには同性間の恋愛が含まれている可能性がある。

(3)　先行研究

　恋愛についての計量研究は，これまでどのように展開してきただろうか。A. C. キンゼイらが，最初に性行動についての量的データを収集した（対象はアメリカ社会，Kinsey et al. 1948）。E. O. ラーマンらは，その後のアメリカ社会について，広範に量的データを収集する（Laumann et al. 1994）。

　現代社会における恋愛の実態として，人びとの恋愛離れ，草食化が検討されてきた。アメリカでは男女ともに1割ほどが，性的な経験や関心がなかった（Poston and Baumle 2010）。こうした人たちはアセクシュアル（asexual，非性的）とよばれる。イギリスでは，アセクシュアルな人びとが増えている（Bogaert 2004）。

　日本では，中学生から大学生について調べたところ，1974年から2005年にかけてキス，デート，性関係が増えた。しかし，2011年にはむしろ減り，とくに女性が消極的となって草食化した（日本性教育協会編 2013, p.22）。これにたいし，計量分析ではないが，森岡はむしろ男性が恋愛に消極的となって草食化したと主張し，そうした人たちを「草食系男子」とよんだ。森岡によれば，草食系男子とは「異性をがつがつと求める肉食系」とは異なり，「異性と肩を並べて優しく草を食べることを願う」（森岡 2008, p.207）。山田・白河によれば，男性に「受け身の王子様」が多い（山田・白河 2008, p.37）。Kobayashi (2017) が

20〜60 代を計量分析したところ，草食化したのは男性で，女性は変化ないか，むしろ恋愛に積極的になっていた。

恋愛の規定要因についてはどうか。結婚の規定要因についての分析は多数あるが（たとえば，Raymo 2003, 岩澤・三田 2005），恋愛については多くない。そうしたなか，茂木・石田（2019）はパネルデータを用いて，恋人との交際がスタートした人の条件を分析した。その結果，男女ともに教育や職業（ここでは初職）が効果をもつことはなく，結婚意欲のみが恋愛経験を促進した。

ただし，これらは恋愛経験を，おもに「人数」ではなく「経験のあるなし」で捉えている。そのため，ある経験をもっているかどうかは分析できるが，経験者のなかの多様性を反映できなかった。たとえば，「これまでの恋人が 1 人」の人と，「7 人いた」人を区別することができない。そこで，本章では恋愛経験の「人数」に着目し，いわば恋愛の強度も考慮する。

なお，恋愛にかんする質的研究には，たとえば谷本（2008），小林（2019）がある。

(4) 仮説

まず，草食化の傾向はどうか。本章では恋愛経験の人数に焦点を当てるため，（グループで恋人人数の平均が減るなど）恋愛人数が減少したときに「草食化した」とみなす。

恋人，キス，告白する，告白されるといった人びとの恋愛経験は，もしかしたら若い世代で増えているかもしれないし，減っているかもしれない。とくに変化ないのかもしれない。ここでは，先行研究と同じく若い人ほど恋愛経験が少なく，草食化が進んでいると予想しよう。男女の差はどうか。先行研究では男性の草食化，女性の草食化どちらも報告されており，結果が混交している。そこで，女性の草食化を想定し，つぎのように仮説をたてる。後半の対立仮説は「男性のほうが草食化しているだろう」となる。

仮説 1（若い世代の草食化）。若い世代ほど，恋愛経験の人数が少なく，草食化し
　ているだろう。若い女性のほうが，より草食化しているだろう。

　つぎに，どのような人が恋愛経験を積み，人数を増やすのだろうか。しばし
ば，恋愛では外面（見た目，ルックス）が無視できないといわれる。いや，内
面（性格，人格）こそ重要だという人もいる。どちらだろうか。ここでは外面
的な対人魅力を「外面的魅力」とよび，内面的な対人魅力を「内面的魅力」と
よぶ。もしかしたらどちらも無関係かもしれないが，ここでは外面的魅力と内
面的魅力，どちらも豊かなほど恋愛経験に役立つと考えよう。
　ただし，男女で効果に差があるかもしれない。いっぱんに，女性のほうが容
姿を整えることを要求されるので，外面的魅力は女性の恋愛経験を促すかもし
れない。そうだとすれば，男性は逆に，内面的魅力が必要とされる可能性があ
る。そこで，つぎの仮説を検討しよう。

仮説 2（恋愛経験の規定要因）。外面的魅力が高い人ほど，また内面的魅力が高い
　人ほど，恋愛経験の人数が多く，より豊富に恋愛経験できるだろう。ただし，
　女性ほど外面的魅力が，男性ほど内面的魅力が，恋愛経験を促進するだろう。

　それでは，さまざまな恋愛経験は，相互に関連しているのだろうか。とくに，
これまでの恋人の人数によって，キスする，告白する，告白されるといった他
の恋愛経験の人数に違いがあるのだろうか。もしかしたら，恋人となれるかど
うかの差は紙一重で，他の恋愛経験は異ならないのかもしれない。しかし，も
しかしたらおおきく違いがあり，恋愛にアクティブなグループとそうでないグ
ループに「二極化」しているかもしれない。そこで，つぎの仮説をたてる。

仮説 3（恋愛経験の相互関連）。恋人人数が多い人は他の恋愛経験の人数も多い
　が，恋人人数が少ない人はそうではないだろう。

第2節　2018年社会階層とライフコース全国調査 (SSL-2018)

(1) データ

　データとして，量的調査である2018年「社会階層とライフコース全国調査」（略称はSSL-2018，SSLとはsocial stratification and life course）を用いる。調査票を用いた，ランダムサンプリングに基づく訪問面接調査である（調査票の後半は留置法も可）。筆者が代表となり，2018年2～5月に実施された。

　母集団は日本全国の20～79歳個人（1938年2月1日～1998年1月31日生）であり，標本は層化二段無作為抽出法で抽出された。有効回収数は1126人で，有効回収率は40.2%であった（SSL-2018の詳細は小林・川端編 2019, p.30参照）。

　分析では，すべての変数が有効だった894人を対象とする（年収のみこの章の分析対象外のためこれより標本サイズが小さい）。その構成は，男性47.1%／女性52.9%，平均年齢53.2歳，有配偶73.4%／離別6.5%／死別5.0%／未婚15.1%，平均世帯人数3.2人，平均子ども数1.7人，中学校卒7.0%／高校卒53.9%／短大・高専卒12.9%／大学卒23.2%／大学院卒3.0%，正規雇用37.7%／非正規雇用24.2%／自営業10.4%／無職27.7%，平均個人年収299.4万円（標本サイズ874人），平均世帯年収577.6万円（820人）であった。

　分析は，仮説に基づき，すべて標本を男女別へと分解しておこなう。

(2) 従属変数

　つぎの質問で，4種類の恋愛人数を測定した。これらが従属変数となる。

質問1（恋愛人数）。あなたには，以下のような人が「何人」くらいいますか。（○
　はそれぞれ1つ，または数字を記入）

　（項目）中学卒業から最初の結婚まで「恋人として交際」した人（結婚相手含む），
　中学卒業から最初の結婚まで「キス」した人（結婚相手含む），中学卒業から最

初の結婚まで「あなたから」恋愛感情を告白した人（結婚相手含む），中学卒業
から最初の結婚まで「あなたに」恋愛感情を告白した人（結婚相手含む）
（選択肢）0, 1, 2, 3, 4, 5, または（　　）人

　このように，「中学卒業から最初の結婚まで」と限定したうえで，人数を数字
で測定した。順に「恋人人数」「キス人数」「告白した人数」「告白された人数」
とよび，まとめて「恋愛人数」とよぶ。恋愛人数が代表的標本で測定されたの
は，日本ではこの調査がはじめてとなる。

(3) 独立変数，統制変数

　仮説1における独立変数には，年齢と，二次曲線の可能性を調べるため年齢
の二乗を用いる。仮説2のために，外面的魅力を以下のように調査員による他
者評価で11段階で測定した。身体的魅力，容姿などともよばれ，ここでは
「ルックス」とよぶ。代表的標本によるルックスの測定は，日本で初の試みであ
る（このルックス測定の詳細は小林（2000）参照，アメリカにおけるルックス
測定については Hamermesh（2011, 訳 2015））。

質問2（ルックス）。かりに現在の日本社会が顔（ルックス）でグループに分か
　　れ，「上」が10,「中間」が5,「下」が0としたら，調査対象者はどれに入る
　　と思いますか。（○は1つ）
　　（調査員注：整った顔立ちかどうかという「顔」だけの評価であって，性格，ス
　　タイル，ファッションは含まない。髪型，メイクは含む。「もし顔写真だった
　　ら」と想像して評価。あなた（調査員）の好みではなく，日本人一般の評価を
　　基準とする。5以下と5以上が，だいたい同じ人数になる）
　　（選択肢）0下, 1,……, 5中間,……, 10上

　内面的魅力は，どのように測定できるか。この調査では，質問2に続けて，
つぎのように対象者の「コミュニケーション力」を調査者が回答した。そのま

ま「コミュニケーション力」とよぼう。

　質問3（コミュニケーション力）。コミュニケーション力（話しやすさ）が「とても高い」が10，「中間」が5，「とても低い」が0としたら，調査対象者はどれに入ると思いますか。（○は1つ）

（調査員注：5以下と5以上が，だいたい同じ人数になる）

（選択肢）0下，1，……，5中間，……，10上

　これは，たしかに内面のすべてではないかもしれない。とはいえ，その人の属性，客観的地位，ルックスとは異なる内面的魅力を，すくなくともいくばくかは表しているはずである。

　これらルックス，コミュニケーション力は，どちらも現在についてである。そのため，ほんらいならこれまでの恋愛経験の原因とはなりえない。とはいえ，過去のルックスやコミュニケーション力を現在測定することはできない。そのため，ここではどちらも，これまでと現在とでおおきく異なることはないだろう，と仮定することとする。D. S. ハマーメッシュ（Hamermesh）によれば，ルックス評価は加齢によって低下するが，同世代のなかでの相対的位置は変わりにくい（Hamermesh 2011：訳 2015, p.53）。

　統制変数として，教育年数を用いる。中学校卒＝9年，高校卒＝12年，短大・高専卒＝14年，大学卒＝16年，大学院卒＝18年とした。現在の職業，年収，家族構成は，ライフコースの段階によっておおきく変動するため，統制変数とはしないこととした。

第3節　恋愛経験を人数で捉える

(1) 分布，記述統計

　従属変数である恋人人数，キス人数，告白した人数，告白された人数につい

て，**表5-1**が分布を，**表5-2**が記述統計を報告する。表5-1より，どれもおおむね単峰型で，5人，10人といったきりのよい人数が多くなることがあった。

表5-2より，男性では恋人人数の平均は2.8人であり，キス人数は3.5人とこれよりすこし多い。告白した人数が2.0人にたいし，告白された人数は1.7人へと減る。女性では，恋人人数とキス人数がおなじく2.0人であった。告白した人数0.6人より告白された人数2.3人のほうが多く，男性と順序が逆となった。

表5-1　従属変数の分布（％）

	恋人人数		キス人数		告白した人数		告白された人数	
	男性	女性	男性	女性	男性	女性	男性	女性
0人	14.7	19.5	18.3	24.1	20.0	64.9	34.0	24.5
1人	19.5	30.4	20.7	27.9	30.2	19.0	24.9	22.6
2人	17.6	18.0	12.6	17.5	19.2	9.1	16.2	19.0
3人	23.0	15.6	17.6	13.7	14.3	5.9	13.5	14.8
4人	5.5	6.6	6.7	5.7	3.8	0.6	1.9	5.9
5人	12.8	6.1	10.5	6.1	9.5		6.9	7.2
6人	1.9	1.5	0.7	2.1	0.5		0.2	1.5
7人	0.2	0.2	1.4	0.6	0.7	0.2	0.5	0.8
8人	1.7	0.2	1.4	0.4	1.0			0.4
9人		0.2	0.2					0.4
10人	1.9	1.5	6.9	1.3	1.0	0.2	1.2	1.5
13人	0.2		0.2					
14人	0.2							0.2
15人		0.2		0.2			0.2	0.4
20人	0.5		1.9				0.5	0.2
25人			0.2					
30人	0.2			0.2				0.2
50人			0.5					
60人								0.2

（注）　N＝421（男性），473（女性）．空欄は0.0%．

表5-2　従属変数，独立変数の記述統計

		従属変数				独立変数			
		恋人人数	キス人数	告白した人数	告白された人数	年齢	教育年数	ルックス	コミュニケーション力
男性 （N=421）	平均	2.8	3.5	2.0	1.7	52.2	13.4	5.3	6.2
	標準偏差	2.8	5.0	1.9	2.3	16.2	2.3	1.3	1.6
女性 （N=473）	平均	2.0	2.0	0.6	2.3	54.1	13.0	5.4	6.4
	標準偏差	2.0	2.4	1.1	3.8	15.7	1.9	1.3	1.6

内閣府（2011）によれば，恋人人数の平均は男性 2.7 人，女性 3.2 人だった（20
〜30 代へのウェブ調査）。

　同じ表 5-2 が，独立変数の記述統計を報告する。ルックスの平均は男女とも
に 5 ポイント台で，コミュニケーション力の平均は 6 ポイント台であった。（省
略したが）分布はどれも，中間である 5 か 1 ポイント上の 6 が最頻値となり，
単峰型となっていた。相関係数は男性で 0.304，女性で 0.374 であり，有意な関
連があった。

(2) 仮説 1（若い世代の草食化）の検証

　仮説 1 では，若い世代，とくに若い女性ほど恋愛経験が浅いため，恋愛人数
が少なく草食化していると予想した。図 5-1 が，10 歳ごと年齢階級別の恋人人
数，キス人数，告白した人数，告白された人数の平均を報告する。これによる
と，男性はすべての恋愛経験で，40 代がピークとなる。たいして，女性では恋
人人数と告白された人数が 30 代でピークとなるが，キス人数と告白した人数に
ピークがない（すべて分散分析で有意な差）。

　ピークがあるとしたら，何歳なのか。恋愛経験の人数を従属変数とし，年齢
とその二乗を独立変数とした回帰分析を実施した（結果の表は省略）。

　有意な係数のみに着目することで，ピークを求めることができる。男性の場
合，恋人，キス，告白する，されるどれでも，上に凸な二次曲線となった。つ
まり，ある年齢で人数がピークとなる。計算の結果，恋人人数は 44.6 歳で，キ
ス人数が 41.3 歳で，告白する人数は 41.6 歳で，される人数は 44.9 歳で，もっ
とも多く，それより若い人では減っていることが分かった。

　女性ではどうか。恋人人数とキス人数で二乗項のみ（負で）有意であった。
そこで，二乗項を除いて分析したところ，年齢が有意な負の効果をもった。し
たがって，年配の人ほど，恋人人数とキス人数が有意に少なかった。たいして，
告白した人数，された人数では，有意となる係数がなかったため，年齢による
変化はないことが分かった。

　なお，（結果の表は省略するが）従属変数である恋愛経験を人数ではなく「1

人以上の経験がある」という経験者の比率を求め，同じように 10 歳ごと年齢階級で比較した。すると，すべての恋愛経験で男性では 40 代，女性では 30 代をピークに，それより若い世代で未経験者が増えた（すべてカイ二乗検定で有意な関連）。このように，人数で測定した結果，経験者の比率とは異なるトレンドが明らかになった。

　以上から，人数で測定するかぎり，若い男性で草食化が進み，どの恋愛経験でも 40 代をピークとして経験人数が減っていた。しかし，女性ではとくに変化ない（告白する，される）か，むしろ若い世代で経験人数の増加（恋人，キス）が観察された。女性の草食化を予想したため，逆の結果となった。

　したがって，仮説 1 は支持されず，対立仮説が支持された。こうして，草食

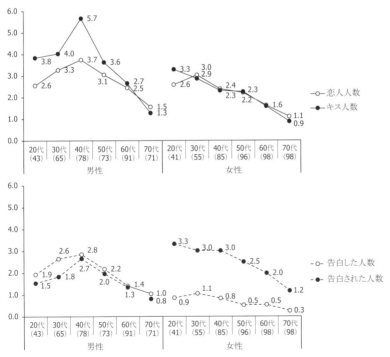

図 5-1　年齢階級別，恋愛人数，キス人数，告白した人数，告白された人数の平均
（注）　かっこ内は N．すべて分散分析で有意な差（有意水準 0.05 未満）．

化のトレンドの「内訳」が解明された。なお，この趨勢は年齢効果ではないだ
ろうが，時代効果かコーホート効果かは，今回の分析から判別できなかった。

(3) 仮説 2（恋愛経験の規定要因）の検証

　仮説 2 では，外面的魅力と内面的魅力がそれぞれ高いと恋愛経験しやすく恋
愛人数が多くなり，女性ほど外面的魅力が，男性ほど内面的魅力が有効だろう
と予想した。外面的魅力として他者評価による 11 段階のルックスを，内面的魅
力として同様のコミュニケーション力を用いる。

　表5-3 が，ルックス別，コミュニケーション力別に，恋愛人数の平均を報告
する。独立変数を，中間である 5 と，それより下，それより上の 3 グループに
分けた。これによると，ルックスがよい人ほど，おおむね恋人，キス，告白し
た，告白された人数が増えた（すべて分散分析で有意な差）。コミュニケーショ
ン力ではどうか。女性ではコミュニケーション力が高い人ほど，恋人，キス，
告白した，された人数すべてが有意に増えた。ただし，男性では有意な差はな

表5-3 ルックス，コミュニケーション力別，恋愛人数の平均

独立変数			N	恋人人数	キス人数	告白した人数	告白された人数
ルックス	男性	0下〜4	117	2.3	2.6	1.7	1.4
		5中間	121	2.7	3.3	1.9	1.6
		6〜10上	183	3.1	4.2	2.3	2.0
		分散分析		*	*	*	†
	女性	0下〜4	111	1.8	1.7	0.5	2.0
		5中間	152	1.8	1.7	0.5	1.8
		6〜10上	210	2.3	2.4	0.8	2.9
		分散分析		*	*	*	**
コミュニケーション力	男性	0下〜4	59	2.1	2.2	1.6	1.2
		5中間	100	3.2	4.0	1.8	1.9
		6〜10上	262	2.8	3.6	2.1	1.7
		分散分析		†	†	†	
	女性	0下〜4	50	1.6	1.3	0.4	1.6
		5中間	95	1.7	1.7	0.5	1.7
		6〜10上	328	2.2	2.2	0.7	2.6
		分散分析		*	*	*	*

　(注)　有意水準 *** 0.001，** 0.01，* 0.05，† 0.10。

く，コミュニケーション力によって人数に違いがなかった。

　これらの効果を確かめるため，恋人，キス，告白した，告白された人数を従属変数とした回帰分析を実施した。独立変数として年齢，年齢二乗，ルックス，コミュニケーション力を用い，統制変数として教育年数を追加した。

　表5-4がその結果を報告する。これによれば，男性で年齢，年齢二乗の有意な効果が，一貫して観察できる。これは，40代にピークが存在するという仮説1の分析結果と矛盾しない。教育の効果はなかった。

　ルックスは，男性の恋人，キス，告白した人数を一貫して有意に促進した。しかし，コミュニケーション力はどれにも有意な効果をもたなかった。

　女性ではどうか。年齢は一貫して有意な効果がなく，年齢二乗が（負の）有意な効果を恋人人数とキス人数にたいしてもった。

　ルックスの効果は，一貫して観察されなかった。コミュニケーション力は，キス人数と告白した人数を有意に促進した。

　なお，客観的な外見的魅力として，5センチ刻みの「現在の身長」と，5キロ刻みの「20歳時の体重」を独立変数に追加したが，結果に変化はなかった（身

表 5-4　恋愛人数を従属変数とした回帰分析結果

	独立変数	従属変数			
		恋人人数	キス人数	告白した人数	告白された人数
男性	年齢	1.257 ***	0.944 **	1.202 ***	1.229
	年齢二乗	-1.454 ***	-1.185 ***	-1.485 ***	-1.394 ***
	教育年数	-0.047	-0.073	-0.015	0.054
	ルックス	0.151 **	0.126 *	0.161 ***	0.093 †
	コミュニケーション力	0.008	0.032	0.046	0.034
	決定係数	0.100	0.097	0.154	0.090
女性	年齢	0.571 †	0.311	0.364	0.296
	年齢二乗	-0.904 **	-0.630 *	-0.585 †	-0.445
	教育年数	-0.091 †	-0.006	0.002	0.105 *
	ルックス	0.059	0.014	-0.002	0.074
	コミュニケーション力	0.058	0.096 *	0.113 *	0.051
	決定係数	0.122	0.119	0.068	0.067

（注）　値は標準化係数．N = 421（男性），473（女性）．有意水準 *** 0.001，** 0.01，* 0.05，† 0.10．

長は現在についてのみ測定)。身長と体重を「ボディマス指数 (BMI)」へと代えても，同様に結果に変化なかった。

　以上から，たしかに外面的魅力，内面的魅力はそれぞれ恋愛経験を有意に促進した。ただし，予想とは一部異なり，男性では外面的魅力であるルックスが，女性では内面的魅力であるコミュニケーション力が，恋愛経験を豊富にさせることがあった。

　したがって，仮説2は部分的に支持された。こうして，恋愛経験の規定要因の「条件分け」ができた。

(4) 仮説3（恋愛経験の相互関連）の検証

　仮説3で，恋愛経験が相互関連し，とくに恋人人数の違いが他の恋愛経験の人数を偏らせる可能性を予測した。図5-2が，恋人人数別に，キス人数，告白した人数，告白された人数の平均を報告する。独立変数である恋人経験を，4人以上はまとめた。恋人経験がもっとも多いこのグループは，男性のうち25.2%，女性のうち16.5%いた。

　図5-2によると，男女とも，どの人数でも，恋人経験が多いほど有意に増え

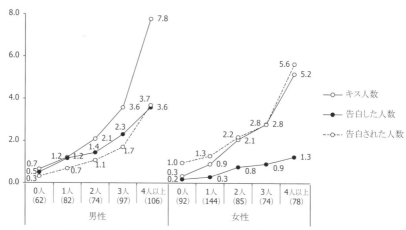

図 5-2 恋人人数別，キス人数，告白した人数，告白された人数の平均
(注)　かっこ内は N. すべて分散分析で有意な差（有意水準 0.001 未満）.

た。したがって，恋愛経験は相互に関連していた。増え方をみると，（男女とも告白した人数がほぼ線型だが）他は恋人人数の増加に従って「加速度的」に増えている（すべて分散分析で有意な差）。

　では分断があり，二極化しているのか。もし分断されているなら，恋人人数に閾値があり，そこをこえると他の経験人数が急速に上昇するはずである。しかし，図5-2に，とくにそのような変化はない。そのため，「恋愛経験の豊富なグループ」と「そうでないグループ」があるのはたしかだが，前者から後者へとゆるやかに連なっているとみなすべきだろう。（数値は省略するが）4つの恋愛経験人数のあいだで，すべての相関係数が有意に正であった（年齢，年齢の二乗でそれぞれコントロールして偏相関係数を求めても，同様にすべてのあいだで有意な正の関連があった）。

　なお，（数値は省略するが）従属変数である恋愛経験を人数ではなく経験者比率として，恋人人数別に比較した。すると，恋人人数が増えるほど，どの比率も有意にあがった（すべてカイ二乗検定で有意な関連）。ただし，恋人が0人から1人になると，まずどの恋愛経験者比率もおおきく上昇し，2人以上ではあがり方がゆるやかとなった。つまり，人数なら加速度的だったが，比率では上昇幅が逓減した。

　以上から，多くの恋人を経験した人ほど，キス，告白する，告白されるという他の恋愛行動にもアクティブで経験人数が多く，恋愛経験が豊富であることが分かった。つまり，4つの恋愛経験は相互関連し，「恋愛経験の豊富な人たちのグループ」を形成していた。

　したがって，仮説3は支持された。ただし，人数で捉えるかぎり，どこかに溝があって分断され，二極化しているというわけではなかった。むしろ，「恋愛経験豊富なグループ」から「そうでないグループ」へと，変化が加速することはあるものの，連続的に続いていた。こうして，恋愛経験の相互関連が確認できた。

おわりに

　本章では，恋人と交際する，キスする，告白した，告白されたという4つの恋愛経験を，「人数」で測定した。その結果，つぎのことが解明された。

① 仮説1の検証から，若い男性は恋愛経験人数が減ったが，女性は変わらないかむしろ増えた。こうして，草食化のトレンドの「内訳」が明らかになった。先行研究では，草食化しているのが男性なのか女性なのか，知見が混交していた。
② 仮説2の検証から，男性では外見的魅力が，女性では内面的魅力がそれぞれ恋愛人数を増やすことがあった。そのため，恋愛経験の規定要因の「条件分け」ができた。外見的魅力，内面的魅力どちらも，これまで恋愛の規定要因として見逃されてきた。
③ 最後に仮説3の検証によって，恋人人数が多いほど他の恋愛経験の人数も豊富であった。このことから，恋愛経験の相互関連が確認できた。

　これらは，恋愛経験を人数で把握したからこそ，可能となったことである。
　では，「人びとがどのように恋愛を経験しているのか」というリサーチクエスチョンに，どう回答できるだろうか。以下のように整理できる。
　男女それぞれに（男性には外見的魅力，女性には内面的魅力という）規定要因があるなか，20～30代の若い男性がとくに恋愛経験を減らし，恋愛離れしていた。その結果，「恋愛経験豊富なグループ」と「そうでないグループ」が，二極化とはいわないまでも，ゆるやかに形成されている。若い女性は，これまでどおり恋愛経験を積んでいるが，やはりグループが形成されている。
　日本社会では，「恋愛から結婚へ，そして出産へ」というルートが強固に成立していて，他の入り口からの編入が難しい。そのため，もし「恋愛経験が豊富ではない人たち」に支援をできるのなら，そうした「恋愛支援」は「結婚支援」

となり，さらには「出産支援」にもなることだろう。

　なお，この研究は恋愛することを肯定するわけでも，推奨するわけでもない。恋愛したくない人はする必要はなく，あくまで個人の自由である。ただ，「恋愛したいけれどできない」人がいたら，恋愛支援の可能性があるかもしれない。

　〈謝辞〉本研究は JSPS 科研費 JP15H01969 の助成を受けたものです（基盤研究
　　（A）「少子化社会におけるライフコース変動の実証的解明：混合研究法アプロー
　　チ」2015-9 年度，研究代表小林盾）。「2018 年社会階層とライフコース全国調
　　査」はその成果の一部です。執筆にあたり，編者の小島宏氏から丁寧で建設的
　　なコメントをいただきました。

参考文献

岩澤美帆・三田房美（2005）「職縁結婚の盛衰と未婚化の進展」『日本労働研究雑誌』
　　Vol.535, pp.16-28。
小林盾（2019）「キャバクラ嬢の恋愛：疑いつつ信じる，夢から醒めつつ夢をみる」小
　　林盾・川端健嗣編『変貌する恋愛と結婚：データで読む平成』新曜社。
小林盾（2020）『美容資本：なぜ人は見た目に投資するのか』勁草書房。
小林盾・大﨑裕子（2019）「恋愛から結婚：恋愛は結婚へのパスポートか」小林盾・
　　川端健嗣編『変貌する恋愛と結婚：データで読む平成』新曜社。
谷本奈穂（2008）『恋愛の社会学：「遊び」とロマンティック・ラブの変容』青弓社。
内閣府（2011）『結婚・家族形成に関する調査報告書』。
日本性教育協会編（2013）『「若者の性」白書：第 7 回青少年の性行動全国調査報告』
　　小学館。
茂木暁・石田浩（2019）「結婚への道のり：出会いから交際そして結婚へ」佐藤博樹・
　　石田浩編『出会いと結婚』勁草書房。
森岡正博（2008）『草食系男子の恋愛学』メディアファクトリー。
山田昌弘・白河桃子（2008）『「婚活」時代』ディスカヴァー・トゥエンティワン。

Bogaert, A. F.（2004）"Asexuality: Prevalence and Associated Factors in a National Probability Sample," *The Journal of Sex Research*, Vol.41(3), pp.279-287.

Hamermesh, D. S.（2011）*Beauty Pays: Why Attractive People Are More Successful*, Princeton: Princeton University Press.（望月衛訳（2015）『美貌格差：生まれつき不平等の経済学』東洋経済新報社）

Kinsey, A. C., W. B. Pomeroy, and C. E. Martin（1948）*Sexual Behavior in the Human Male*, Philadelphia: W. B. Saunders and Company.

Kobayashi, J.（2017）"Have Japanese People Become Asexual?: Love in Japan," *International Journal of Japanese Sociology*, Vol.26, pp.13-22.

Laumann, E. O., J. H. Gagnon, R. T. Michael, and S. Michaels（1994）*The Social Organization of Sexuality: Sexual Practices in the United States*, Chicago: University of Chicago Press.

Poston, D. L. and A. K. Baumle（2010）"Patterns of Asexuality in the United States," *Demographic Research*, Vol.23, pp.509-530.

Raymo, J. M.（2003）"Educational Attainment and the Transition to First Marriage among Japanese Women," *Demography*, Vol.40, pp.83-103.

（小林 盾）

第6章　LGBT人口の意識・行動と関連要因：
日米のミクロデータの比較分析を中心に

はじめに

　セクシュアリティと密接な関係がある結婚の人口学的研究を大学院生時代から続け，研究者になった直後に，日本で最初の全国的な中規模性行動調査を実施された故篠崎信男博士の薫陶を受けたこともあり，長年，性意識・性行動の人口学的研究に関心をもってきた。また，結婚に関する文献研究の過程で配偶者（パートナー）選択を重視するフランス人口学の研究を参照することが多く，フランスを中心とする欧米諸国の性行動調査の報告書を収集してきた。1990年代にHIV/エイズ対策の一環として大規模な性行動調査が実施されるようになると，報告書で性的（セクシュアル・ジェンダー）マジョリティと対比した，性的マイノリティの性自認・性的指向（SOGI）や性行動が扱われるようになり，米国人口学におけるセクシュアリティ研究の影響も受けてLGBT人口間の差異とその関連要因にも興味をもったが，利用可能なミクロデータがなく，実証分析には至らなかった。

　しかし，2010年代に入り，National Sexual Behavior Survey of Thailand 2006（Chamratrithirong et al. 2007）の主任研究者のA.チャムラトリシロング名誉教授（マヒドン大学人口社会調査研究所）がミクロデータを二次分析のためにダウンロードさせてくださった。英語のコードブックが不十分なこともあるため分析への着手が遅れたが，本章での使用の可能性を視野に入れて2019年に「タイの若者における性的志向・性行動の関連要因」と題された学会報告を行った（小島 2019）。男性がゲイであることには高い識字能力，学業による無業，父親

との同居が関連しており，バイセクシュアルであることにも高い識字能力が関連していた。女性がレズビアンであることには第 2 言語が北部タイ語，販売サービス職，学生であることが関連しており，女性がバイセクシュアルであることについては宗教心がないこと，現業労働職，失業による無業，学業による無業，公務員，テレビを見ないこと，婚家同居，タウンハウス・賃貸戸建居住が関連していた。初交相手が同性の者が非常に少ないため，男女総数の分析しかできず，学業による無業だけが関連していることが示された。性的マジョリティと対比した場合の LGB の関連要因が明らかになるという点では優れたデータだが，タイ語のコードブックが利用可能でないこともあり，本章での使用を断念した。

　その後，性的マジョリティ人口が除外されているものの，米国の調査機関 Pew Research Center（PRC）による 2013 Survey of LGBT Adults（PRC 2013）（以下，PRC 調査）のミクロデータがダウンロード可能であったため，LGBT 人口の意識と行動の関連要因について本章の予備的分析を行った（小島 2020）。具体的には LGBT 人口（本章では他の SOGI 区分も含む性的マイノリティ人口の略称として用いる）の男女年齢階級別構成，LGBT 帰属の自覚・確認・開示（カミングアウト）の男女別平均年齢，男女別有配偶・同棲割合と有子割合に関する二変量解析のほか，LGBT 帰属の男女別関連要因のロジット分析，LGBT 帰属の自覚・確認・開示の年齢の関連要因の Cox 回帰分析を行ったが，関連要因については因果関係の方向が必ずしも明らかでない場合もあったため，また，焦点を絞れず，欧米で多岐にわたり蓄積された先行研究の検討ができなかったため，解釈に苦慮した。

　さらに，本書の他の章で予定されていた日本のミクロデータを用いた実証分析がなくなったことから，東京大学社会科学研究所附属社会調査データアーカイブ研究センター（SSJDA）を通じて利用可能になった Niji VOICE 2018 調査（以下，虹調査）のミクロデータを用いて日米比較分析を行うことにした。日米両国の LGBT 調査の調査項目に関する比較研究（大塚 2017）はあるものの，両調査は対象に含まれておらず，日米の LGBT 人口の意識・行動の関連要因の比

較分析を行った先行研究を見出すことができなかった。そこで，両者の調査票を詳細に検討して，分析対象となりうる共通調査項目を探したものの，LGBTへの帰属，家族人口学的属性，相手別 SOGI 開示有無といった項目しか見当たらなかったが，（性的マジョリティとの対比はできないものの）SOGI 区分間の差異とその関連要因に焦点を絞った実証分析ができることになった。また，関連要因として基本属性（性別，年齢，学歴，就業状態，地域特性）のほかは比較可能なものが見出せなかった。

　本章の比較分析を終える頃に見出した，PRC 調査の LGB を対象とする SOGI 開示年齢区分の関連要因（性別，人種，学歴，宗教，年齢，政治的立場，所得，地域）の多項ロジット分析をしたハミルトンとラトクリフ（Haltom and Ratcliff 2020）の論考でも主として基本属性が用いられている。その後，同調査の LGB を対象とするドーンとトレントンによる父母，同僚への SOGI 開示の関連要因（LGB 区分，年齢，学歴，所得，人種，配偶関係，就業状態，都市農村区分，政治的立場）の二項ロジット分析を見出した（Doan and Trenton 2020）。さらに，ゲイツの最後に 2008 年 GSS（総合的社会調査）を用いた LGB 帰属の関連要因（性別，年齢，学歴，人種）の二項ロジット分析結果があるのを見出した（Gates 2011）。PRC 調査を用いた本章の分析ではそれらの研究と部分的に重なることになったが，以下では同調査と虹調査で共通する目的変数と関連要因変数を用いたデータ駆動型の LGBT 人口間の比較を中心とするロジット分析の結果を示すことにした。

第 1 節　日米の調査・データと比較分析方法

　米国では 1990 年代から大規模な性行動調査で SOGI に関する質問を尋ねるようになり，次第に継続的で大規模な総合的意識調査・社会調査や政府関係の健康調査のほか，調査機関による経常的調査でも尋ねられるようになり，最近では各種大規模調査の結果から LGBT の出現頻度をある程度の誤差範囲で推計で

きるようになっている。この背景には，地域差が大きいものの近年はSOGI申告に対する抵抗感が薄れてきたこともある。また，それらの調査のミクロデータが研究者に公開されている場合も多く，LGBT人口の意識や行動に関する二次分析の結果も蓄積されてきた。そこで，以下においては既存の大規模調査のLGBT出現頻度との比較を通じて大雑把ではあるがPRC調査の適切性を検討する。まもなく発表されるはずの2020年米国センサスのSOGI質問に対する回答の精度や信頼性が高ければ，将来的にはSOGI区分別人口ウェイトによる調整をして総人口（母集団）を代表させるような形でミクロデータを分析できる可能性がある。

　日本ではLGBT人口を対象とする機縁法などによる小規模な質的調査（心理学的調査等）はある程度あるが，一般人口を対象とする大規模な量的調査は少ない上，あってもSOGIに関する質問が直接的でない場合（例えば，好きになる相手の性別や恋愛対象の性別を尋ねる）もあるためか，また，X（エックスジェンダー），Q（クエスチョニングまたはクィア）等のノンバイナリーな（二分法で収まらない性自認の）回答や不詳・無回答が多いためか，調査会社等によるモニター型の大規模ウェブ調査（性行動調査を含む）では性的マイノリティの出現頻度が高めである。しかし，地方自治体による地域限定の大規模標本調査では申告に抵抗感があるためか，不詳・無回答が多くて性的マイノリティの出現頻度が低めであったり，XやQが多い場合には高めであったりする。いずれにしても，詳細な集計結果が公開されているものは少ないし，一般研究者にミクロデータが公開されているものはないため，検討ができない。しかし，2019年大阪市民調査（釜野ら 2019）のようにLGBTの出現頻度は低めであるが，標本規模が大きめでSOGIに関する質問が詳細で信頼性が高いので，それとSOGI区分別比率を比較して虹調査の適切性を検討することにする。

　本章で米国について分析対象とするのはPRCの2013年LGBT成人調査（PRC調査）のミクロデータである。この調査は米国成人人口を代表するように人口ウェイトで調整できるような，大規模調査パネルのモニターのうち，LGBTであると申告し，精査を経た1,197人（ウェイトによる調整前5.2%）を対象とし

ている。各種大規模調査におけるLGBTの出現頻度は年々高まっており，調整前でもそれに近い水準になっている。ギャラップ社日替標本調査（Gallup Daily Tracking）によれば，LGBT人口比率は2012年の3.5%から2017年の4.5%へと上昇しており，当初は男女差がほとんどなかったのが，2017年には男性で3.9%，女性で5.1%と特に女性での上昇が大きくなった。2013年のLGBT人口比率は総数3.6%，男性3.5%，女性3.6%という水準であった（Newport 2018）。これはゲイツが比較検討した2013年前後の大規模全国標本調査のうちでは高い方である（Gates 2014）。全米学術・工学・医学会議（National Academies of Sciences, Engineering, and Medicine/NASEM 2020）の2020年報告書に示された2014～2018年の3回分のGSS（総合的社会調査）によるLGBT人口比率の平均値は4.8%で，やはり2008～2012年の3回分の平均値の3.0%から上昇している。

　PRC調査の標本1,197人の男女別SOGI区分別構成をみると，レズビアン277人（23.1%），ゲイ398人（33.2%），バイセクシュアル男性128人（10.7%），バイセクシュアル女性349人（29.2%），バイセクシュアル性別不詳1人，トランスジェンダー43人（3.6%）となっている。ゲイツは2000年代の複数の全国調査から男女別のLGB比率を推計しているが，LGB人口比率が女性では3.4%（うちレズビアン比率1.1%，バイセクシュアル比率2.2%），男性では3.6%（うちゲイ比率2.2%，バイセクシュアル比率1.4%）である（Gates 2011）。2州の調査から推計した成人人口に対するトランスジェンダー比率は0.3%であった。2000年代には女性でSOGI申告への抵抗感が強かったのか，LGB人口に占める女性の比率が男性の比率よりも低く，男性ではゲイの方がバイセクシュアルよりも多いが，女性ではレズビアンよりバイセクシュアルの方が多いため，バイセクシュアル人口では女性の比率が男性より高い傾向もPRC調査と共通している。トランスジェンダー比率は2000年代より若干低いが，おおむね適切なものであろう。

　ゲイツも作成に寄与したウィリアムズ研究所（Williams Institute 2019）のウェブ上の "LGBT Demographic Data Interactive" に示された最近の推計結果によれ

ば，女性が LGBT 人口の 58% を占めており，2013 年 LGBT 成人調査の比率に近
い。また，同研究所のコンロンとゴールドバーグが 2017 年ギャラップ社調査に
基づいて推計した LGBT 人口比率は 4.5% で，トランスジェンダー人口（3 割弱
の LGB を含む）は LGBT 人口の約 12.3% なので（Conron and Goldberg 2020），
成人人口の男女 SOGI 区分別構成は適切なものであろう。この構成は NASEM
（2020）の報告書に示された 2013 年の NHIS（全国健康面接調査）の構成とは
若干異なるが，2018 年 NHIS の構成にかなり近く，2008〜2012 年 GSS の 3 回
分の平均にも近いのでおおむね適切なものだと思われる。

　ただし，PRC 調査では男女別区分の基礎となる性別については male か female
かを尋ねているだけなので，これらの言葉に生物学的含意がある（平森・釜野
2021）とすると出生時の性別であるとも考えられるが，自己申告なので性自認
の性別を回答している者が含まれている可能性も否定できない。これは直接的
に性自認を尋ねる質問がないし，トランスジェンダーかどうかを尋ねる質問の
回答は公開データに含まれていても，トランス女性（MTF）かトランス男性
（FTM）かその他かについて尋ねた質問の回答が含まれていないため，性自認に
基づいた回答が含まれていないかどうかを確認できない。実際，以下の男女別
のクロス表のトランスジェンダーについての分布にも性自認によるトランス男
性やトランス女性の回答が含まれている可能性を示唆するものも見受けられる。

　本章で日本について比較分析対象とするのは Niji VOICE2018 調査（虹調査）
のミクロデータである。この調査は 2013 年から特定非営利活動法人虹色ダイ
バーシティと国際基督教大学ジェンダー研究センターが共同実施している，就
労経験者（アルバイト等を含む）を対象とするオープン型ウェブ・アンケート
調査「LGBT と職場環境に関するアンケート調査 niji VOICE」の 2018 年版であ
る。性別不詳（62 人）を含む有効票の標本規模は 2,348 人と LGBT を対象とす
る調査としては大きいが，モニターのパネルを対象とするウェブ調査ではない
ため，人口ウェイトによる調整はできない。虹色ダイバーシティ・国際基督教
大学ジェンダー研究センター（2018）の調査報告書の「代表性の検討」によれ
ば，出生時女性，20〜40 代，関東・近畿地方，大都市の回答が多い。しかし，

SSJDA で二次分析のために公開された LGBT 人口を対象とする調査のミクロデータとしては，2018 年以降（2021 年度末時点では 2020 年調査まで）の Niji VOICE 調査しかなく貴重なものであるし，2018 年の虹調査が家族関係の質問がもっとも多いので借用して二次分析をすることにした。

　虹調査の単純集計結果では性別不詳の 62 人のほか SOGI 不詳の 86 人を含む有効ケース 2,348 人の中には出生時女性が 1,528 人（65.1%），出生時男性が 758 人（32.3%）いる。調査報告書でも対象者の「性自認と好きになる相手の性別の組み合わせによって分類した本調査での『性的指向』と，アイデンティティは必ずしも一致しない」と述べられているので，調査実施主体による SOGI 区分によるミクロデータの集計結果（実数と比率）を示すことにする。シスジェンダー・ヘテロセクシュアルの女性が 458 人（19.5%），男性が 192 人（8.2%），SOGI 不詳 86 人（3.7%）が含まれているので，それらを除くと LGBT 等は 1,612 人（68.7%）となる。また，トランスジェンダーの LGB は LGB としては計上されず，トランスジェンダーにまとめられており，シスジェンダーのレズビアン 228 人（9.7%），ゲイ 310 人（13.2%），バイセクシュアル女性 308 人（13.1%），バイセクシュアル男性 67 人（2.9%）シスジェンダーその他女性 70 人（3.0%），シスジェンダーその他男性 7（0.3%）に区分されている。また，トランスジェンダーは計 622 人（26.5%）となる。

　次に，シスジェンダー・ヘテロセクシュアル男女と SOGI 不詳を除いた LGBT 等の 1,612 人に占める比率を計算するとレズビアンが 14.1%，ゲイが 19.2%，バイセクシュアル女性が 19.1%，バイセクシュアル男性が 4.2% となる。トランスジェンダーは全体として 38.6% になるが，FTM が 7.3%，FTX などが 20.7%，MTF が 4.7%，MTX などが 5.9% で，自認する性別が X の者が 3 分の 2 以上を占めているし，米国調査の結果と比べて高すぎる。そこで，トランスジェンダーの性自認 X の者を除く 1,813 人について計算すると，レズビアンが 19.3%，ゲイが 26.2%，バイセクシュアル女性が 26.0%，バイセクシュアル男性が 5.7%，FTM が 9.9%，MTF が 6.4% となる。

　2019 年大阪市民調査の結果（釜野ら 2019）によれば，有効ケース 4,285 人の

うちでゲイ・レズビアン，バイセクシュアル，トランスジェンダーに当てはまる者（トランスジェンダー32人のうちでLGBと回答した者10人はトランスジェンダーから除かれている）が115人（2.7%）でそのうちゲイ・レズビアンが31人（0.7%），バイセクシュアルが62人（1.4%），トランスジェンダーが22人（0.7%）であるが，アセクシュアルが33人（0.8%）のほか「決めたくない・決めていない」が222人（5.2%）もいる。LGBT対象者のみの115人について比率を計算すると，ゲイ・レズビアンが27.0%，バイセクシュアルが53.9%，トランスジェンダーが19.1%となる。このSOGI区分別比率は名古屋市（2018）の「性的少数者（セクシュアル・マイノリティ）など性別にかかわる市民意識調査」の結果とも近いので，統計的サンプリングに基づく配表自計式標本調査の結果としては一般的なものなのかもしれない。他方，Niji VOICE 2018調査のSOGI区分別比率は，モニター型ウェブ調査である電通（2021）の「LGBTQ+調査2020」の結果に比較的近いので，オープン型でないウェブ調査の結果としてはあまり大きく偏っていないのかもしれない。

　調査方法を問わず，日本の調査ではSOGI区分のXやQの頻度が特に女性で高い傾向があるようなので，日本の虹調査の分析の際にはそれらの者を除外して，米国のPRC調査の分析結果との比較を容易にする。また，この米国調査の性別についても単純な質問に対する自己申告という性格上，出生時の性別ではなく性自認の性別を回答した者が含まれていた可能性があるため，この日本調査の男女別分析の際には出生時の性別だけでなく，性自認の性別による男女別の分析も行って比較する。これは虹調査の調査票で出生時の性別の質問の選択肢が女性，男性の順に並べてあるため，平森・釜野（2021）も指摘するように，通常の男性，女性の順序と勘違いして回答した者がいた可能性があるためでもある。そこで，性自認を用いた男女別分析を行う際には勘違いした可能性がある者を除外するため，性自認の性別が職場での性別と一致する者に分析対象を限定する。そこで，比較分析の結果表には日本については出生時の性別で区分した結果と性自認（かつ職場での性別が同じ）に基づく男女別の結果の両方を示すことにする。ただし，性自認の性別と職場での性別が不一致の者がトラン

スジェンダーでは 4 割以上いるという調査結果があるとのことなので（岩本 2022），このような限定には問題がないわけではない。

　他方，Niji VOICE 2018 調査の回答者には 18 歳未満の者が少なからずおり，50 代からかなり少なくなるため，比較分析の際には PRC2013 年 LGBT 成人調査対象者の年齢範囲と年齢階級別区分に合わせて 18～54 歳に限定する。その結果，日本については出生時の性別区分を使う分析の場合は女性 414 ケース，男性 365 ケース，性自認の性別を使う分析の場合は女性 374 ケース，男性 308 ケースが対象となる。米国については男性 474 ケース，女性 323 ケース（総数には性別不詳 2 ケースを含む）を分析対象とする。なお，分析方法としては多項ロジット・モデル（SAS/CATMOD）を用いる。

第 2 節　クロス集計による日米比較

(1) SOGI 区分別構成

　まず，**表6-1** により両国調査の LGBT 人口における SOGI 区分別構成を男女別年齢階級別に比較する。第 1 段の日本調査の出生時性別による集計結果をみると，女性では全体として同性愛（レズビアン）が 4 割弱，両性愛（バイセクシュアル）が 4 割半，トランスジェンダー（表中では「トランス」を略称とする）が 2 割弱おり，すべての年齢階級で両性愛の比率が最も高い。また，年齢階級別にみると，45 歳未満では比率の変動があまり大きくないが，45～54 歳でトランスジェンダーが急減し，他の 2 区分の比率が高まる。また，回答者が 34 歳未満に集中するためか，いずれの区分でも平均年齢は 29 歳前後である。男性では全体として同性愛（ゲイ）が 7 割弱，両性愛が 1 割強，トランスジェンダーが 2 割である。同性愛の比率は年齢とともに減少傾向があり，両性愛の比率は 45 歳未満では比較的安定しているものの 45～54 歳で急増し，トランスジェンダーの比率は 35～44 歳がピークである。いずれの区分でも平均年齢は 32 歳前後で安定している。

表 6-1　日米の LGBT 人口における男女別年齢階級年齢階級別にみた
SOGI 区分別割合・平均年齢

日本	出生時女性				出生時男性			
	同性愛	両性愛	トランス	n	同性愛	両性愛	トランス	n
18〜24歳	38.4%	46.3%	15.2%	164	70.3%	12.1%	17.6%	91
25〜34歳	37.4%	40.3%	22.3%	139	72.4%	11.9%	15.7%	134
35〜44歳	39.4%	44.7%	16.0%	94	63.0%	11.1%	25.9%	108
45〜54歳	44.4%	51.9%	3.7%	27	65.6%	15.6%	18.8%	32
総数	38.7%	44.3%	17.0%	424	68.5%	12.1%	19.5%	365
平均年齢（歳）	29.5	29.6	28.4	29.4	31.6	31.7	32.7	31.8

日本	性自認女性				性自認男性			
	同性愛	両性愛	トランス	n	同性愛	両性愛	トランス	n
18〜24歳	43.2%	50.7%	6.2%	146	80.0%	12.5%	7.5%	80
25〜34歳	44.0%	48.3%	7.8%	116	79.5%	13.1%	7.4%	122
35〜44歳	42.5%	48.3%	9.2%	87	84.0%	14.8%	1.2%	81
45〜54歳	48.0%	48.0%	4.0%	25	84.0%	16.0%	−	25
総数	43.6%	49.2%	7.2%	374	81.2%	13.6%	5.2%	308
平均年齢（歳）	29.5	29.4	29.7	29.5	31.6	31.5	26.9	31.3

米国	女性				男性			
	同性愛	両性愛	トランス	n	同性愛	両性愛	トランス	n
18〜24歳	28.4%	71.6%	−	102	62.5%	28.1%	9.4%	32
25〜34歳	26.6%	69.5%	4.0%	177	68.3%	28.0%	3.7%	82
35〜44歳	23.3%	75.6%	1.2%	86	73.2%	19.7%	7.0%	71
45〜54歳	63.3%	33.9%	2.8%	109	81.2%	15.2%	3.6%	138
総数	34.8%	62.9%	2.3%	474	74.3%	20.7%	5.0%	323
平均年齢（歳）	38.1	32.6	36.4	34.6	40.8	37.2	37.8	39.9

（資料）　niji VOICE 2018 および PRC 2013 Survey of LGBT Adults のミクロデータの著者による集計.
（注）　日本の性自認性別は性自認と職場での性別が一致するもの，米国の性別は自己申告のもの.
米国の平均年齢は年齢階級の中位数から算定したもの.

　第2段の日本調査の性自認性別による集計結果をみると，全体として男女ともトランスジェンダーの比率が低くなり，女性では7%程度で，男性で5%程度であるが，男性では35歳以上でゼロに近くなる。その結果，全体として女性では同性愛が4割半，両性愛が5割となり，男性では同性愛が8割強，両性愛が1割強となり，年齢階級別にみても比較的安定している。平均年齢も男性のトランスジェンダーを除き，女性では29.5歳程度，男性では31.5歳程度で安定している。

　第 3 段の米国調査の集計結果をみると，女性で両性愛の比率が最も高く，男性で同性愛の比率が最も高い点は同性愛という意味で共通しているが，水準と年齢階級間の差異は異なる。女性では全体として同性愛が 3 割半，両性愛が 6 割強，トランスジェンダーが 2% 程度であるが，45〜54 歳で両性愛比率が半減して同性愛比率が 2 倍以上になる。これは更年期ないし老化の影響による移行かもしれないが，日本の出生時女性の場合にはトランスジェンダー比率の急低下がみられる。米国の男性では全体として同性愛比率が 7 割半，両性愛比率が 2 割，トランスジェンダーが 5% で，年齢とともに同性愛比率が上昇し，両性愛比率が低下する傾向がみられ，老化の影響とも考えられる。日本の出生時男性では逆に同性愛比率が年齢とともに低下する傾向があるようにも見受けられる。米国の平均年齢は年齢階級の中央値によるため，大雑把なものであるが，男女いずれにおいても日本よりも高く，両性愛で最も低く，トランスジェンダーでも低めである。表 6-3 で SOGI 開示割合が低いことからも明らかなように同性愛者に対するよりも偏見・差別が強かったことが関係しているのかもしれない。

(2)　居住形態・パートナーシップ状態別割合

　次に，表6-2 により両国調査の LGBT 人口における SOGI 区分別の居住形態別割合（平均世帯規模）とパートナーシップ状態別割合を男女別に比較する。第 1〜2 列の男女別配偶者・パートナー同居割合（米国は有配偶割合とパートナー同棲割合の合計）をみると，日本の出生時性別と性自認性別による集計結果をみると，水準は若干異なるものの，同居割合は同性愛女性（レズビアン）と両性愛男女（レズビアン・ゲイ）で 4 割前後と高い。また，トランスジェンダー男女で同居割合が低めである。日本では同性婚が認められていないので，同居相手は異性のヘテロセクシュアルの配偶者が多くを占めるのではないかと思われる。米国では同居割合が両性愛女性・同性愛女性とトランスジェンダー男性で高く，トランスジェンダー女性と両性愛男性で低い。同居割合が同性愛女性で高く，トランスジェンダー女性で低い点とそれぞれの水準は日米で類似しているが，男性では両性愛とトランスジェンダーの順位が逆転しているだけ

表6-2 日米のLGBT人口における男女別SOGI区分別にみた居住形態等割合

日本	配偶者等 同居割合		子ども 同居割合		配偶者等・子 同居割合		独居割合		有配偶等 経験割合		平均世帯 規模	
	出生時女	出生時男	出生時女	出生時男	出生時女	出生時男	出生時女	出生時男	出生時女	出生時男	出生時女	出生時男
レズビアン（同）	44.5%	-	6.7%	-	6.1%	-	24.4%	-	77.4%	-	1.92	-
ゲイ（同）	-	24.8%	-	1.6%	-	1.6%	-	38.8%	-	61.2%	-	1.67
両性愛	36.7%	38.6%	14.9%	25.0%	10.6%	25.0%	21.8%	38.6%	58.5%	63.6%	1.93	2.36
トランスジェンダー	31.9%	18.3%	4.2%	8.5%	2.8%	7.0%	34.7%	45.1%	63.9%	46.5%	1.97	1.83
総数	38.9%	25.2%	9.9%	5.8%	7.5%	5.5%	25.0%	40.0%	66.7%	58.6%	1.93	1.79

日本	配偶者等 同居割合		子ども 同居割合		配偶者等・子 同居割合		独居割合		有配偶等 経験割合		平均世帯 規模	
	性自認女	性自認男	性自認女	性自認男	性自認女	性自認男	性自認女	性自認男	性自認女	性自認男	性自認女	性自認男
レズビアン（同）	44.2%	-	6.7%	-	6.1%	-	24.5%	-	77.3%	-	1.92	-
ゲイ（同）	-	24.8%	-	1.6%	-	1.6%	-	38.8%	-	61.2%	-	1.67
両性愛	36.4%	40.5%	15.2%	26.2%	10.9%	26.2%	22.3%	38.1%	58.2%	64.3%	1.93	2.33
トランスジェンダー	22.2%	25.0%	3.7%	6.3%	3.7%	-	37.0%	25.0%	29.6%	62.5%	1.96	2.38
総数	38.8%	26.9%	10.7%	5.2%	8.3%	4.9%	24.3%	38.0%	64.4%	61.7%	1.93	1.80

米国	配偶者等 同居割合		子ども 同居割合		配偶者等・子 同居割合		独居割合		有配偶等 割合		平均世帯 規模	
	女性	男性	女性	男性	女性	男性	女性	男性	女性	男性	女性	男性
レズビアン（同）	46.1%	-	14.5%	-	8.5%	-	21.2%	-	72.1%	-	2.44	-
ゲイ（同）	-	34.6%	-	4.6%	-	3.8%	-	37.9%	-	46.7%	-	1.93
両性愛	53.7%	29.9%	40.6%	11.9%	27.9%	9.0%	10.7%	31.3%	73.2%	46.3%	2.97	2.43
トランスジェンダー	27.3%	62.5%	18.2%	37.5%	9.1%	37.5%	9.1%	-	54.5%	75.0%	3.45	3.00
総数	50.4%	35.0%	31.0%	7.7%	20.7%	6.5%	14.3%	34.7%	72.4%	48.0%	2.80	2.09

（資料）　niji VOICE 2018 および PRC 2013 Survey of LGBT Adults のミクロデータの著者による集計.
　（注）　日本の性自認性別は性自認と職場での性別が一致するもの，米国の性別は自己申告のもの.
　　　　　配偶者等にはパートナーを含む．また，子どもは米国では 18 歳未満子との同居.

でなく，トランスジェンダーでの水準がかなり異なる。これは日本では LGBT 男女がシスジェンダー・ヘテロセクシュアルの異性と結婚している割合が米国よりも高いためであろうが，米国でも同性愛男女を除いてこの割合が比較的高いことが関わっているのではないかと思われる。

　実際，ジョンソンによる 2016 年 7 月～2017 年 6 月のギャラップ社調査に基づく推計によれば，米国の LGBT 成人人口の 10.2% が同性と結婚し，5.6% が同性と同棲し，13.1% が異性と結婚し，4.2% が異性と同棲している（Johnson 2017）。2 年前と 1 年前の推計結果と比べて同性パートナーとの同居割合は上昇

傾向，異性パートナーとの同居割合は減少傾向にあるため，以前はもっと差が大きかったものと思われる。日本についての小森田（2021）のモニター型の中規模ウェブ調査の結果によれば，同性愛と両性愛の男性の24%が女性と結婚しているとのことで，LGBT人口全体の中でも同様かそれ以上の水準である可能性がある。

　第3〜4列の男女別子ども同居割合（日本は子どもだが，子どものパートナーが同居する者が3%程度なのでほぼ未婚子同居割合，米国は未成年子同居割合）をみると，日本では両性愛の女性で1割半，男性で4分の1とやや高いが，ヘテロセクシュアルの異性配偶者と同居している場合が多いためであろう。米国でも未成年子との同居割合が両性愛女性で4割強と高いのは同じ理由によるものと思われるが，トランスジェンダー男性で4割程度高いのは出生時の性別が女性のため，自分や同居する女性に前の結婚等からの子どもがいたり，いずれも出産可能であったりするためであろう。両性愛女性で低めなのは配偶者等同居割合が低いことにもよるのであろう。

　第5〜6列の男女別配偶者等・子同居割合は前4列の結果から合成したものであるため，日米両国で第3〜4列の子ども同居割合の水準より低めであるが，類似したパターンを示している。米国の場合，男性では水準が日本の男女と同様，第3〜4列とそれほど異なることはないが，女性ではやや大きく低下する。日本の女性の場合よりもシスジェンダー・ヘテロセクシュアル男性との同居が少ないためかと想像される。

　実際，マイヤーら（Meyer et al. 2021）の2016〜2018年LGBTQ調査の分析結果をみると近年の米国の状況がわかる。日本ほどではないが，ノンバイナリーな性自認と性的指向の割合が比較的高い。シスジェンダーのLBQ女性のうちで65.5%前後が同居パートナーを持つが，そのうちで39.6%がシスジェンダーの女性，57.4%がシスジェンダー男性，3.6%がトランスジェンダーまたはノンバイナリーであった。また，シスジェンダーのGBQ男性のうちで54.8%前後が同居パートナーを持つが，そのうちで16.5%がシスジェンダー女性，79.4%がシスジェンダー男性，4.1%がトランスジェンダーまたはノンバイナリーであっ

130

た。さらに，トランスジェンダーの 57.8% が同居パートナーを持つが，そのうちで 41.7% がシスジェンダー女性，20.4% がシスジェンダー男性，37.9% がトランスジェンダーまたはノンバイナリーであった。他方，未成年子との同居割合はシスジェンダーの LBQ 女性では 15.7%，シスジェンダーの GBQ 男性では 2.3%，トランスジェンダーでは 8.0%，LGBTQ 人口全体では 10.1% であった。ノンバイナリーがほとんど示されていないことを除き，PRC 調査の結果はこれらの結果に近いが，日米両国の LGBT 人口には少なからずノンバイナリーが含まれることを念頭に置きながら，本章の分析結果を解釈する必要があることが窺われる。

　第 7～8 列の男女別独居割合（米国については世帯規模 1 人の割合）をみると，出生時性別区分による場合はすべての SOGI 区分において女性（25% 程度）より男性（4 割程度）の方が高いが，性自認性別区分の場合も同様な傾向があるにしても，トランスジェンダーのみで逆転している。直接的には出生時性別と性自認性別が逆であることによって生じているのであろうが，日本では出生時女性全体で配偶者・パートナーと同居しない者は親と同居する者が多いことによるのであろう。米国では男子の同居割合は日本と同程度であるが，女性では日本より低く，日本と同様，トランスジェンダーを除き，女性より男性の独居割合が高い傾向がみられる。米国のトランスジェンダーの者には出生時の性別でなく，自認の性別を申告している者が含まれているためであろう。同性愛男女で独居割合が高めなのは表 6-3 でみるように他の SOGI 区分より親への開示割合が高い（開示すると離家する可能性が高まる）ことも関係している可能性がある。

　第 9～10 列の男女別有配偶等（経験）割合は用語が異なることからも明らかな通り，定義が異なる。日本の場合は同居の有無に関わらず，配偶者やパートナーを持っているか，持った経験があるかを尋ねた結果であるが，米国の場合は同居の配偶者・パートナーを持つ者の割合と非同居の配偶者・パートナーを持つ者の割合の合計である。日本では 2 種類の性別の平均が女性で 6 割半，男性で 6 割と，同性愛女性と両性愛男性で高めであるが，異性の配偶者を持って

いるか，持ったことがある者が多いことによるためであろう。トランスジェンダーの出生時男性と性自認の女性でこの割合が低いのは前2列と逆の傾向である。米国の場合は調査時点で同居・非同居の配偶者・パートナーを持つ割合であるが，女性で平均して7割強で日本より高いものの，男性では5割弱と女性より低いだけでなく，日本より低い。日本の自認の性別の場合と同様に，トランスジェンダーの女性では低め，男性では高めになっているが，日本とは異なり，同性愛女性と両性愛男性で高めという傾向はみられない。

　第11〜12列の男女別平均世帯規模は米国の場合は直接的に尋ねた結果であるが，日本の場合は一人暮らしでない者について同居者種類別の同居者数を合計して1を加えたものである。日本では記入漏れが多いためか，平均世帯人員が女性で1.93人，女性で1.80人程度と少なめである。米国では女性で2.80人，男性で2.09人と多めである上，女性の平均世帯規模の方が大きい。男女ともトランスジェンダーの場合は平均世帯規模が大きいが，トランス男性の場合は配偶者等・子同居割合が高いことで説明できる。しかし，トランス女性の場合は配偶者等・子同居割合が低い代わりに独居割合が低いことである程度説明できるが，そうだとすれば，家族や友人と同居する者が多いということであろうか。このことは表6-3の相手別SOGI開示（カミングアウト）割合とそれが示す関係（性）の影響も関わっているように思われる。

(3) 相手別 SOGI 開示割合

　レジェックの性的マイノリティ家族に関する展望論文（Reczek 2020）によれば，青少年のLGBTにとって親へのSOGI開示は親子関係に緊張をもたらすため，ストレスも大きく，健康を損ねたり，離家を促進したりする場合もある。また，父親よりも母親への開示の方が支援を得やすいために容易であるが，親よりもきょうだいや友人への開示の方が支援を得やすい。さらに，シスジェンダーよりもトランスジェンダーの場合の方がスティグマ化されるため，親の反発が大きく，開示が困難であるとのことである。一般的に米国では両性愛に対する偏見・差別が同性愛に対するものよりも強いと言われているので，トラン

スジェンダーほどではないにしても開示が困難であることが予想される。実際，Brown（2019）も2017年のスタンフォード大学調査に基づいて両性愛で開示割合が低いことを示している。他方，ソンとアプデグラフ（Son and Updegraff 2021）はSOGIを含む開示の規程要因の概念枠組みを提案しているが，日米調査の比較分析で利用可能な要因は少ないため，以下では基本属性の関連要因を用いて分析するほかないようである。

表6-3により両国調査のLGBT人口におけるSOGI区分別の相手別SOGI開示割合を男女別に比較する。PRC調査ではSOGI開示についてはタイミングを含む詳細な情報を収集しているが，虹調査では開示相手しかわからないので，表6-3では両調査に共通する相手について開示割合を示している。ただし，虹調査では友人を性的マイノリティ当事者の友人とそれ以外の友人に分けて尋ねて

表6-3 日米のLGBT人口における男女別SOGI区分別にみた相手別開示割合

日本	母親		父親		きょうだい		友人		同僚等		いずれもなし	
	出生時女	出生時男	出生時女	出生時男	出生時女	出生時男	出生時女	出生時男	出生時女	出生時男	出生時女	出生時男
レズビアン（同）	55.5%	-	35.4%	-	49.4%	-	85.4%	-	46.3%	-	11.0%	-
ゲイ（同）	-	41.2%	-	26.8%	-	37.6%	-	88.4%	-	40.0%	-	8.4%
両性愛	23.4%	9.1%	12.2%	6.8%	20.7%	13.6%	62.8%	56.8%	22.3%	13.6%	35.6%	38.6%
トランスジェンダー	72.2%	63.4%	65.3%	49.3%	63.9%	49.3%	86.1%	83.1%	61.1%	62.0%	8.3%	4.2%
総数	44.1%	41.6%	30.2%	28.8%	39.2%	37.0%	75.5%	83.6%	38.2%	41.1%	21.5%	11.2%

日本	母親		父親		きょうだい		友人		同僚等		いずれもなし	
	性自認女	性自認男	性自認女	性自認男	性自認女	性自認男	性自認女	性自認男	性自認女	性自認男	性自認女	性自認男
レズビアン（同）	55.2%	-	35.0%	-	49.7%	-	85.3%	-	46.0%	-	11.0%	-
ゲイ（同）	-	41.2%	-	26.8%	-	37.6%	-	88.4%	-	40.0%	-	8.4%
両性愛	23.9%	9.5%	12.5%	7.1%	20.7%	11.9%	62.5%	54.8%	22.3%	11.9%	35.9%	40.5%
トランスジェンダー	59.3%	50.0%	44.4%	43.8%	18.5%	50.0%	85.2%	87.5%	48.1%	25.0%	3.7%	6.3%
総数	40.1%	37.3%	24.6%	25.0%	33.2%	34.7%	74.1%	83.8%	34.5%	35.4%	22.7%	12.7%

米国	母親		父親		きょうだい		友人		同僚等		いずれもなし	
	女性	男性	女性	男性	女性	男性	女性	男性	女性	男性	女性	男性
レズビアン（同）	75.2%	-	51.5%	-	78.8%	-	94.5%	-	73.9%	-	1.2%	-
ゲイ（同）	-	72.1%	-	55.4%	-	71.3%	-	95.4%	-	66.7%	-	2.5%
両性愛	48.7%	28.4%	27.5%	11.9%	55.4%	25.4%	91.3%	61.2%	37.2%	29.9%	5.4%	31.3%
トランスジェンダー	36.4%	37.5%	27.3%	31.3%	27.3%	18.8%	63.6%	50.0%	36.4%	50.0%	27.3%	25.0%
総数	57.6%	61.3%	35.9%	45.2%	62.9%	59.1%	91.8%	86.1%	50.0%	58.2%	4.4%	9.6%

（資料）　niji VOICE 2018 および PRC 2013 Survey of LGBT Adults のミクロデータの著者による集計.
（注）　日本の性自認性別は性自認と職場での性別が一致するもの，米国の性別は自己申告のもの.

いるが，PRC 調査に合わせて友人にまとめた。また，同僚等は PRC 調査では職場，虹調査では上司と同僚・部下を合わせたものである。また，「いずれもなし」は 5 種類の相手のいずれにも開示していない場合である。

　まず，第 1～6 列の家族に対する SOGI 開示割合を比較すると，日本では父親への開示割合（3 割弱）よりも母親（4 割）への開示割合が高いが，きょうだいへの開示割合（4 割弱）は母親へのものと同程度か低めである。全体として男女の開示割合に大きな差がない。全体として出生時性別による開示割合よりも性自認性別による開示割合の方が 5％程度低い。しかし，SOGI 区分別にみると開示割合の差が大きい。日本ではトランスジェンダーの場合は医師の診断等が必要な場合もあるためか，家族の関与が必要となって開示割合が最も高い。トランスジェンダーについて男女別にみると，性自認性別のきょうだいへの開示の場合を除き，女性の方が男性よりも家族への開示割合が高い。また，両性愛の場合は目に付きにくいためか，偏見・差別のためかわからないが，開示割合が最も低いが，男女間，出生時性別と性自認性別の間の差異のパターンはトランスジェンダーの場合に似ている。

　米国における家族に対する SOGI 開示割合をみると，全体として開示割合の水準が日本より 1～2 割高い。また，母親への開示割合が父親へのものより 1～2 割高いが，きょうだいへの開示割合は母親へのものと同程度である。しかし，SOGI 区分別にみるとやはり差が大きい。予想通り同性愛男女（レズビアン・ゲイ）の家族への開示割合が最も高いが，両性愛とトランスジェンダーによる親への開示割合を比べると女性では前者の方が高いが，男性では後者の方が高い。同じ SOGI 区分内で男女を比べると両性愛では親の性別に関わらず，開示割合は女性の方が男性よりも高いが，トランスジェンダーではわずかに男性の開示割合の方が高い。これは男性のトランスジェンダーに出生時女性が含まれていることによるのかもしれない。

　次に第 7～10 列の友人と同僚等に対する SOGI 開示割合をみると，日本では友人への開示割合（7～8 割）の方が同僚等への開示割合（4 割弱）より高く，前者は親に対する開示割合より高いが，後者はきょうだいへの開示割合と同程

度か高めである。全体として友人への開示割合は女性の方が1割程度高いが，同僚等への開示割合は男女間で大きな差がない。友人への開示割合は全体として出生時性別と性自認性別の間で差がないが，同僚等への開示割合は全体として出生時性別よりも性自認性別の場合の方が5％程度低い。しかし，SOGI区分別に開示割合をみると友人については性別の種類に関わらず，両性愛で低く，トランスジェンダーで高い。同僚等への開示割合は同じく出生時性別では両性愛で低く，トランスジェンダーで高いが，性自認性別でも同様の傾向があるものの男性のトランスジェンダーでは開示割合が低くなる。これは職場の男女別の施設や施策と関係があるのかもしれない。米国の場合は友人への開示割合は全体として女性で9割強と日本の場合より1割程度で高いが，男性では8割半であまり差がない。同僚等への開示については全体として男性で5割，女性で6割弱と日本の場合より1割強ほど高いが，両性愛の開示割合は例外的に男性より女性の方が高い。

　以上の結果，第11〜12列目の「いずれもなし」は日本の女性で2割強，男性で1割強と女性の方が高いが，米国の場合は女性で5％程度，男性で1割弱と男性の方が高い。日本では男女とも両性愛で高いが，米国ではトランスジェンダーの男女と両性愛の男性で高い。同調圧力が強い日本で女性差別が大きいことが開示割合の男女差の日米間の差異に関わっている可能性がある。

第3節　ロジット分析による日米比較

　以上のクロス集計では目的変数と関連要因変数との関係には他の変数の影響も混入している可能性があり，関係が見かけ上のものかもしれず，解釈が困難な場合もあった。そこで以下においてはLGBT人口全体を対象として他の変数の影響をコントロールするような多変量解析を行う。目的変数としては，以上のクロス集計で検討した①SOGI3区分（同性愛，両性愛，トランスジェンダー），②5種類の居住形態等2区分，③相手別SOGI開示2区分を用いる。①

については3種類の2区分間オッズ比（対数化したもの）に対する関連を検討する。また，関連要因変数（ダミー変数）としては虹調査とPRC調査で共通する基本的属性に基づく，性別（日本については出生時女性と性自認女性の両者），年齢階級（18～24歳，25～34歳，35～44歳），学歴（日本については中卒以下，短大卒・大学中退・在学中，大卒以上で，米国については高卒未満，大学中退等，大卒以上），就業形態（フルタイム，パートタイム），都市農村区分（日本については町村部・農山漁村，米国についてはNon-Metroを農村とした）を用いた。②と③の目的変数の分析においては関連要因変数としてSOGI（同性愛とトランスジェンダー）を追加した。関連要因変数の基準カテゴリーは「その他」である。一部の目的変数については関連要因変数の属性を持つ回答者が少数であるため，除外した関連要因変数やカテゴリーがある。片方の性別（主としてNが小さい男性）の分析のみで同様な問題が起きる場合は，代わりに男女総数についての分析結果を示して男性における関連要因変数との関係を推定できるようにした。目的変数と関連要因の因果関係の方向については分析結果だけからはわからない場合が多い。なお，目的変数についてはクロス集計表で度数分布を示したので，章末の付表で関連要因変数の度数分布を示した。

（1）SOGI区分の関連要因

　表6-4はLGBT人口における男女別SOGI区分の関連要因の三項ロジット分析結果を示したものである。第1段は日本の出生時性別区分別の結果，第2段は日本の性自認・職場性別区分別の結果，第3段は米国の自己申告性別区分別の結果を示す。また，第1～3列は女性，第4～6列は男性，第7～9列は総数における結果を示す。分析対象のNが小さい上，関連要因変数が多いため，有意な変数は少ない。

　第1段の第1～3列は日本の出生時女性における結果を示すが，第1列の同性愛の両性愛に対するオッズ比については関連要因変数のうちで有意な正の関連があるのは大卒以上のみである（第3列でも同様）。この関連が同性愛であることが高学歴をもたらしたことを示すのか，高学歴が同性愛への認識ないし申告

表 6-4 日米の LGBT 人口における男女別 SOGI 区分の関連要因：
三項ロジット分析結果

日本	出生時女性 同性愛 両性愛	出生時女性 トランス 両性愛	出生時女性 同性愛 トランス	出生時男性 同性愛 両性愛	出生時男性 トランス 両性愛	出生時男性 同性愛 トランス	総数 同性愛 両性愛	総数 トランス 両性愛	総数 同性愛 トランス
定数項	-0.073	-1.820	1.747	2.633*	2.706*	-0.073	1.715***	0.973#	0.742
出生時女性	-	-	-	-	-	-	-1.851***	-1.422***	-0.429*
18～24歳	-0.059	1.625	-1.684	0.355	0.282	0.074	0.191	0.652	-0.461
25～34歳	0.112	2.129*	-2.017#	0.434	0.266	0.168	0.347	0.971#	-0.624
35～44歳	0.036	1.612	-1.576	0.337	0.855	-0.518	0.186	0.920#	-0.735
中卒以下	-0.500	0.661	-1.161	0.537	0.651	-0.113	-0.013	0.713	-0.726
短卒・中退	-0.001	0.094	-0.095	-0.008	0.391	-0.400	-0.054	0.198	-0.251
大卒以上	0.452#	-0.427	0.878**	-0.296	-0.939*	0.643*	0.209	-0.511*	0.719***
フルタイム	-0.213	-0.743	0.530	-1.113	-2.746***	1.633***	-0.243	-1.296***	1.053***
パートタイム	-0.703	-1.638*	0.935	-1.298	-2.048#	0.750*	-0.782#	-1.579***	0.797#
農村	-0.395	0.248	-0.644	0.090	1.298	-1.208*	-0.408	0.514	-0.922**
n			424			365			789
d.f.			94			90			202
LLR			116.25#			85.82			225.32

日本	性自認女性 同性愛 両性愛	性自認女性 トランス 両性愛	性自認女性 同性愛 トランス	性自認男性 同性愛 両性愛	性自認男性 トランス 両性愛	性自認男性 同性愛 トランス	総数 同性愛 両性愛	総数 トランス 両性愛	総数 同性愛 トランス
定数項	0.167	-1.457	1.624	2.951**	-0.874	3.826**	2.173***	-0.924	3.097***
性自認女性	-	-	-	-	-	-	-1.867***	-1.040*	-0.827*
18～24歳	-0.173	0.491	-0.664	0.105	2.319*	-2.214*	-0.058	1.338	-1.396
25～34歳	-0.064	0.803	-0.867	0.138	2.535*	-2.397*	-0.001	1.642	-1.642
35～44歳	-0.110	0.939	-1.049	-	-	-	-0.007	1.211	-1.218
中卒以下	-0.382	0.730	-1.112	0.270	1.421	-1.151	-0.094	0.814	-0.908
短卒・中退	-0.097	0.572	-0.669	0.194	0.104	0.090	0.003	0.408	-0.405
大卒以上	0.442#	-0.016	0.457	-0.441	-1.469*	1.028#	0.220	-0.393	0.613#
フルタイム	-0.295	-1.618*	1.323*	-1.075	-1.622	0.547	-0.471	-1.507**	1.036*
パートタイム	-0.777	-0.968	0.192	-1.066	-2.053	0.987	-0.808#	-1.257*	0.449
農村	-0.417	-0.145	-0.272	0.830	2.234*	-1.404	-0.312	0.229	-0.541
n			374			308			682
d.f.			92			62			182
LLR			107.57			48.92			179.60

米国	女性 同性愛 両性愛	女性 トランス 両性愛	女性 同性愛 トランス	男性 同性愛 両性愛	男性 トランス 両性愛	男性 同性愛 トランス	総数 同性愛 両性愛	総数 トランス 両性愛	総数 同性愛 トランス
定数項	1.257*	-2.136#	3.392**	-0.872**	-2.475***	1.603*	1.120***	-0.814	1.934***
女性	-	-	-	-	-	-	-1.830***	-2.092***	0.262
18～24歳	-	-	-	-	-	-	-	-	-
25～34歳	-	-	-	-	-	-	-	-	-
35～44歳	-	-	-	-	-	-	-	-	-
高卒未満	-0.145	0.074	-0.219	-0.031	-0.344	0.313	-0.163	-0.178	0.016
大学中退等	-0.261	-0.917	0.656	-0.483	-0.857	0.374	-0.407	-1.162*	0.755
大卒以上	0.298	-1.004	1.303#	0.063	-2.084#	2.147#	0.133	-1.490**	1.623**
フルタイム	-0.037	1.616	-1.653	0.737**	-0.137	0.874	0.418*	0.590	-0.173
パートタイム	0.074	2.177#	-2.103#	0.046	0.292	-0.246	-0.044	0.810	-0.854
農村	-	-	-	-	-	-	-	-	-
n			323			474			799
d.f.			12			12			34
LLR			8.08			9.45			25.72

（資料）　niji VOICE 2018 および PRC 2013 Survey of LGBT Adults のミクロデータの著者による分析.
　（注）　日本の性自認性別は性自認と職場での性別が一致するもの，米国の性別は自己申告のもの.
　　　　# p< 0.1，* p<0.05，** p<0.01，*** p<0.001

をもたらしたことを示すのか，両方向の因果関係があるのかはわからない。第2列のトランスジェンダーの両性愛に対するオッズ比に正の関連があるのは25〜34歳のみ，負の関連があるのはパートタイム就業のみである。第3列の同性愛のトランスジェンダーに対するオッズ比について正の関連があるのは大卒以上のみで，負の関連があるのは25〜34歳のみである。以上の結果から25〜34歳ではトランスジェンダーの性自認が多い傾向があると言えそうであるが，大卒以上は同性愛と正の関連があると言えるものの因果関係の方向は上述の通り，わからない。

　第2段の第1〜3列は日本の性自認女性における結果であるが，第1列では大卒以上が正の関連があり，フルタイム就業が第2列で負の関連，第3列で正の関連がある。大卒以上が両性愛よりも同性愛と関連が強いこととフルタイム就業がトランスジェンダーと負の関連があることが窺える。後者の関連については性自認性別が職場での性別と一致するという限定を付けたため，トランス女性（MTF）は自認の性別でフルタイム就業が難しい状況にあることを意味すると考えられる。第3段は米国調査の分析結果を示すが，年齢階級と都市農村区分についても関連要因変数を除かざるを得なかった。第1〜3列は性自認女性における結果であるが，第1列には有意な関連がある変数がないが，第2列ではパートタイム就業に正の関連があり，第3列では大卒以上に正の関連，パートタイム就業に負の関連がある。パートタイム就業がトランスジェンダーと正の関連があり，大卒以上はトランスジェンダーに同性愛より強い負の関連があることが窺える。日本でも米国でも出生時女性トランスジェンダーないしトランス男性（FTM）やトランス女性（MTF）はフルタイム就業よりもパートタイム就業をする傾向が強いのかもしれない。

　次に，第4〜6列の男性における関連について検討する。第1段の日本の出生時男性の第4列では有意な関連がある変数がないが，第5列では大卒以上，フルタイム就業，パートタイム就業に負の関連があり，第6列ではこれら3変数に正の関連があり，農村居住に負の関連がある。したがって，大卒以上，フルタイム就業，パートタイム就業がトランスジェンダーに負の関連があり，農村

138

居住は同性愛よりもトランスジェンダーとの関連が強いことが示されている。前者は岩本（2022）が指摘するように，出生時男性のトランスジェンダーにとって大学進学や就業が困難であることを示しているものと思われる。また，上記のトランス女性にとって自認の性別でのフルタイム就業が困難であることと対応するのであろう。第2段の日本の性自認男性における結果をみると，第4列では有意な関連がある変数がないが，第5列では18〜24歳，25〜34歳，農村居住に正の関連があり，大卒以上に負の関連がある。第6列では大卒以上に正の関連があり，18〜24歳，25〜34歳に負の関連がある。トランスジェンダー男性は18〜24歳，25〜34歳で多いこと，大卒以上と負の関連があること，農村居住はトランスジェンダーに両性愛より強い正の関連があることが窺われる。第1段と合わせてみるとトランスジェンダーは農村に多くいる可能性がある。岩本（2022）が指摘するように，農村生まれのトランスジェンダーにとって地元以外での進学や就職が困難でとどまっていることを示すのかもしれないが，地元以外で進学や就職してもうまくいかず，地元に戻った可能性も考えられる。第3段の第4〜6列は米国の男性における結果であるが，第4列ではフルタイム就業に正の関連があり，大卒以上には第5列で負の関連，第6列で正の関連がある。大卒以上にトランスジェンダーと負の関連があり，フルタイム就業には両性愛男性よりも同性愛男性に強い正の関連がある。後者は両性愛男性よりも同性愛男性の方がフルタイム就業する可能性が高いことを意味するとすれば，直観に反する感じもあるが，米国の労働市場が相対的にゲイ・フレンドリーなのかもしれない。これに対して日本の男性では両性愛に対する同性愛のオッズ比に有意な関連をもつ要因はない。しかし，大卒以上とトランスジェンダーとの負の関連は日米で共通する。これは岩本（2022）が指摘するように，トランスジェンダーにとって大卒以上の学歴達成が困難であることを示しているものと思われる。

　第1段の第7〜9列は日本の出生時男女総数における結果を示すが，第7列では出生時女性とパートタイム就業に負の関連があり，第8列では25〜34歳と35〜44歳に正の関連があり，出生時女性，大卒以上，フルタイム就業とパート

タイム就業に負の関連がある。第9列では大卒以上，フルタイム就業，パートタイム就業に正の関連があり，出生時女性と農村居住に負の関連がある。そこで，出生時女性は両性愛である可能性が高く，同性愛である可能性が低い。25〜34歳，35〜44歳では両性愛よりトランスジェンダーである可能性が高い。また，大卒以上，フルタイム就業者，パートタイム就業者はトランスジェンダーでない可能性が高い。さらに，パートタイム就業者は両性愛である可能性が高いものの，トランスジェンダーよりは同性愛である可能性も高く，農村居住者は同性愛よりトランスジェンダーである可能性が高い。第2段では日本の性自認男女総数における結果を示すが，第7列と第8列では性自認女性とパートタイム就業に負の関連があり，第8列ではフルタイム就業にも負の関連がある。第9列では大卒以上とフルタイム就業に正の関連があり，性自認女性に負の関連がある。そこで，性自認女性は両性愛である可能性が高く，同性愛である可能性が低い。また，フルタイム就業者はトランスジェンダーである可能性が低く，パートタイム就業者は両性愛である可能性が高い。さらに，大卒以上はトランスジェンダーより同性愛である可能性が高い。第3段の第7〜9列は米国の男女総数における結果であるが，第7列ではフルタイム就業に正の関連，女性に負の関連があり，第8列では女性，大学中退等，大卒以上に負の関連があり，第9列では大卒以上（大学進学者）に正の関連がある。そこで，女性は両性愛である可能性が高く，大卒以上はトランスジェンダーである可能性が低い。以上の結果から，日米両国で女性が両性愛である可能性が高いこと，大卒以上とトランスジェンダーの負の関連が共通することが示された。後者については岩本（2022）が指摘するように，トランスジェンダーにとって大卒以上の学歴達成が困難であることを示しているものと思われる。また，フルタイム就業者が日本ではトランスジェンダーである可能性が低いが，米国では両性愛よりも同性愛の可能性が高いことも示された。これについても岩本（2022）が指摘するように，日本の正規の労働市場ではトランスジェンダーが不利な立場にあり，米国の正規の労働市場では両性愛者が同性愛者に比べて不利な立場にあることを示すのであろうが，両国の職場でのSOGI開示の度合いの男女間，LGBT間

表 6-5 日米の LGBT 人口における男女別居住形態等の関連要因：
二項ロジット分析結果

日本	配偶者等同居		子ども同居		配偶者等・子同居		独居		有配偶等経験	
	出生時女	出生時男	出生時女	総数	出生時女	総数	出生時女	出生時男	出生時女	出生時男
定数項	-0.318	-0.311	-0.060	-0.840	-0.935	-1.054	-0.339	-0.312	1.433	0.775
出生時女性	-	-	-	0.467	-	0.216	-	-	-	-
同性愛	0.149	-0.436	-0.930*	-1.675***	-0.613	-1.555***	-0.094	0.191	1.145**	0.449
トランス	-0.472	-0.594	-1.670*	-1.034*	-1.785*	-1.088*	0.617#	0.527	-0.136	-0.231
18～24歳	-0.061	-1.460**	-1.720*	-2.254***	-0.943	-1.904**	-0.259	0.099	-0.983	-1.007#
25～34歳	0.524	-0.809#	-0.702	-1.153*	0.065	-0.846	-0.713	0.332	-0.843	-0.654
35～44歳	0.274	-0.864#	0.423	-0.189	1.142	0.038	-0.326	0.316	0.109	-0.606
中卒以下	0.120	-0.986	-0.251	-0.824	0.019	-0.599	0.307	0.728	0.288	-0.145
短卒・中退	-0.697*	0.194	-1.086*	-1.237#	-0.992	-1.104#	0.208	0.038	-0.036	-0.106
大卒以上	-0.198	-0.287	-0.372	-0.158	-0.255	0.039	0.287	0.535*	-0.275	-0.344
フルタイム	0.384	1.237#	-0.347	0.557	-0.706	0.288	-0.196	-0.688	0.638	0.938*
パートタイム	0.909	0.114	0.314	0.774	0.038	0.533	-1.429*	-0.670	0.642	0.205
農村	-0.032	-1.474*	-0.546	-0.114	-0.256	-0.245	-1.992**	-0.489	0.340	-0.274
n	323	293	292	566	291	567	350	310	349	310
d.f.	83	71	78	158	79	159	88	77	88	77
LLR	109.22*	74.31	60.21	108.4	61.28	107.88	100.07	107.88*	78.36	123.59***

日本	配偶者等同居		子ども同居		配偶者等・子同居		独居		有配偶等経験	
	性自認女	総数	性自認女	総数	性自認女	総数	性自認女	性自認男	性自認女	性自認男
定数項	0.083	-0.265	0.424	-0.214	-0.603	-0.536	-0.904	-0.561	1.115	1.245
性自認女性	-	0.869***	-	0.668#	-	0.474	-	-	-	-
同性愛	0.154	-0.109	-0.930*	-1.686***	-0.607	-1.521***	-0.099	0.235	1.146**	0.428
トランス	-0.923#	-0.719#	-1.895*	-1.332#	-1.545	-1.862#	0.757	-0.765	-1.858***	0.302
18～24歳	-0.215	-0.916*	-2.260**	-2.779***	-1.248	-2.502***	-0.088	0.126	-1.164	-0.902
25～34歳	0.415	-0.259	-0.645	-1.371**	0.166	-1.046#	-0.914	0.492	-0.688	-0.490
35～44歳	-0.111	-0.555	0.315	-0.426	1.024	-0.152	0.026	0.249	-0.460	-0.136
中卒以下	-	-	-	-	-	-	1.203#	0.384	-0.611	0.642
短卒・中退	-0.554	-0.462	-1.053#	-1.079#	-0.979	-0.928	-0.044	0.072	0.253	-0.634
大卒以上	-0.231	-0.183	-0.305	-0.007	-0.246	0.191	0.461	0.416	-0.014	-0.271
フルタイム	0.179	0.377	-0.778	-0.075	-0.976	-0.328	0.160	-0.417	0.900	0.236
パートタイム	0.622	0.557	-0.095	0.259	-0.258	0.069	-0.564	-1.167	1.106	-0.245
農村	-0.480	-0.818#	-0.421	-0.618	-0.240	-0.375	-2.352*	0.558	0.225	-1.054#
n	284	532	256	487	255	488	307	265	305	265
d.f.	74	129	67	120	68	121	80	52	80	52
LLR	102.70*	168.18*	50.32	80.17	57.20	82.37	96.76#	70.51*	76.45	86.43*

米国	配偶者等同居		子ども同居		配偶者等・子同居		独居		有配偶等	
	女性	男性	女性	総数	女性	総数	女性	総数	女性	男性
定数項	0.431	-1.944	-0.685	-1.699***	-1.649**	-2.087***	-2.169***	-1.191***	1.380***	-1.223
女性	-	-	-	1.287***	-	0.878**	-	-0.929***	-	-
同性愛	-0.290	0.087	-1.143***	-1.246***	-1.080***	-1.231***	0.510#	0.431*	0.090	-0.095
トランス	-1.307#	1.834**	-1.329	0.126	-1.464	0.404	-0.119	-2.078*	-0.923	1.463*
18～24歳	-0.683*	-1.707*	0.203	-0.260	0.526	-0.144	-0.577	-1.055***	-0.226	-0.814#
25～34歳	0.142	-0.658*	1.036**	0.412	1.366**	0.548#	-0.415	-0.310	0.270	-0.139
35～44歳	0.144	0.130	1.274***	0.939**	1.442**	0.911***	-0.705	-0.327	0.581	0.177
高卒未満	-0.033	0.793	-0.182	-0.112	-0.224	-0.091	0.320	0.610	-0.079	0.051
大学中退等	-0.028	0.899	-0.445	-0.248	-0.243	-0.127	-0.135	0.084	0.025	0.792*
大卒以上	-0.077	0.921*	-0.617#	-0.355	-0.246	-0.030	0.528	0.403	-0.196	0.709
フルタイム	-0.218	0.888*	-0.084	-0.126	-0.373	-0.290	0.483	0.350	-0.578#	0.836**
パートタイム	-0.428	0.091	-0.117	-0.199	-0.151	-0.144	0.244	0.098	-0.961**	0.439
農村	0.245	-1.201	0.129	0.167	0.342	0.469	0.052	0.469	0.224	-0.892
n	472	322	467	791	467	790	474	799	474	322
d.f.	101	72	100	185	100	185	101	186	101	72
LLR	153.26***	65.79	127.95	207.21	108.32	177.76	93.65	187.32	123.29#	89.72#

（資料）　niji VOICE 2018 および PRC 2013 Survey of LGBT Adults のミクロデータの著者による分析.
（注）　日本の性自認性別は性自認と職場での性別が一致するもの，米国の性別は自己申告のもの.
　　　　配偶者等にはパートナーありを含む．子ども同居は日本では子ども，米国では 18 歳未満子との同居.
　　　　# p< 0.1，* p<0.05，** p<0.01，*** p<0.001

での差異も関連しているようにも思われる。

(2) 居住形態・パートナーシップ状態の関連要因

　表6-5 は LGBT 人口における男女別居住形態・パートナーシップ状態の関連要因の 2 項ロジット分析結果を示したものである。この表と表 6-6 では SOGI（両性愛を基準カテゴリーとした，同性愛，トランスジェンダー）が関連要因変数として追加されている。第 1〜2 列は男女別に配偶者・パートナーとの同居の関連要因を示す。第 1 段の第 1 列の日本の出生時女性では短大卒・大学中退・在学中に負の関連があるが，第 2 列の出生時男性ではフルタイム就業に正の関連があり，18〜24 歳，25〜34 歳，35〜44 歳，農村居住に負の関連がある。第 2 段の日本の性自認女性では（両性愛と対比した）トランスジェンダーに負の関連があり，性自認男女総数では女性に正の関連があるほか，トランスジェンダー，18〜24 歳，農村居住に負の関連があるところをみると，性自認男性では重複がない 18〜24 歳，農村居住に負の関連がある可能性が高い。第 3 段の米国の女性ではトランスジェンダーと 18〜24 歳に負の関連があり，男性ではトランスジェンダー，大卒以上，フルタイム就業に正の関連，18〜24 歳，25〜34 歳に負の関連がある。したがって，配偶者・パートナーとの同居の関連要因として日米の女性ではトランスジェンダーの負の関連，男性では 18〜24 歳の負の関連が共通する。後者については性的マジョリティ男性と同じ傾向を示しているのであろう。

　第 3〜4 列は女性のみと男女総数について子どもとの同居の関連要因を示す。第 1 段の第 3 列の日本の出生時女性では（両性愛と対比した）同性愛，トランスジェンダー，18〜24 歳，短大卒・大学中退・在学中に負の関連があるが，第 4 列の出生時男女総数では女性の正の関連は別にして，同じ変数の関連のほか 25〜34 歳に負の関連があることから，出生時男性ではその変数に負の関連がある可能性が高い。第 2 段の日本の性自認女性では同性愛，トランスジェンダー，18〜24 歳，短大卒・大学中退・在学中に負の関連があり，性自認男女総数では女性の正の関連は別にして，同じ変数の関連のほか，25〜34 歳に負の関連があ

るところからみて，性自認男性では 25〜34 歳に負の関連がある可能性が高い。
第 3 段の米国の女性では 25〜34 歳と 35〜44 歳に正の関連があり，同性愛と大
卒以上に負の関連がある。男女総数では女性の正の関連は別にして，同じ変数
の関連のうちで 25〜34 歳に正の関連がないところからみて，男性では 25〜34
歳に負の関連がある可能性が高い。したがって，子どもとの同居の関連要因と
して日米の女性では同性愛の負の関連，男性では 25〜34 歳の負の関連が共通す
る。

　第 5〜6 列は男女別に配偶者等と子の両方との同居の関連要因を示す。第 1 段
の第 5 列の日本の出生時女性ではトランスジェンダーに負の関連があるが，第
6 列の出生時男女総数では同じ変数の関連のほか，同性愛，18〜24 歳，短大卒・
大学中退・在学中に負の関連があることから，出生時男性にはそれらの変数の
負の関連がある可能性が高い。第 2 段の日本の性自認女性では有意な関連があ
る変数がないが，性自認男女総数では同性愛，トランスジェンダー，18〜24 歳，
25〜34 歳に負の関連があるところからみて，また，係数の差と有意水準の差が
大きいところからみて，性自認男性では同性愛と 18〜24 歳に負の関連がある可
能性が高い。第 3 段の米国の女性では 25〜34 歳と 35〜44 歳に正の関連があり，
同性愛に負の関連がある。男女総数では女性の正の関連は別にして，同じ変数
の関連のうちで 25〜34 歳の正の関連が弱くなるところからみて，男性では 25
〜34 歳に負の関連がある可能性が高い。したがって，配偶者等・子同居の関連
要因として日米の女性では共通するものがなく，男性では 25〜34 歳の負の弱い
関連が共通する可能性が高い。

　第 7〜8 列は男女別に独居の関連要因を示すが，第 1 段の第 7 列の日本の出生
時女性ではトランスジェンダーに正の関連があり，パートタイム就業と農村居
住に負の関連があり，第 8 列の出生時男性では大卒以上に正の関連がある。第
2 段の日本の性自認女性では中卒以下に正の関連があり，農村居住に負の関連
があるが，性自認男性では有意な関連がある変数がない。第 3 段の米国の女性
では同性愛に正の関連があり，男女総数では女性の負の関連と同性愛の正の関
連は別にして，トランスジェンダーと 18〜24 歳に負の関連があるところからみ

て，男性ではそれらの変数に負の関連がある可能性が高い。したがって，独居の関連要因として日米の男女とも変数の関連で共通するものがない可能性が高い。

　第 9～10 列は男女別に有配偶等（日本は経験）の関連要因を示すが，第 1 段の第 9 列の日本の出生時女性では同性愛に正の関連があり，第 10 列の出生時男性ではフルタイム就業に正の関連があり，18～24 歳に負の関連がある。第 2 段の日本の性自認女性では同性愛に正の関連があり，トランスジェンダーに負の関連があり，性自認男性では農村居住に負の関連がある。第 3 段の米国の女性ではフルタイム就業とパートタイム就業に負の関連があり，男性ではトランスジェンダー，大学中退等，フルタイム就業に正（女性と逆）の関連があり，18～24 歳に負の関連がある。したがって，有配偶等（経験）との関連要因として日米の女性では共通するものがないが，男性ではフルタイム就業の正の関連と18～24 歳の負の関連が共通する。

(3) 相手別 SOGI 開示の関連要因

　表6-6 は LGBT 人口における相手別 SOGI 開示の関連要因の 2 項ロジット分析結果を示したものである。第 1～2 列は男女別に母親への開示の関連要因を示す。第 1 段の第 1 列の日本の出生時女性では（両性愛と対比した）同性愛，トランスジェンダー，短大卒・大学中退・在学中，大卒以上に正の関連があり，中卒以下に負の関連がある。第 2 列の出生時男性でも同性愛とトランスジェンダーに正の関連がある。第 2 段の日本の性自認女性では同性愛，トランスジェンダー，大卒以上に正の関連があり，性自認男性では同性愛とトランスジェンダーに正の関連がある。第 3 段の米国の女性では同性愛と 18～24 歳に正の関連があり，男性では同性愛に正の関連，大学中退等に負の関連がある。したがって，母親への開示に対する同性愛の正の関連が日米の男女で共通する。

　第 3～4 列は男女別に父親への開示の関連要因を示すが，日本の場合は母親への開示の関連要因とほぼ同じである。第 1 段の第 3 列の日本の出生時女性では同性愛，トランスジェンダー，大卒以上に正の関連があるが，中卒以下に負の

関連がある。第4列の出生時男性でも同性愛とトランスジェンダーに正の関連がある。第2段の日本の性自認女性では同性愛，トランスジェンダー，大卒以上に正の関連があり，性自認男性では同性愛とトランスジェンダーに正の関連がある。また，大卒以上に負の関連があり，女性と逆方向の関連になっている。第3段の米国の女性では同性愛と18～24歳に正の関連があり，パートタイム就業と農村居住に負の関連があるが，男性では同性愛とトランスジェンダーに正の関連，高卒未満と大学中退等に負の関連がある。したがって，父親への開示に対する同性愛の正の関連が日米の男女で共通し，トランスジェンダーの正の関連が日米の男性で共通する。

　第5～6列は男女別にきょうだいへの開示の関連要因を示すが，日本の場合は母親への開示の関連要因とかなり似ている。第1段の第5列の日本の出生時女性では同性愛，トランスジェンダー，大卒以上，フルタイム就業，パートタイム就業に正の関連があり，第6列の出生時男性でも同性愛とトランスジェンダーに正の関連がある。第2段の日本の性自認女性では同性愛と大卒以上に正の関連があり，性自認男性では同性愛とトランスジェンダーに正の関連がある。第3段の米国の女性では同性愛に正の関連，トランスジェンダーに負の関連があるが，男性では同性愛に正の関連，18～24歳と農村居住に負の関連がある。したがって，きょうだいへの開示に対する同性愛の正の関連が日米の男女で共通する。なお，岩本（2022）によれば，「両性愛よりも，同性愛の方が，きょうだいにカミングアウトしやすい」とのことである。

　第7～8列は男女別に友人への開示の関連要因を示すが，日本の場合はきょうだいへの開示の関連要因と似ている。第1段の第7列の日本の出生時女性では同性愛，トランスジェンダー，18～24歳，大卒以上，フルタイム就業に正の関連があり，第8列の出生時男性でも同性愛，トランスジェンダー，25～34歳に正の関連がある。第2段の日本の性自認女性では同性愛，トランスジェンダー，18～24歳，大卒以上に正の関連があり，性自認男性では同性愛，トランスジェンダー，25～34歳に正の関連がある。第3段の米国の女性では大学中退・在学中に正の関連，トランスジェンダーと農村居住に負の関連があり，男性では同

表 6-6　日米の LGBT 人口における男女別相手別 SOGI 開示の関連要因：
二項ロジット分析結果

日本	母親		父親		きょうだい		友人		同僚等	
	出生時女	出生時男	出生時女	出生時男	出生時女	出生時男	出生時女	出生時男	出生時女	出生時男
定数項	-2.338***	-2.623***	-2.950***	-2.170**	-2.487***	-1.644*	-0.689	-0.852	-1.481	-2.304**
出生時女性	-									
同性愛	1.467***	1.967***	1.332***	1.619**	1.345***	1.327**	1.249***	1.808***	1.074	1.471**
トランス	2.332***	2.971***	2.836***	2.520***	2.054***	1.838***	1.523***	1.320**	1.729	2.837***
18～24歳	0.455	0.349	0.645	-0.367	0.235	0.001	0.922#	0.821	0.115	0.182
25～34歳	0.284	0.312	0.238	-0.316	0.035	-0.015	-0.015	1.147#	-0.050	0.130
35～44歳	-0.427	-0.286	-0.034	-0.617	0.018	-0.154	-0.365	0.862	-0.315	0.022
中卒以下	-1.197#	0.171	-1.308#	-0.004	0.092	0.004	-0.452	-0.280	-0.236	-0.773
短卒・中退	0.603#	-0.275	0.171	0.094	-0.083	0.308	0.080	0.848	-0.371	0.060
大卒以上	0.497*	-0.113	0.598#	-0.359	0.431#	-0.056	0.704**	0.317	0.213	0.131
フルタイム	0.602	0.242	0.377	0.073	0.769#	-0.099	0.846#	-0.043	0.309	0.333
パートタイム	0.776	0.246	0.462	0.291	1.093*	-0.577	0.122	0.305	-	-
農村	0.587	0.384	-0.298	0.463	0.499	-0.348	0.173	0.392	-0.163	-0.133
n	424	365	424	365	424	365	424	365	393	330
d.f.	94	80	94	80	94	80	94	80	72	81
LLR	111.65	98.24#	113.26#	92.17	123.18*	113.06**	118.32	79.71	84.98	44.97

日本	母親		父親		きょうだい		友人		同僚等	
	性自認女	性自認男	性自認女	性自認男	性自認女	性自認男	性自認女	性自認男	性自認女	性自認男
定数項	-2.114***	-2.422**	-2.321***	-1.440	-1.967**	-2.426**	-0.589	-1.529#	-1.567**	-2.675**
性自認女性	-									
同性愛	1.410***	1.918***	1.283***	1.514*	1.356***	1.503**	1.239***	1.921***	1.064***	1.679***
トランス	1.643***	2.049**	1.771***	2.146***	-0.132	1.907**	1.631**	1.734*	1.519**	0.733
18～24歳	0.520	0.400	0.511	-0.510	0.097	0.665	0.935*	0.836	0.142	0.345
25～34歳	0.348	0.465	0.183	-0.287	-0.074	0.796	-0.159	1.407*	0.170	0.070
35～44歳	-0.018	-0.414	0.187	-0.804	0.025	0.455	-0.145	0.936	0.038	-0.117
中卒以下	-0.943	0.039	-1.275	-0.270	-0.211	0.667	-0.479	0.953	0.261	-1.601
短卒・中退	0.313	-0.495	0.457	0.094	0.156	0.472	0.617	0.835	-0.427	-0.121
大卒以上	0.448#	-0.210	0.719*	-0.594*	0.467*	-0.169	0.617*	0.206	0.184	0.235
フルタイム	0.302	0.110	-0.362	-0.384	0.254	-0.085	0.776	0.485	0.222	0.500
パートタイム	0.628	0.394	-0.036	0.247	0.696	-0.912	-0.015	1.021	-0.102	-0.019
農村	0.612	0.052	-0.571	-0.488	0.411	-0.929	0.104	0.089	-	-
n	374	308	374	308	374	308	374	308	347	288
d.f.	85	54	85	54	85	54	85	54	65	43
LLR	101.70	70.08#	109.43*	53.38	114.97*	68.16#	108.38	52.07	79.69	59.20

米国	母親		父親		きょうだい		友人		同僚等	
	女性	男性	女性	男性	女性	男性	女性	男性	女性	男性
定数項	-0.664#	-0.192	-1.165**	-1.646**	0.482	-0.998#	2.672***	-0.123	0.361	-0.608
女性										
同性愛	1.336***	1.962***	1.047***	2.270***	1.083***	2.032***	0.561	2.933***	2.179***	2.466***
トランス	-0.221	0.460	0.160	1.367*	-1.338#	-0.280	-2.213**	-0.222	0.202	0.517
18～24歳	0.550#	-0.577	0.611#	-0.582	-0.239	-0.838#	-0.196	-0.519	-0.095	-0.053
25～34歳	0.301	0.511	0.197	0.439	-0.163	0.236	-0.052	1.369*	-0.333	0.738#
35～44歳	0.525	0.558	-0.009	0.123	-0.349	0.246	-0.435	1.154*	0.215	0.391
高卒未満	-0.411	-1.388	-0.983	-2.352*	-0.475	0.906	-0.712	-0.885	0.422	-0.373
大学中退等	0.410	-1.044*	0.334	-0.801#	-0.176	-0.092	1.185*	0.679	-0.241	-1.530*
大卒以上	0.283	-0.829	0.469	-0.435	-0.428	0.088	0.230	0.211	-0.582	-0.877
フルタイム	-0.003	-0.179	-0.222	0.136	0.149	-0.237	-0.731	-0.557	0.186	1.006*
パートタイム	-0.397	-0.021	-0.591#	0.100	0.367	0.304	0.020	0.031	-	-
農村	0.352	-0.273	-0.573#	-0.498	0.206	-1.594*	-0.833#	-0.389	0.374	1.056
n	474	323	474	323	474	323	474	323	354	250
d.f.	101	72	101	72	101	72	101	72	62	48
LLR	162.22***	110.70**	123.13#	98.72*	122.38#	95.54*	99.64	66.90	78.18#	55.13

（資料）　niji VOICE 2018 および PRC 2013 Survey of LGBT Adults のミクロデータの著者による分析.
（注）　日本の性自認性別は性自認と職場での性別が一致するもの，米国の性別は自己申告のもの.
#p< 0.1,　* p<0.05,　** p<0.01,　*** p<0.001

性愛，25〜34歳，35〜44歳に正の関連がある。したがって，友人への開示に対する同性愛と25〜34歳の正の関連が日米の男性で共通するが，後者は日米の女性でも共通する。

　第9〜10列は男女別に同僚等への開示の関連要因を示す。第1段の第9列の日本の出生時女性では有意な関連がある変数がないが，第10列の出生時男性では同性愛とトランスジェンダーに正の関連がある。第2段の日本の性自認女性では同性愛とトランスジェンダーに正の関連があるが，性自認男性では同性愛のみに正の関連がある。第3段の米国の女性では同性愛に正の関連があるが，男性では同性愛，25〜34歳，フルタイム就業に正の関連があり，大学中退等に負の関連がある。したがって，同僚等への開示に対する同性愛の正の関連が日米の男女で共通する。

おわりに

　日本ではLGBT人口，特にレズビアンの子育て（家族）に関する研究というと新たに生んだり，養子に迎えたりする子どもに関するものが目に付く。しかし，米国ではそのような研究が盛んになる前の時期におけるレズビアンの子育て（家族）の研究は，レズビアンの母親がシスジェンダー・ヘテロセクシュアルの父親男性との異性関係解消後（PHRD）の子育て（家族）に関するものが中心であったとのことである（Tasker and Lavender-Scott 2020）。日本では同性婚が認められていないためか，LGBT家族の研究が少なく，そこでの子育てに関する研究はあまり見かけない。それを含むものとしてSambe（2020）による質的分析があるし，新ケ江ら（2022）の機縁型中規模ウェブ調査の結果でも限定的ながら，量的に示されている（2つの文献は釜野さおり先生の示唆による）。

　他方，米国でもバイセクシュアルの男性がシスジェンダー・ヘテロセクシュアルの女性と結婚して親になるのは現在でも珍しいことではないようであるし，かつてはゲイも同様に親になる場合もあったようである。前述の小森田（2021）

によれば，日本ではゲイとバイセクシュアルの男性の 24% が女性と結婚しているので，特にバイセクシュアル男性は親になっている場合も少なくないであろう。米国でもこのような異性関係解消後にゲイの男性が子どもを引き取って育てることは多くないのかもしれないが，米国人口学会誌 *Demography* にはゲイ・カップル，レズビアン・カップル，ヘテロセクシュアル・カップルの子育て時間を比較した研究ノート（Prickett et al. 2015）が掲載されていることからも明らかなように，同性カップルの子育てがまれなことではないし，人口研究者の関心対象になっている。

　現在の日本では大規模な人口・家族関係の調査で SOGI を尋ねるものがほとんどない。しかし，本章の分析対象から除外した Q や X が特に若い女性に多いようなので，そのような区分も含めた SOGI を既存の大規模調査で尋ね，ミクロデータを研究者に公開すれば，SOGI 区分別の家族形成（パートナーシップ形成を含む）や子育てに関する分析結果に基づいて平等化に関するきめ細かな公共政策（例えば，Waaldijk 2017）を提案することも可能になろう。

　本章の分析（一部対象者の除外）についての事後的な自戒でもあるが，Guyan（2022）が述べている通り，データのクリーニングや分析の際の"straightwashing"（性的マイノリティ特性の除去）は控えるようにすべきであろう。欧米で X や Q といった LGBT 以外の SOGI 区分の出現頻度が低かったのはそのためかもしれない。実際，マイヤーら（Meyer et al. 2021）は，トランスジェンダーか否かを尋ねてノンバイナリーの対象者を振り分けた 2016〜2018 年の調査の結果をもとに，米国ではノンバイナリーがシスジェンダーの LBQ 女性の 8%，シスジェンダーの GBQ 男性の 6%，トランスジェンダーの 31% を占め，LGBT 人口の 11% に当たると推計している。また，2022 年の PRC 成人調査によれば，全成人の 0.6% がトランスジェンダー，1.0% がノンバイナリーで，若年層ではそれぞれ 3 倍程度の割合を占めている（Brown 2022）。さらに，最近刊行された全米学術・工学・医学会議報告書（NASEM 2022）は調査設問でノンバイナリー等を選択肢に加えることを提案している。本章で用いた PRC 調査の公開データではクリーニングの結果か，LGBT 以外の対象者がほとんどみられ

なかったことから，比較と多変量解析を容易にするため，虹調査の分析の際にはノンバイナリー等の対象者を除外したが，有効標本に含まれたヘテロセクシュアルの回答者にはシスジェンダーのノンバイナリーが含まれていた可能性があるので完全に除外すべきではなかったのかもしれないし，トランスジェンダーのうちの FTX 等・MTX 等やその他の回答者はノンバイナリーとしてまとめて分析対象に含めるべきであったのかもしれない。

　千年（2021）の大阪市民調査の分析によれば，過去 5 年間の無性愛（Q や X を含む）の回答傾向と無経験（同性・異性とのセックスなしを含む）の回答傾向が女性で強い。これが SOGI の曖昧な認識がセックスの経験を抑制する傾向が近年の日本で強いことを意味するのであれば，若年女性においてバイセクシュ

付表　度数分布図

日本	出生時性別			性自認性別		
	女性	男性	総数	女性	男性	総数
女性	100.0%	–	53.7%	100.0%	–	54.8%
同性	38.7%	68.5%	52.5%	43.6%	81.2%	60.6%
トランス	17.0%	19.5%	18.1%	7.2%	5.2%	6.3%
18〜24歳	38.7%	24.9%	32.3%	39.0%	26.0%	33.1%
25〜34歳	32.8%	36.7%	34.6%	31.0%	39.6%	34.9%
35〜44歳	22.2%	29.6%	25.6%	23.3%	26.3%	24.6%
高卒未満	3.8%	4.7%	4.2%	3.7%	3.9%	3.8%
短卒・中退	14.2%	12.1%	13.2%	14.4%	10.1%	12.5%
大卒以上	47.2%	53.4%	50.1%	48.9%	56.8%	52.5%
フルタイム	80.0%	80.8%	80.4%	78.1%	85.7%	81.5%
パートタイム	12.7%	9.6%	11.3%	14.7%	7.8%	11.6%
農村	8.5%	6.6%	7.6%	8.0%	4.9%	6.6%
N	424	365	789	374	308	682

米国	性別		
	女性	男性	総数
女性	100.0%	–	59.3%
同性	34.8%	74.3%	50.7%
トランス	2.3%	5.0%	3.5%
18〜24歳	21.5%	9.9%	16.9%
25〜34歳	37.3%	25.4%	32.4%
35〜44歳	18.1%	22.0%	19.6%
高卒未満	5.1%	2.8%	4.1%
大学中退等	41.4%	37.2%	39.7%
大卒以上	36.9%	50.8%	42.4%
フルタイム	56.3%	64.1%	59.3%
パートタイム	18.4%	13.3%	16.4%
農村	13.1%	4.6%	9.8%
N	474	323	799

（資料）　niji VOICE 2018 および PRC 2013 Survey of LGBT Adults の個票データの著者による分析.
　（注）　日本の性自認性別は性自認と職場の性別が一致するもの．米国の性別は自己申告のもので総数には不詳 2 ケースを含む.

アルやノンバイナリーの出現頻度が高いことと相まって，認識する SOGI の曖昧さが性行動や家族形成行動を抑制している可能性がある。これには性的（セクシュアル・ジェンダー）マイノリティが幼少期からいじめや虐待の対象になりやすいことをみてきたことが関係しているようにも思われる。2000 年代初頭から米国の結婚教育政策（van Acker 2008）の影響もあってか再強化されたようにみえる，バイナリーなジェンダーを前提とする純潔教育的な性教育から，セクシュアリティや SOGI の多様性に関する情報を幼少期から，発達段階に応じて教えて行くような，国際標準の包括的セクシュアリティ教育（ユネスコ 2020）に移行すべき時期なのかもしれない。また，LGBT 人口を含む全人口における家族形成を支援するためには教育分野以外の公共政策も SOGI の多様性を前提とするようなものに変えていく必要があろう。

〈謝辞〉二次分析に当たり，東京大学社会科学研究所附属社会調査・データアーカイブ研究センター SSJ データアーカイブから「Niji VOICE 2018」（虹色ダイバーシティ・国際基督教大学ジェンダー研究センター）の個票データの提供を受けました。また，Pew Research Center から 2013 Survey of LGBT Adults データの提供を受けました。さらに，本章の草稿に対して貴重なコメントをくださった岩本健良先生（金沢大学）と釜野さおり先生（国立社会保障・人口問題研究所）に謝意を表する次第です。

参考文献

岩本健良（2022）「本章草稿に対するコメント」（5 月 6 日受領）。

大塚薫（2017）「LGBT についてどのような質問がなされてきたのか―性的マイノリティについての研究動向―」『グローカル研究』No.4, pp.27-67。

釜野さおり・小山泰代・千年よしみ・布施香奈・山内昌和・岩本健良・藤井ひろみ・石田仁・平森大規・吉仲崇（2019）「大阪市民の働き方と暮らしの多様性と共生にかんするアンケート―結果速報および Q&A より―」『人口問題研究』Vol.75 (3), pp.248-253。

小島宏（2019）「タイの若者における性的志向・性行動の関連要因」日本社会学会第
　　92 回大会報告（2019.10.5）。

小島宏（2020）「LGBT 人口の意識・行動と関連要因：米国の LGBT 調査ミクロデー
　　タの分析を中心に」人口学研究会第 625 回例会報告（2020.12.19，中央大学オン
　　ライン）。

小森田龍生（2021）「日本におけるゲイ・バイセクシュアル男性のメンタルヘルスに
　　関する調査報告（量的調査編）」『専修人間科学論集・社会学篇』Vol.11 (2), pp.99-
　　107。

新ケ江章友，長村さと子，茂田まみこ，渡辺ゆきこ，手塚りさ，高橋千春，吉田ひか
　　る（2022）「日本における性的マイノリティの出産・子育てに関する実態把握に関
　　する調査報告—2021 年に実施したインターネット調査の結果から—」『人権問題
　　研究』Vol.19, pp.55-87。

千年よしみ（2021）「ミックスモード調査における郵送・ウェブ回答の回答分布の比
　　較—住民基本台帳からの無作為抽出による SOGI をテーマとした調査から—」『人
　　口問題研究』Vol.77 (1), pp.1-20。

電通（2021）「電通，〈LGBTQ+ 調査 2020〉を実施」（2021 年 4 月 8 日 News Release）
　　（https://www.dentsu.co.jp/news/release/2021/0408-010364.html, 2022 年 3 月 21 日閲
　　覧）。

名古屋市総務局総合調整部男女平等参画推進室（2018）『性的少数者（セクシュアル・
　　マイノリティ）など性別にかかわる市民意識調査（調査結果報告書）』（https://
　　www.city.nagoya.jp/sportsshimin/cmsfiles/contents/0000112/112536/30hokokusho.pdf,
　　2022 年 3 月 21 日閲覧）。

虹色ダイバーシティ・国際基督教大学ジェンダー研究センター（2018）「LGBT と職場
　　環境に関するアンケート調査 2018」（https://nijibridge.jp/wp-content/uploads/2020/
　　11/nijiVOICE2018.pdf，2022 年 3 月 21 日閲覧）。

平森大規・釜野さおり著，郭水林・小西優実訳（2021）「性的指向と性自認のあり方
　　を日本の量的調査でいかにとらえるか—大阪市民調査に向けた準備調査における
　　項目の検討と本調査の結果—」『人口問題研究』Vol.77 (1), pp.45-67。

ユネスコ編，浅井春夫ほか訳（2020）『国際セクシュアリティ教育ガイダンス・改訂
　　版—科学的根拠に基づいたアプローチ—』明石書店。

Brown, Anna（2019）"Bisexual Adults are Far Less Likely Than Gay Men and Lesbians to be 'Out' to the People in Their Lives" PRC（https://www.pewresearch.org/fact-tank/2019/06/18/bisexual-adults-are-far-less-likely-than-gay-men-and-lesbians-to-be-out-to-the-people-in-their-lives/,　2022 年 3 月 19 日閲覧）.

Brown, Anna（2022）"About 5% of Young Adults in the U.S. Say Their Gender is Different from Their Sex Assigned at Birth" PRC（https://www.pewresearch.org/fact-tank/2022/06/07/about-5-of-young-adults-in-the-u-s-say-their-gender-is-different-from-their-sex-assigned-at-birth/,　2022 年 6 月 8 日閲覧）.

Chamratrithirong, A, S. Kittisuksakit, C. Podhisita, P., Isarabhakdi, M. Sabalying（2007）*National Sexual Behavior Survey of Thailand*, Nakhon Pathom: Institute for Population and Social Research, Mahidol University.

Conron, Kerith J. and Shoshana K. Goldberg（2020）"Adult LGBT Population in the United States"（https://williamsinstitute.law.ucla.edu/wp-content/uploads/LGBT-Adult-US-Pop-Jul-2020.pdf,　2022 年 3 月 19 日閲覧）.

Doan, Long and Trenton D. Mize（2020）"Sexual Identity Disclosure among Lesbian, Gay, and Bisexual Individuals," *Sociological Science* Vol.7, pp.504-527

Gates, Gary J.（2011）"Sexual Minorities in the 2008 General Social Survey: Coming Out and Demographic Characteristics," Williams Institute, UCLA（https://williamsinstitute.law.ucla.edu/wp-content/uploads/Coming-Out-Demo-GSS-Oct-2010.pdf,　2022 年 3 月 24 日閲覧）.

Gates, Gary J.（2014）"LGBT Demographics: Comparisons among population-based surveys," Williams Institute, UCLA（https://williamsinstitute.law.ucla.edu/wp-content/uploads/LGBT-Demographics-Comparison-Oct-2014.pdf, 2022 年 3 月 19 日閲覧）.

Guyan, Kevin（2022）*Queer Data: Using Gender, Sex and Sexuality Data for Action,* London: Bloomsbury Academic.

Haltom, Trenton M. and Shawn Ratcliff（2021）"Effects of Sex, Race and Education on the Timing of Coming Out among Lesbian, Gay and Bisexual Adults in the U.S.," *Archives of Sexual Behavior*, Vol.50(3), pp.1107-1120.

Johnson, Jeffrey M.（2017）"In U.S., 10.2% of LGBT Adults Now Married to Same-Sex

Spouse," Gallup: https://news.gallup.com/poll/212702/lgbt-adults-married-sex-spouse.aspx, 2022 年 3 月 23 日閲覧).

Meyer, Ilan H., Bianca D. M. Wilson, and Kathryn O' Neill (2021) "LGBTQ People in the US: Select Findings from the Generations and TransPop Studies," Williams Institute, UCLA (https://williamsinstitute.law.ucla.edu/wp-content/uploads/Generations-TransPop-Toplines-Jun-2021.pdf, 2022 年 3 月 23 日閲覧).

National Academies of Sciences, Engineering, and Medicine/NASEM (2020) *Understanding the Well-Being of LGBTQI+ Populations*. Washington, D.C.: The National Academies Press.

National Academies of Sciences, Engineering, and Medicine (2022) *Measuring Sex, Gender Identity, and Sexual Orientation*, Washington, D.C: The National Academies Press.

Newport, Frank (2018) "In U.S., Estimate of LGBT Population Rises to 4.5%," Gallup (https://news.gallup.com/poll/234863/estimate-lgbt-population-rises.aspx, 2022 年 3 月 19 日閲覧).

Pew Research Center (2013) "A Survey of LGBT Americans," PRC (https://www.pewresearch.org/social-trends/2013/06/13/a-survey-of-lgbt-americans/, 2022 年 3 月 16 日閲覧).

Prickett, Kate C., Alexa Martin-Storey and Robert Crosnoe (2015) "A Research Note on Time with Children," *Demography*, Vol.52(3), p.905-918.

Reczek, Corinne (2020) "Sexual- and Gender-Minority Families: A 2010 to 2020 Decade in Review," *Journal of Marriage and Family*, Vol.82(1), pp.300-325.

Sambe, Michiko and Minata Hara (2019) "Heterosexual Marriage and Childbirth as a 'Natural Course of Life'," Y. Shiobara, K. Kawabata and J. Matthews (eds.), *Cultural and Social Division in Contemporary Japan*, London: Routledge, pp.181-196.

Son, Daye and Kimberly A. Updegraff (2021) "Sexual Minority Adolescents' Disclosure of Sexual Identity to Family: A Systematic Review of Conceptual Framework," *Adolescent Research Review* (https://doi.org/10.1007/s40894-021-00177-y, 2022 年 3 月 19 日閲覧).

Tasker, Fiona and Erin S. Lavender-Scott (2020) "LGBTQ Parenting Post-Heterosexual Relationship Dissolution," Abbie E. Goldberg and Katherine R. Allen (eds.), *LGBTQ-*

Parent Families: Innovations in Research and Implications for Practice, 2nd Ed., Cham: Springer, pp.3-23.

Van Acker, Elizabeth（2008）*Governments and Marriage Education Policy: Perspectives from the UK, Australia and the US.*, Houndmills and New York: McMillan Palgrave.

Waaldijk, Kees (ed.)（2017）"More and More Together: Legal Family Formats for Same-sex and Different-sex Couples in European Countries," *Families And Societies Working Paper* 75（http://www.familiesandsocieties.eu/wp-content/uploads/2017/04/WorkingPaper75.pdf，2022 年 6 月 2 日閲覧）.

Williams Institute, UCLA（2019）"LGBT Demographic Data Interactive,"（https://williamsinstitute.law.ucla.edu/visualization/lgbt-stats/?topic=LGBT#about-the-data，2022 年 3 月 19 日閲覧）.

（小島　宏）

第7章　性的指向と性自認のあり方の人口学的研究：
SOGIと人口学的属性

はじめに

　この章の目的は，性的指向と性自認のあり方（以下，Sexual Orientation and Gender Identity の頭文字をとったSOGIと表記）と人口学的属性との関連を，日本（大阪市）で行われた調査のデータを使って示すことである。日本においてはこうした量的研究がほとんどないため，まず，社会調査でいかにSOGIをたずねるかの研究動向をレビューする。次に，それに基づき諸外国におけるSOGI別の人口学的属性による分析結果を紹介する。その上で日本の文脈において筆者らが実施した「大阪市民調査」のデータを用いてSOGIと人口学的属性とのクロス集計および多変量解析をした結果を示す。

　人々のSOGIを，社会調査等を通じて特定することによって，同性愛者，両性愛者，トランスジェンダーなど，あるカテゴリーに属すると分類された人とそれ以外の人の間での比較が可能となる。したがって，SOGIによる社会的差異や格差が存在するのか，どのような差異や格差がどの程度存在するのかを把握できることが，量的調査においてSOGIを調査する重要な目的であると筆者らは考えている。SOGIを調査で捉えるのは，それぞれに属する人の人口割合を知ることが最終目的ではなく，捉えることで，SOGIにおけるマイノリティとそれ以外の人たちの状況の比較を可能とするためである，という認識は，多くの研究者の間で共有されている（たとえば，Gates 2012）。

　今回の試みは，性的な願望や個人の性的指向を「私的なこと」と考えるのではなく，分析カテゴリーとして社会的に捉えていく必要があるとの考えに基づ

く。すなわち，SOGI を含むセクシュアリティ全般を分析カテゴリーとしてみることで，階層的な意味合いや歴史的，政治的，社会的な特徴に目を向けることにつながる（Rubin 1992）。ルービンは，社会の複雑なシステムが，性に関わるアイデンティティや行動の基本となっていると指摘している（Rubin 1992）。

　以下の第 1 節では，本章で用いる性的指向と性自認のあり方にかかわる用語と指標を整理する。

第 1 節　性的指向と性自認のあり方：用語と指標

(1) 性的指向

　「性的指向」とは，恋愛感情や性的感情が，どの性別の人に向くか（あるいは向かないか）を意味する言葉である。異性に向くのが異性愛，同性に向くのが同性愛，異性にも同性にも向くのが両性愛で，相手にかかわらずそうした感情をもたない場合は無性愛とされる。こうした指向をもつ人々に，順に，異性愛者（ヘテロセクシュアル），同性愛者（ホモセクシュアル），両性愛者（バイセクシュアル），無性愛者（アセクシュアル）というラベルが用いられている。また，男性の同性愛者をゲイ，女性の同性愛者をレズビアンという。これらのラベルは，当人たちがそのラベルを自分に当てはめてそのアイデンティティをもつ（たとえば，「自分は○○だ」）か否かにかかわらず用いられることもあれば，本人が自己のアイデンティティとして認識している場合に限って使われることもある。いずれにしても，性的指向によって人を定義し，分類するのは近代社会の産物であり，歴史研究や思想研究においては，その成り立ちや経緯が詳細に分析されているが（Greenberg 1988, Katz 2007），本章では現代における人口学的分析に特化する。これまで行われてきた人口学的研究においては，便宜上，人々を性的指向によって分類し，それぞれのカテゴリーに含まれる人数と全体に対する割合，そして，それぞれのカテゴリーに属する人々の人口学的な特性を記述してきた。

　第 2 節の性的指向の測定の部分で詳しく説明するが，異性に恋愛的感情や性

的惹かれを経験する人の多くは,「異性愛者」であるという認識をもっていない。異性愛者であることが前提になっている社会の中でそれが当たり前とされている環境に置かれているため,あえて自身の性的指向について考える必要がないからである。したがって,社会調査において人々の性的指向アイデンティティを捉える設問の検討では,「異性愛者が異性愛者であることを示す回答ができるかどうか」が大きな課題となる。異性愛者が,間違って同性愛者や両性愛者であることを示す回答をした場合,絶対数の少ない同性愛者と両性愛者の人数・割合が過大推定される。同性愛者・両性愛者が異性愛者と回答することで異性愛者の人数・割合に与える影響に比べると,前者の方が圧倒的に大きく,統計上問題になるため,これを「異性愛者問題」と呼んでいる（Hiramori and Kamano 2020a）。

(2) 出生時の性別と性自認のあり方

　ここでは性別を出生時に割り当てられた性別（出生時の性別）と性自認に分けて考える。生まれた時に,男か女かに割り当てられるその性別を出生時の性別という(3)。

　出生時の性別とは別に,本人が自分の性別をどのように認識しているかを性自認という。出生時の性別と同じ性別を自認する場合は,シスジェンダーという。一方,そうではない状態,つまり,出生時の性別とは異なる性別である,あるいは性別がない,男性でも女性でもある,といった認識をもつ場合を,ここでは「トランスジェンダー」と一括することにする。出生時は男性であり,自分の性別の認識が女性であるトランス女性（MTF）,出生時は女性で自分の認識が男性であるトランス男性（FTM）,また,男性もしくは女性という認識をもたない X ジェンダー,性別がない,あるいは男性でも女性でもある,といったさまざまな状態があるが,本章では出生時の性別と異なる認識をもつ人や,出生時の性別に違和感をもつ人を含め,広く定義する。トランスジェンダーの定義はさまざまであり,このように広く捉える場合もあれば,出生時男性が女性として,出生時女性が男性として生きている人のみを指す場合もある。さ

らに狭義では身体面も性別適合手術によって自認する性別に変更した人に限定する場合もある。

　なお，男性あるいは女性のいずれかの認識をもつ人の場合，その人の性自認のみを把握すると，それが出生時の性別と同じか否かがわからないため，トランスジェンダーであるかシスジェンダーであるかの区別ができない。そこで，ここではその区別も含めて「性自認のあり方」としている（釜野 2020）。フローレンス・アシュリー（Ashley 2022）が提起した出生時の性別と性自認の関係のありようを表す gender modality（ジェンダー様相）（武内 2021）も，基本的には同じ考え方に基づいている。この概念は，シスジェンダー・トランスジェンダーの別を捉えるのみでなく，ノンバイナリーや，インターセックス（性分化疾患）など多様な状態の人々がもつ性の認識を包含できる，とアシュリーは説明しており，今後の展開が期待される。

　社会調査で性的指向や性自認のあり方を捉えることの難しさは，こうした定義の問題とも関わっている（釜野 2022b）。SOGI は調査によって把握できる，測定可能なものである，というアプローチに対しても，また SOGI を人びとの特性・属性として分析対象とすることについても，一定の批判がつきまとう。そんなに単純なものではない，測ってどうするのだ，数えて何になるのか，といったように，異なる個をカテゴライズしてくくることや，把握することで「誰が性的マイノリティなのか」を特定し，それが管理の対象とされ差別を生み出すのでは，といった懸念は，常に存在してきた（Browne 2010）。一方で，何らかの形で調査によって SOGI を捉え，多様な状況を数値で示すこと，そしてカテゴリー間の差異・格差の有無やその度合いを統計的に検証して，エビデンスとして提示できる可能性も評価されている[4]。

　本章では，さまざまな立場があることを認識した上で，一定の定義のもと，人々を同性愛者，両性愛者，シス男性，シス女性，トランス男性，トランス女性といった形でデータから特定して集計し，その結果を示す。なお，ゲイ，レズビアン，バイセクシュアル，もしくは同性愛者，両性愛者など性的指向におけるマイノリティに言及する際には英語の sexual minorities に対応させて「セ

クシュアル・マイノリティ」，加えて性自認のあり方におけるマイノリティ（トランスジェンダーなど）も含める場合（LGBT など）は，sexual and gender minorities に対応するとみなせる「性的マイノリティ」を用いる（釜野 2020）。

第 2 節　SOGI の指標と調査での捉え方の先行研究

(1) 性的指向に関する先行研究

　かつては個人の性的指向や性自認のあり方を直接たずねた調査データがほとんどなかったため，2000 年代以前は，アメリカセンサス局が収集してきた同居している同性カップルのデータを用いて，LGB に関する人口分析がなされていた（Gates 2014）。2000 年代になって，代表性のある大規模調査に性的指向を捉える設問が含まれるようになったことで，セクシュアル・マイノリティとそれ以外の人々の人口学的特性の比較検証が可能となった。

1) 性的指向の複数の指標と調査での捉え方

　性的指向については，性行動（性関係の相手），性的惹かれ，性的指向アイデンティティの 3 つの次元が主に取り上げられてきた[5]（Laumann et al. 1994）。日本で行われてきた調査では「好きになる性別」のように，性的惹かれとは別次元である恋愛的惹かれの対象が単独で性的指向の指標として用いられることが多いという特徴がある（Hiramori and Kamano 2020a）。しかし，近年は欧米においても，アセクシュアルを多元的スペクトラムとして捉える試みの一環で，アセクシュアル（性的惹かれの欠如）とアロマンティック（恋愛的に惹かれない，またはほとんど惹かれない）とを区別するために恋愛的惹かれにも着目し，性的な側面についてもさらに性的興奮，性器の刺激，性的な欲求などに細かく分て捉える研究もある（Bogaert 2012）。

　レズビアン，ゲイ，バイセクシュアルなど，性的指向のマイノリティのみを対象にした調査ではなく，マイノリティではない人たちが対象者の大半を占める一般人口（人口全般）を対象にした調査において，性的指向をどのように測

るのかの検討およびその実践は，2000年代になって英語圏諸国で多くみられるようになった。たとえばアメリカのセクシュアル・マイノリティ・アセスメント研究チーム（Sexual Minority Assessment Research Team: SMART）は，ウィリアムズ研究所（The Williams Institute）によって組織・支援されている学術研究グループであり，2003年からこの課題に取り組み，調査におけるガイドラインをベストプラクティスとして2009年に公表している。ここで提案された性的指向アイデンティティの問いは，「あなたは自分自身をどれであると考えていますか。(a) ヘテロセクシュアルまたはストレート，(b) ゲイまたはレズビアン，(c) バイセクシュアル」，性行動については，「過去（年数などの期間を挿入）に誰とセックスをしたことがありますか。(a) 男性のみ，(b) 女性のみ，(c) 男女両方，(d) セックスをしたことがない」，性的惹かれについては，「他者に対する性的惹かれは人によって異なります。あなたのお気持ちを最もよく表しているのはどれですか。(a) 女性のみに惹かれる，(b) ほとんど女性に惹かれる，(c) 男性と女性に同じくらい惹かれる，(d) ほとんど男性に惹かれる，(e) 男性のみに惹かれる，(f) わからない」[6]というものである（SMART 2009）。提言の一部は，和文にて平森・釜野（2020=2021）でも紹介されている。

　アメリカではさらに2015年に連邦政府による調査における性的指向と性自認の測定を改善するための連邦省庁間作業部会を通じて方法論的研究が実施され，報告書が公表された（Federal Interagency Working Group on Improving Measurement of Sexual Orientation and Gender Identity in Federal Surveys, 2016）。直近ではNational Academies of Sciences, Engineering, and Medicine（2022）において，委員会を立ちあげ，この課題に取り組み，その結果が出版されている。過去の専門委員会等における検討結果を踏まえ，最新の情報に基づく設問の提案がなされている。連邦政府に対しては，活動全体を通じてこれらのデータ収集の指針となる基準を策定するよう求めている。

　カナダでも2003年のカナダ地域健康調査（Canadian Community Health Survey: CCHS）や2004年のカナダ版総合的社会調査（Canadian General Social Survey: CGSS）に性的指向の問いを含めており，専門家の意見聴取，LGBTQ2+

当事者（LGBT に加え，クィアの Q，クエスチョニングの Q，それ以外の性的マイノリティの＋も含む）およびシスジェンダー・ヘテロセクシュアルを対象とするフォーカス・グループ・ディスカッション，オンラインでの意見聴取，認知インタビュー等によって性的指向の設問や調査方法の検討を行った（Statistics Canada 2020）。2003 年の CCHS では，「あなたは次のどれだと思いますか」とたずね，「ヘテロセクシュアル（異性との性的関係）」「ホモセクシュアル，すなわちレズビアンまたはゲイ（自分と同じ性別の人との性的関係）」「バイセクシュアル（両方の性別の人との性的関係）」の３つの選択肢が用いられていた。つまり，当初は性的な関係の相手の性別によって，性的指向を定義していたことがわかる。その後，上記の検討を経て，2020 年には「あなたの性的指向はなんですか」「あなたはご自分を，――だと思いますか」とたずね，選択肢には「ヘテロセクシュアル」「レズビアンまたはゲイ」「バイセクシュアル」「その他，具体的に」を含めている（Statistics Canada 2020）。

　イギリスにおいては，人種，ジェンダー，障がい，宗教・信条，年齢と並んで，性的指向，婚姻および（同性間の）市民的パートナーシップ，性別移行についても，平等政策で差別禁止等に取り組むべき保護特性として議論された（のちに 2010 年制定の平等法に明記された）こと（legislation.gov.uk 2013）をきっかけの１つとして，プロジェクトが立ち上がる。性的指向を捉えるための設問を策定して試験調査を行った上でガイドラインを作成するために性的指向アイデンティティプロジェクト（Sexual Identity Project）を 2006 年に組織し，調査員による聞き取りや電話でのインタビューの試行など数々の質的および量的研究を重ねてマニュアルが示された。自記式の調査票を用いた試験調査は実施されていないが，ガイドラインでは「つぎの選択肢のうち，あなたにもっとも当てはまるのはどれですか」とたずね，「ヘテロセクシュアルもしくはストレート」「ゲイまたはレズビアン」「バイセクシュアル」「その他」「答えたくない」の選択肢を用いる設問が提案されている[7]。

　ニュージーランドにおいても，2003 年より同国の統計局において，セクシュアル・マイノリティの人口規模や構成，分布を知ることに関心がもたれ，性的

162

指向についてのデータを集める課題に取り組む必要性が認識されたため，社会開発省はニュージーランド統計局と保健省と共同で，2009 年に性的指向データ収集研究（Sexual Orientation Data Collection Study）を立ち上げた。社会開発省から，外部の研究者と統計学者に委託し，独自に研究を実施した。まずどのように性的指向を測定しどのように集計すべきか，調査方法や設問を含めることの人々による受容などを検討した。同国の健康調査では「次のうちあなたにもっとも当てはまる選択肢はどれだと思いますか？：ヘテロセクシュアルもしくはストレート，ゲイまたはレズビアン，バイセクシュアル，その他」という問いを用いている（Ministry of Health New Zealand 2019）。

　英語圏以外の国においても，こうした試みがなされている。たとえばノルウェーでは，性的指向を統計局による調査におけるコアの問いに含めるかを見極めるため，準備プロジェクトで検討を重ねた上で，2008 年生活状況調査（Survey of Living Conditions）で性的惹かれと性的指向アイデンティティをたずね，検討プロセス，結果，調査方法に関する考察を含む報告書をまとめている。性的惹かれについては「あなたはどの性別に惹かれますか，1 男性のみに惹かれる，2 男性と女性の両方に惹かれる，3 女性のみに惹かれる，4 誰にも惹かれない，5 わからない，6 答えたくない」という問いを使い，回答が異性のみではない人に，「あなたはご自分をゲイ・レズビアン，バイセクシュアル，あるいはヘテロセクシュアルだと認識していますか，1 ゲイもしくはレズビアン，2 バイセクシュアル，3 ヘテロセクシュアル，4 これらには当てはまらない，5 わからない，6 答えたくない」という問いを用いた。当面の結論は，回収率等には問題ないが，分析の結果，性的指向と他の関連要因との関係性が明確に示されなかったため，統計局として常に含める項目とはみなさないにしても，将来的には検討の余地があるというものであった（Gulloy and Normann 2010）。現に 2021 年のノルウェー統計局による生活の質調査をみると，性的指向アイデンティティと性的惹かれの問いを含めて実施されている（Pettersen and Storen 2020）。

　このように，どの国においても，性的指向の測定は容易ではなく，また圧倒

的にデータが不足しているという結論が得られているが，統計を扱う公的機関や研究機関においてこの課題に正面から向き合い，十分な予算をつけ長期にわたり検討する体制を作っている状況がみてとれる。国単位での検討のみでなく，ヨーロッパ諸国におけるデータの整備状況の調査とその結果をふまえた提言をまとめたレポートも公表されている（Schönpflug et al. 2013）[8]。また，HIV 感染に関する国際的データを集めるニーズを満たしながら，その社会の文化的歴史的状況に応じた SOGI をたずねる設問を開発する方法が提示される（Glick and Andrinopoulos 2019）など，この課題は国際的にも重視されている。

　次の項では実際に性的指向が調査でたずねられた結果をみていく。

2)　先行研究における性的指向の分布

　まず，アメリカの無作為抽出による大規模調査をもとに，性的指向アイデンティティ別に人口学的特性をまとめた比較的初期のレポート（「*LGB/T 人口*」（Gates 2014））を紹介する。このレポートでは 3 つの異なる調査で特定されたレズビアン（L），ゲイ（G），バイセクシュアル（B）の割合および性的指向別にみた性別，年齢，人種・エスニシティ，教育達成，居住地域の割合が示されている（Gates 2014）。LGB と「それ以外」に分けて集計されているが，2013 年の全国健康面接調査（National Health Interview Study: NHIS）では「それ以外」にストレート，その他，わからない，無回答が，2006～2010 年の家族の成長に関する全国調査（National Survey of Family Growth: NSFG）では，ヘテロセクシュアル・ストレートのみが，2008 年，2020 年，2012 年の総合的社会調査（General Social Survey: GSS）ではヘテロセクシュアル・ストレートと無回答が，それぞれ含まれる。

　NSFG の当時の調査対象年齢である 18～44 歳における LGB 割合は NFSG で 4.1%，GSS で 4.2%，NHIS で 2.8% である。18 歳以上（上限なし）では NHIS で 2.2%，GSS で 3.0% である。NHIS と GSS では，バイセクシュアルの割合の方がゲイ・レズビアンの割合より多い。また男女別の 18～44 歳の LGB 割合は，NHIS では女性 3.1%，男性 2.6%，GSS では女性 4.8%，男性 3.4%，NSFG では女性 5.2%，男性 3.0% である。18 歳以上では，NHIS で男女とも 2.2%，GSS で

は女性 3.2%，男性 2.6% である。すなわち 18〜44 歳の LGB 割合は，女性では 3.1% から 5.2%，男性では 2.6% から 3.4% で，全般に女性の方が高い（Gates 2014）。

人種・エスニシティ別の割合については，LGB とそれ以外の間に統計的有意差がみられない。25 歳以上に限定して教育レベルをみると NHIS と GSS では，大学や大学院卒の割合は LGB の 4 割に対し，LGB 以外では 3 割，という差がある。ただし，25〜44 歳では，性的指向アイデンティティによる違いはみられない（Gates 2014）。

3 つの調査で用いられた設問は異なり，結果として示される LGB の割合も異なるが，女性，若年層，教育レベルが低い層でバイセクシュアルが多くみられ，若い層で LGB 割合が高い，人種・エスニシティの分布は LGB とそれ以外で変わらない，北東部と西部の方が，南部や中西部より LGB 割合が高い，といった共通点がみられた。教育レベルについては 18 歳以上では，調査ごとに異なる傾向がみられたが，25〜44 歳に限ると 3 調査すべてで LGB と LGB 以外との差はほとんどないとの結果が示された（Gates 2014）。

アメリカ以外の国をみると，イギリスの 16〜74 歳を対象とした性についての意識とライフスタイルにかんする全国調査（National Survey of Sexual Attitudes and Lifestyles: Natsal）でたずねた性的指向アイデンティティでは，男性の 2.5%，女性の 2.4% がゲイ，レズビアン，バイセクシュアルであると報告し，性的惹かれでは男性の 6.5%，女性の 11.5% が，性関係では男性の 5.5%，女性の 6.1% が同性との経験を報告した。また，最近 5 年間に同性との性関係を経験した男性の 28%，女性の 45% が，異性愛者と自認していた（Geary et al. 2018）。

ニュージーランドの健康調査（Ministry of Health New Zealand 2019）によると，男性では 2.3%，女性では 3.7% が LGB のいずれかのアイデンティティを回答した。また，ゲイは男性の 1.3%，レズビアンは女性の 1.1% であった。年齢が若い女性の方が，バイセクシュアルのアイデンティティをもつ人が多く，16〜24 歳では 5.0% であるが，65〜75 歳ではいなかった。男性では，ゲイもしくはバイセクシュアルのアイデンティティが，どちらもどの年齢層でも 0.5% から

1.7％の間で，年齢による差は小さい。エスニシティによっても割合が異なり，マオリ（ニュージーランドの先住民）の場合は，男性がその他のアイデンティティを選ぶ傾向がある。同性との性関係については，女性の方が，経験割合が男性よりも高い（6.5％，4.2％）。また，マオリの女性では 10.1％，マオリの男性では 4.3％，ヨーロッパ系の女性では 7.4％，ヨーロッパ系の男性では 4.9％であり，男女ともアジア系，太平洋諸島系では少ない。性的惹かれについては，「あなたがこれまでに性的な魅力を感じたことのある相手は，どのような相手ですか？　私がこれまでに性的な魅力を感じたことがあるのは，女性のみ・男性にはまったく感じない，女性の方が多いが少なくとも一度は男性に感じたことがある，女性と男性にほぼ同じくらい感じる，男性の方が多いが少なくとも一度は女性に感じたことがある，男性のみ・女性にはまったく感じない，誰にも性的魅力を感じたことがない」という問いが使われた。その結果，女性で女性のみに惹かれた人は 1.6％，男性で男性のみに惹かれた人は 0.8％，女性の 16％，男性の 4.6％が，男性にも女性にも惹かれた経験があり，女性の 82％が男性のみに，男性の 93％が女性のみに惹かれた経験がある，との結果であった。男性にも女性にも惹かれた経験があるのは若い女性に多く，25〜44 歳では 23％であるのに対し，55 歳以上の女性では 10％に満たない。

　オーストラリアの無作為抽出調査の結果では，成人人口の 3.0〜4.5％がゲイ，レズビアン，バイセクシュアルのアイデンティティをもつセクシュアル・マイノリティであることが示された。2012 年のオーストラリア世帯・収入・労働動向調査（Household, Income, and Labour Dynamics in Australia Survey：HILDA 調査）でマイノリティのアイデンティティを報告した人は 3.3％であったが 4 年後の 2016 年では 4.1％であった（Wilson et al. 2021）。

　英語圏以外の国の例として，ドイツの調査をみると，14 歳以上の無作為抽出の面接調査で 2,524 人の性的指向アイデンティティと性行動をもとにした分類について，性別と年齢と居住地によるウェイトをかけた結果が示されている。性的指向アイデンティティでは，ヘテロセクシュアル，ほぼヘテロセクシュアル，バイセクシュアル，ほぼホモセクシュアル，ホモセクシュアル，わからな

い・不確定，その他の選択肢が用いられており，ヘテロセクシュアルと回答した割合は，男性で 86%，女性で 82% であった。ホモセクシュアルとほぼホモセクシュアルをあわせると，男性は 1%，女性は 2%，バイセクシュアルとほぼヘテロセクシュアルを合わせると，男性 4%，女性 5% である。また，同性との性的接触については，あった人は男性で 5%，女性で 8% である。年齢別の集計もなされており，同性との性的接触が多いのは，14～18 歳，20 代後半と 30 代前半である。なお性的惹かれについては，「まったくない」から「強く惹かれる」の 5 段階，性行動については，男性の相手と女性の相手の数をたずねている。収入等も調べているが，ヘテロセクシュアル以外の数が少ないためか，この論文では集計結果が掲載されていない（Haversath et al. 2017）。

　以上，性的指向について，いくつかの国のアイデンティティ，性的惹かれ，性行動の人口学的属性別の集計結果をみてきた。全般に，ホモセクシュアルやバイセクシュアルに分類されるのは年齢が若い人，女性，エスニック・マイノリティに多い，という共通点がある。また経年変化に言及されたものでは，増加傾向が示された。

　これらのデータが示す性的指向に関する結果は，近代社会における年齢のように生年月日という客観的な指標によって決められるものと異なり，その定義で結果は変わってくる部分がある。また，測定の問題のみでなく，性的指向は意図的に変えられるものではないが，多重的で複雑なものであり，一個人をみても，生涯一定しているとは限らない。また，調査を通じて捉える場合，「調査票」という道具で回答者がどこまで回答するか，調査環境や収集方法，調査員の態度，調査でプライバシーがどれくらい守られる（と感じる）か，設問のワーディング等も重要である。そうした流動性，柔軟性を考慮しても，何かしらの傾向がみられることは確かである。なお，ある属性に多い，あるいは少ない，ということに関しては，受け入れられやすい環境に置かれているのか否か，また，性的指向が出生時の性別に固定されたものだという感覚がどの程度強いのか，考え方が柔軟であるか否かにも影響される可能性がある。

　日本において代表性のあるデータによって性的指向の一面を示したのは，

1999 年に実施された「日本人の HIV/STD 関連知識，性行動，性意識についての全国調査」である（木原ら 2000）。同調査はアメリカで 1992 年に実施された国民健康社会生活調査（National Health and Social Life Survey: NHSLS），イギリスの Natsal（1990-91 年）など全国規模の性行動調査を参考に設計されたものである。「あなたがこれまでにセックス（性交渉）や性的な興奮を得る行為（性器や乳房の刺激，キス，抱擁など）をした（された）相手の性別は次のどれに該当しますか」とたずね，選択肢を「男性のみ」「女性のみ」「男性も女性も」とした。その結果，同性との性経験割合は男性では 1.2%，女性では 2.0% であった。この調査以降，日本において無作為抽出の調査で回答者の性的指向をたずねる調査は，管見の限り，2018 年 12 月の名古屋市による調査（名古屋市総務局総合調整部男女平等参画推進室 2018），そして 2019 年 1 月に筆者らの研究グループが実施した大阪市民調査まで行われてこなかった。

(2) 性自認のあり方に関する先行研究
1) 性自認のあり方の測定

　性自認のあり方の問いを含める調査はまだ数少なく，トランスジェンダーとシスジェンダーの比較が可能なデータはさらに数少ない。診断や身体的な性別移行のために医療機関を受診した記録や，公的に記録されている性別変更を申請した記録等のデータはあるが，これらは多様なトランスジェンダー人口のごく一部のみしか含まれない。クリニックの医師や裁判所の記録に基づく 1970 年代のものから，2000 年代のものまで含めた 18 か国のデータによると，大半の国では MTF の方が FTM より多く，1.4 から 6.2 倍であるが，日本の場合は逆で，FTM が MTF の 1.7 倍となっている（Meier and Labuski 2013）。

　近年では性的指向と同様に性自認を調査によって捉える試みもみられるようになってきている。性的指向のたずね方の検討と同様に，専門委員会において試験的な調査を繰り返しながら検討がなされている。ジェンダー統計を充実させるとの立場からも，性別や性的指向の捉え方が議論されている。トランスジェンダーへの配慮として，書類から性別欄を削除すべきという考えは，調査にも

広がり，性的マイノリティへの配慮＝性別をたずねるべきではないという誤解も生まれるなか，従来からいわれている男女格差に加え，トランスジェンダーとシスジェンダーの格差を示すデータが必要であることから，様々な状況の人が回答しやすいように配慮をしつつ，なんらかのかたちで性別を捉えて表章することが重要な課題となっている。[9]

　カナダでは 2016-18 年に公的調査における性別のたずね方を検討した上で（Statistics Canada 2020），出生時の性別と，調査時点での性自認をたずねる 2 問をセンサスに含めた。世帯員全員について，「この方の出生時の性別は何ですか。（男性，女性）」とたずね，その次に「この方のジェンダーは何ですか，現在のジェンダーをお答えください。出生時に割り当てられた性別もしくは法的書類に記載されている性別と異なる場合もあります。（男性，女性，またはその方のジェンダーをご記入ください）」とたずねる方式を採用している。

　アメリカの連邦政府が関与する調査やそれに準ずる調査として挙げられた 47 の調査のうち，性自認のあり方を捉えているのは 17 件あり，トランスジェンダーであるかを直接たずねるものが 4 件，性別の選択肢の 1 つにトランスジェンダーを含めているものが 6 件，出生時の性別と現在の性自認の双方をたずねるもしくは 2 ステップ方式をとるものが 7 件ある（National Academies of Sciences, Engineering, and Medicine 2020）。アメリカの無作為抽出調査（個人ではなく世帯抽出）である行動リスク要因監視システム調査（Behavioral Risk Factor Surveillance System: BRFSS）の 2014 年調査では，19 の州で回答者にトランスジェンダーかを直接たずね，それを肯定する回答がなされた場合はさらに，「あなたは MTF，FTM，または男女の枠組みに合わない（gender non-conforming）のいずれだと思いますか」とたずねている。この問いを用いなかった州についてもその州のマクロ的特徴を考慮して統計的に推定した結果，アメリカ全体ではトランスジェンダーが 0.58% であることが示された（Flores et al. 2016）。

　2015 年の GSS で用いられている問いは，「あなたは出生時にどの性別に割り当てられましたか，たとえば出生証明書に記録された性別（sex）：女，男，インターセックス」「あなたの今の性別（gender）は何ですか：女性，男性，トラ

ンスジェンダー，上記以外のジェンダー：具体的に（　　　）」である。その結果，1,409 人中，インターセックスが 1 人，トランスジェンダーが 2 人，選択肢に挙げられていないジェンダー1 人（ノンバイナリー），出生時は男性で今の性別が女性である人は 2 人，出生時は女性で今の性別が男性である人は 3 人で，ウェイトを用いた推定を行うと，0.49% がトランスジェンダーかその他のジェンダーであることが示された。どちらの問いにも回答しなかった人は 8 人，出生時の性別のみ無回答で現在の性別には回答した人は 4 人であった（Smith and Son 2019）。またその後，GSS での問いで捉えた結果を評価した論文によると，回答者の 0.44% から 0.93% が，トランスジェンダーと認識している，出生時に割り当てられた性別と異なる性別を自認している，または調査員が判断した回答者の性別と異なる性別を出生時に割り当てられた性別と回答した，のいずれかに該当した。この割合は，それまでのアメリカの調査で示されたトランスジェンダーの人口割合と同程度である。調査員による報告は，人種と同じように誤った判断が起きやすいため，回答者に出生時に割り当てられた性別に加え，自認する性別をたずねる必要があると述べられている（Lagos and Compton 2021）。

　アメリカのトランスジェンダー人口を捉えた無作為抽出調査のメタ分析をした研究では，2006 年から 2016 年に行われた調査のうち一定基準を満たす 20 の調査を特定した。そのうち 6 調査は一般人口対象，14 調査は大学生や受刑者対象であった。メタ分析の結果，トランスジェンダーという自認をもつ人の割合は 0.39％で，経年的に増加していることが示された（Meerwijk and Sevelius 2017）。

　イギリスの統計局では，性別についてデータとして集めることのできる内容には，出生時に登録された性別，出生証明書に記載されている性別，法的・公的書類に記載されている性別，現在生活している性別，自認する性別があり，センサスでの無回答を最小限にし，プライバシーへの侵害も最小限に抑えるものはどれかを検討した結果，法的／公的書類に記載されている性別をたずねるのがベストであるとの結論に達したという。ただしイングランドとウェールズの 2021 年センサスでは，トランス団体から裁判に持ち込まれ，その主張を受け

入れて，出生証明書の性別を回答するように説明が変更された。この問いに加え，「あなたが自認する性別（gender）は，出生時に届け出された性別（sex）と同じですか（回答は任意）：はい，いいえ」とたずね，回答が「いいえ」の場合は，自認する性別を書くようになっている。一方，スコットランドでは，「あなたはご自分をトランスジェンダーであると考えますか，あるいは過去にその経験がありますか」とたずね（回答は任意），「はい」と回答された場合に，詳細をたずねる問いを含めた（Guyan 2022）。

　上記でみてきた諸外国での調査実績を踏まえると，性自認のあり方を捉えるためには，最小限 2 問が必要であるというのが現在の主流な指針となっている。出生時の性別以外の問いで，どの程度の説明を入れるか，どのようなたずねかたをするかの見解はさまざまであるものの，いくつかの案に絞られている。イングランドとウェールズ，またスコットランドのセンサスで用いられた問いは，回答者がトランスジェンダーであると認識する場合や，出生時に届出された性別と自認する性別が異なる場合のみ，現在認識する性別をたずねる。このアプローチは，大阪市民調査で回答者に出生時の性別をたずねたあと，出生時の性別と現在の自認が同じか否かをたずねるステップを踏んでいるのと実質同じであると考えられる。

　性自認のあり方を正確に捉えようとすると，従来は 1 問であった性別に，追加の問いが必要になるため，調査実施者の視点からは，設問数が増えると否定的に捉えられる可能性はあるが，できるだけ意味のあるデータを収集するため，また，特に一般人口（人口全般）向けの調査の場合は，従来の性別と現在の自認がたずねられることによる混乱を避けるため，必要な人のみに現在認識する性別をたずねるという方法は，妥当だと考えられる（平森・釜野 2020=2021）。出生時の性別とは別に性自認という次元があるという知識が広まっている社会であれば，あえてトランスジェンダーか否か，あるいは出生時の性別と自認が同じかの問いを挟む必要はなくなり，出生時の性別と現在の自認のみをたずねることで必要な情報を得られる可能性はある。しかし現時点の日本では①出生時の性別，②現在の性別を出生時の性別と同じだと捉えているか，③違う場合

は現在の認識にもっとも近い性別の3ステップ方式の問いとし，一部の人のみに具体的な性自認をたずねる設計が確実に必要な情報を得る方法であると思われる。また，調査によっては出生時の性別と現在の自認の関連性に関わらず，本人がトランスジェンダーというアイデンティティをもつか否かを捉えることが必要な場合もあるだろう。

　無作為抽出による調査データに基づき，性自認のあり方別に人口学的属性の分布を示す先行研究の例として，アメリカのBRFSSのデータを年齢層に分けてトランスジェンダーの割合を推計した結果をみると，18〜24歳の0.7%，25〜64歳の0.6%，65歳以上では0.5%であった（Flores et al. 2016）。同じデータを，実際にトランスジェンダーの問いを含めた19州に限定し，無回答と「わからない」の回答を除外した151,456人について分析したところ，トランスジェンダーは0.53%（MTF 0.28%，FTM 0.16%，男女の枠組みに合わない（gender non-conforming）と認識している人が0.08%）であった。トランスジェンダーとシスジェンダーとの間では，年齢階級に占める割合，農村地域に住んでいる割合，現在有配偶か，仕事に就いているかにおいては，違いがみられなかった。トランスジェンダーとシスジェンダー，FTMとシス男性では，それぞれ前者の方に，非白人が多い。また，MTFとシス女性では，前者の方が農村地域に居住している割合が高い。トランスジェンダーの方が，大学に通った割合が低く，また貧困層にある割合も高い。これらの違いは，MTFとその他の女性との間でも，またFTMとその他の男性との間でも確認された（Crissman et al. 2017）。MTFとFTMの違いもあるが，全般にトランスジェンダーは，人種・エスニシティにおいても，教育達成においても，また経済面においてもマイノリティあるいは不利な状況である傾向が示されたと言える。

2）性自認のあり方別の性的指向の研究

　性的マイノリティを捉える際，性的指向と性自認のあり方は異なる軸として位置づけられ，性自認のあり方におけるマイノリティであるトランスジェンダーであることと，恋愛や性的惹かれの相手の性別の間には決まったパターンはないことが観察されている（中塚 2019）。仮に出生時の性別が男性で，現在の認

識が女性の人が，男性に惹かれる場合は異性愛的であるが，実際の性的指向は
さまざまである。性自認の一部は，どの性別に惹かれるか，どの性別に性的な
欲望をもつかにも関わっており，異性愛主義的な現在の社会においては，同性
に惹かれる経験を通じて，「自分は間違った身体に生まれてきたと考えた」とい
う事例もあるが，自認する性からみて誰もが異性の人に惹かれるという前提に
は，根拠がない。トランス女性やトランス男性の性的指向についての量的データはほとんど蓄積されていないが，ここでは，その数少ない例を挙げておく。

　カナダにおけるトランス男性対象の調査で性的指向アイデンティティをたずねた結果（複数回答可）をみると，クィアが 48.2%，ストレート・ヘテロセクシュアルが 34.4%，バイセクシュアル・パンセクシュアルが 24.0%，アセクシュアルが 14.9%，ゲイが 10.0%，わからない・クエスチョニングが 11.9% で，レズビアン，トゥー・スピリット（Two-spirit，北米の先住民の第 3 の性），その他は 5% 未満であった（Bauer et al. 2013）。アメリカのトランスジェンダー調査（U.S. Transgender Survey）では，用いた選択肢は異なるものの，比較のためにトランス男性のみの結果を示すと，クィア 24%，ストレート 23%，パンセクシュアル 17%，バイセクシュアル 12%，ゲイ・レズビアン・同性愛（same-gender loving）12%，アセクシュアル 7%，無回答 5% で，相対的に，クィアやストレート，パンセクシュアル・バイセクシュアルが多いように見受けられる。同調査において，トランス女性，トランス男性，ノンバイナリー等すべて合わせた場合の性的指向をみると，クィア 21%，パンセクシュアル 18%，ゲイ，レズビアンまたは同性愛 16%，ストレート 15%，バイセクシュアル 14%，アセクシュアル 10% であった（James et al. 2016）。

第 3 節　日本のデータからみた SOGI と人口学的属性

(1) 欠落している人口学的データを得る

　筆者らは，日本社会における SOGI の人口割合への言及について網羅的に調

べることはしていないが，2000 年以降，市場開発の目的で性的マイノリティの
人口規模への関心が高まったと言える。たとえば LGBT の購買力に目を向けた
調査が 2006 年に行われ，一部で話題になっていた。「レズビアンやゲイなど性
的マイノリティー向けの会員制情報提供サイト」を運営していたパジェンタと
いう会社（2006 年 10 月設立，現在は解散）が，約 40,000 人を対象にした調査
で性的指向をたずね，20〜59 歳の 4.0% が同性愛者であるとの結果を発表し，こ
の結果に基づき，性的マイノリティの人数が推定され[10]，子どもをもたない（と
みなされている）性的マイノリティは可処分所得が多いので「開拓されていな
い市場」として価値があるという視点から注目された（細田 2007）。

　2015 年には東京都渋谷区と世田谷区において，同性パートナーシップ制度が
設けられる。この年には NHK と LGBT 法連合会が共同で 2,600 人の当事者対象
のオープン型ウェブ調査を実施し（NHK・LGBT 法連合会 2015），また河口和
也を代表とする科研グループが全国を対象とした性的マイノリティに対する意
識調査を無作為抽出によって実施するなど（釜野ら 2016），社会的にも学界に
おいても，性的マイノリティについて，広く顕在化した動きがみられるように
なる。ちょうど同年に電通から発表された，LGBT 割合は 7.6% というモニター
型ウェブ調査の結果は，2012 年に同社ではじめて公表された，LGBT 割合は
5.2% であるという結果をはるかに上回る注目を浴びる（電通 2015）。

　その後は施策を進めようとする自治体や，SOGI に関わる研究の中で，これ
らのモニター型ウェブ調査の結果が「日本の性的マイノリティの割合」「日本人
の 13 人に 1 人」といった形で人口に占める LGBT 割合として言及されるよう
になる。筆者らは，人口全体への一般化は見込めない調査結果が誤った形で引
用される状況，また一般化できる設計での調査がなされてこなかったという現
状に危機感をもち，日本で実施されてきた従来の無作為抽出による社会調査の
方法を用いて一般市民対象の調査を通して，人々の SOGI を特定するための研
究を進めることとした（性的指向と性自認の人口学—日本における研究基盤の
構築 2022）。その研究の第 1 段階は，日本の文脈において，性的マイノリティ
当事者，SOGI についての知識や関心をもたない人々，性的マイノリティに対

して抵抗感がある人々等が，調査票上でスムーズに回答できる設問を作成することであった。先述のSOGIの設問を検討する海外での研究やこれまで日本で行われてきた調査で用いられた設問を参考に考案したいくつかの設問候補を提示し，フォーカス・グループ・ディスカッション，メール経由のアンケートによってどのような設問がよいかを様々な角度から検討した。性的指向の選択肢には，「ゲイ・レズビアン・同性愛者」と記すのか／何かしらの説明を含めるのか，選択肢の並べ方は該当者がもっとも多い異性愛者を最初に配置するのか／少ないと思われるものから順に配置するのか，といったことを，複数の設問案を提示して回答してもらった上で意見をたずねた。性自認のあり方についても1つの問いで選択肢に出生時の性別とそれとの関係性を含めてたずねる方法，出生時の性別と現在の性自認を2問に分けてたずねる方法，出生時の性別，現在の自認がそれと同じか，違う場合は現在の自認をたずねる方法（3ステップ方式），さまざまな性自認にかかわる用語をならべ当てはまるものを選ぶ方式などを示し，それぞれに回答した場合の感想や印象をたずねた。また恋愛的惹かれ，性的惹かれ，性関係の相手をたずねる問いについても，フィードバックを求め，選択肢の順番やワーディングを検討した（Hiramori and Kamano 2020a）。

　こうした手続きを経て決定し，大阪市民調査で用いた性的指向の設問は以下のとおりである。（レイアウトやフォントは実際に使用したものと若干異なっている。他の設問についても同様。）

問46	次の中で，あなたにもっとも近いと思うものに○をつけてください。(○は 1つ)
1	異性愛者，すなわち<u>ゲイ・レズビアン等</u>ではない　[異性のみに性愛感情を抱く人]
2	ゲイ・レズビアン・同性愛者　[同性のみに性愛感情を抱く人]
3	バイセクシュアル・両性愛者　[男女どちらにも性愛感情を抱く人]
4	アセクシュアル・無性愛者　[誰に対しても性愛感情を抱かない人]
5	決めたくない・決めていない
6	質問の意味がわからない

　恋愛的惹かれ，性的惹かれ，性関係それぞれの相手の性別については，以下の問いを用いた。それぞれについて，生涯（「これまで」）の経験と，「最近の5年間」の経験についてたずねた。既存の研究では，「18歳になってから」や「最

近の 1 年間」をたずねる場合もあるが，研究チームではもっとも網羅的である
「これまで」と，より最近の経験の 2 つの面からたずねた。後者を「最近の 5 年
間」とした理由は，「1 年間」では非典型的な経験の出現が少なすぎて分析でき
ない可能性があると考えたからである。本章では「これまで」の経験について
の集計結果を示す。

問 47　次の (1)~(3) について，（ア）これまでのことと，（イ）最近の 5 年間のことについて，
それぞれもっとも近いものを 1~6 から1つずつ選んで〇をつけてください。

(1) あなたが 恋愛感情を抱く相手

（ア）これまで (〇は 1 つ)　　　　　　（イ）最近の 5 年間 (〇は 1 つ)

1　男女どちらにも恋愛感情を抱いたことがない　　1　男女どちらにも恋愛感情を抱いたことがない
2　男性のみ　　　　　　　　　　　　　2　男性のみ
3　ほとんどが男性　　　　　　　　　　3　ほとんどが男性
4　男性と女性同じくらい　　　　　　　4　男性と女性同じくらい
5　ほとんどが女性　　　　　　　　　　5　ほとんどが女性
6　女性のみ　　　　　　　　　　　　　6　女性のみ

(2) あなたが性的に惹 (ひ) かれる相手

（ア）これまで (〇は 1 つ)　　　　　　（イ）最近の 5 年間 (〇は 1 つ)

1　男女どちらにも性的に惹かれたことがない　　1　男女どちらにも性的に惹かれたことがない
2　男性のみ　　　　　　　　　　　　　2　男性のみ
3　ほとんどが男性　　　　　　　　　　3　ほとんどが男性
4　男性と女性同じくらい　　　　　　　4　男性と女性同じくらい
5　ほとんどが女性　　　　　　　　　　5　ほとんどが女性
6　女性のみ　　　　　　　　　　　　　6　女性のみ

(3) あなたがセックスをする相手

（ア）これまで (〇は 1 つ)　　　　　　（イ）最近の 5 年間 (〇は 1 つ)

1　セックスをしたことがない　　　　　1　セックスをしたことがない
2　男性のみ　　　　　　　　　　　　　2　男性のみ
3　ほとんどが男性　　　　　　　　　　3　ほとんどが男性
4　男性と女性同じくらい　　　　　　　4　男性と女性同じくらい
5　ほとんどが女性　　　　　　　　　　5　ほとんどが女性
6　女性のみ　　　　　　　　　　　　　6　女性のみ

　性自認のあり方については，3 つの問いで捉えた。これは前述のスコットラ
ンドの試験的調査で用いた問いの考え方に類似しており，3 つ目の問い（問 45
右枠）は，問 44 の出生時の性別と現在の自認（問 45 左）が異なる（別の性別，
または違和感がある）と回答した人のみにたずねている。

176

| 問 44 | あなたの性別に〇をつけてください。[出生時の戸籍・出生届の性別] (〇は1つ) |

　　1　男　　　　　　　2　女

※「出生時」とは、生まれたときにもっとも近い時点のことをさします。

| 問 45 | あなたは今のご自分の性別を、出生時の性別 (上で〇をつけたもの) と同じだととらえていますか。左側で 2 や 3 に〇をした方は、今の認識をお答えください。 |

　　1　出生時の性別と同じ
　　2　別の性別だととらえている
　　3　違和感がある

今の認識にもっとも近い性別 (〇は 1 つ)
　1　男　　3　その他
　2　女　　[具体的に：　　　　　　　]

(2) シスジェンダーの性的指向と人口学的属性の分析

ここからは前述の大阪市民調査のデータを用いて、出生時の性別と現在の自認する性別が同じであるシス男性 1,742 人およびシス女性 2,497 人の性的指向アイデンティティを人口学的属性別にみていく。そのため、出生時の性別と性自認が異なる 32 人、および出生時の性別に回答しなかった 14 人は集計から除外する。ここでは、まだ研究が蓄積されていない日本の状況に鑑みて、アメリカにおける初期の性的指向別集計や、諸外国の公的統計で扱われてきた人口学的属性別の集計を参考に、基本的な属性による分析に特化する。具体的には、年齢（年齢 5 歳階級、年齢 10 歳階級）、学歴（卒業、中退を含む最後に通った学校）、配偶関係、子の有無、日本国籍の有無、日本国籍以外の親の有無を取り上げる。なお、社会階層研究として、SOGI 別に教育達成、職業、職位、収入などを検討し、多変量解析を行った結果は、Hiramori (2022) に詳しい。また、その一部は平森 (2022) で、日本語で紹介されている。

1) 性的指向アイデンティティと人口学的属性

表7-1 にシス男性についての結果、表7-2 にシス女性についての結果を示す。性的指向アイデンティティと人口学的属性とのクロス集計に加え、残差分析の結果を該当セルに示している。下記では、ある選択肢が選ばれる割合が、全体に対して 5% 水準で有意差がある場合、「多い・高い」（表中の実線で囲まれた

表 7-1　人口学的属性別にみた，性的指向アイデンティティの分布（シス男性）

	異性愛者	ゲイ・レズビアン・同性愛者	バイセクシュアル・両性愛者	アセクシュアル・無性愛者	決めたくない・決めていない	質問の意味がわからない	無回答	計	n
全体	85.0%	1.3%	1.0%	0.2%	3.1%	8.6%	0.9%	100.0%	1742
年齢 5 歳階級									
18〜19歳	76.2%	—	4.8%	—	4.8%	9.5%	4.8%	100.0%	21
20〜24歳	85.3%	1.1%	1.1%	—	4.2%	8.4%	—	100.0%	95
25〜29歳	77.8%	3.2%	3.2%	0.8%	3.2%	11.1%	0.8%	100.0%	126
30〜34歳	89.5%	2.3%	0.6%	—	2.3%	4.7%	0.6%	100.0%	171
35〜39歳	86.7%	3.3%	0.5%	—	1.9%	6.7%	1.0%	100.0%	210
40〜44歳	89.0%	0.4%	—	0.4%	3.5%	6.7%	—	100.0%	255
45〜49歳	86.8%	0.4%	—	—	4.5%	7.5%	0.4%	100.0%	266
50〜54歳	85.2%	0.7%	—	0.4%	3.0%	9.6%	1.1%	100.0%	271
55〜60歳	80.7%	0.7%	2.6%	—	2.6%	11.8%	1.6%	100.0%	305
年齢10歳階級									
18〜29歳	80.6%	2.1%	2.5%	0.4%	3.7%	9.9%	0.8%	100.0%	242
30〜39歳	87.9%	2.9%	0.5%	—	2.1%	5.8%	0.8%	100.0%	381
40〜49歳	87.9%	0.4%	0.2%	0.2%	4.0%	7.1%	0.2%	100.0%	521
50〜60歳	82.8%	0.7%	1.4%	0.2%	2.8%	10.8%	1.4%	100.0%	576
学歴（最後に通った学校）									
小・中学校	71.4%	—	3.6%	—	7.1%	17.9%	—	100.0%	28
高校	79.8%	0.8%	1.0%	0.2%	4.4%	12.8%	1.0%	100.0%	500
専門・専修（高卒後）	81.8%	2.2%	1.5%	—	2.6%	10.8%	1.1%	100.0%	269
短大・高専	90.5%	2.4%	2.4%	—	2.4%	2.4%	—	100.0%	42
大学	89.8%	0.8%	0.5%	0.3%	2.4%	5.3%	0.9%	100.0%	778
大学院	87.0%	4.3%	1.7%	—	2.6%	4.3%	—	100.0%	115
配偶関係									
結婚している	88.1%	—	0.7%	—	2.2%	8.3%	0.7%	100.0%	1025
結婚したことがない	80.0%	3.4%	1.0%	0.5%	4.8%	9.3%	0.9%	100.0%	581
離別した	84.6%	0.9%	3.4%	—	0.9%	7.7%	2.6%	100.0%	117
死別した	83.3%	—	—	—	16.7%	—	—	100.0%	6
子の有無									
なし	83.1%	2.7%	1.2%	0.4%	4.0%	7.7%	1.0%	100.0%	830
あり	87.2%	—	0.7%	—	2.2%	9.1%	0.8%	100.0%	891
日本国籍の有無									
国籍日本以外	69.6%	7.1%	3.6%	—	3.6%	16.1%	—	100.0%	56
日本国籍	85.5%	1.1%	0.9%	0.2%	3.1%	8.4%	0.9%	100.0%	1684
親の国籍									
日本以外の国籍あり	70.7%	6.5%	5.4%	—	4.3%	13.0%	—	100.0%	92
日本国籍の親のみ	86.1%	1.0%	0.7%	0.2%	2.8%	8.2%	0.9%	100.0%	1629

┈┈┈ で囲まれたセルは，残差分析の結果，比率が5％水準で全体よりも少ないことを示す。

──── で囲まれたセルは，残差分析の結果，比率が5％水準で全体よりも多いことを示す。

各変数の無回答者の分布は省略している。

フィッシャーの正確確率検定：すべて p＜0.05。

セル）または「少ない・低い」（表中の薄灰色の点線で囲まれたセル）と記述する。これらのクロス集計表について，フィッシャーの正確確率検定を行ったところ，一部の表を除き，p 値が 0.05 未満であり，各属性と性的指向アイデンティティは独立であるという帰無仮説は棄却される。

シス男性についてみると，年齢5歳階級別では，同性愛者は20代後半（3.2%）と30代後半（3.3%）に多く，両性愛者は20代後半（3.2%）に多い。無回答は18〜19歳（4.8%）に多い。異性愛者が少ないのは，20代後半（77.8%）と50代後半（80.7%）である。また50代後半では，「質問の意味がわからない」の選択割合も高い（11.8%）。50代後半で異性愛者割合が低いのは平森・釜野（2020=2021）でも言及されたように，「質問の意味がわからない」を選択する人が1割を超えていることの影響によるものであろう。

年齢をより大きく分けて10歳階級別にみると，同性愛者は30代（2.9%），両性愛者は30歳未満（2.5%），異性愛者は40代（87.9%）に多い。また，「質問の意味がわからない」と回答する割合は50代（10.8%）に多い。同性愛者と両性愛者が若い層で多いのは，諸外国の研究でみられる結果と同じである。

学歴（最後に通った学校）別では，大学院の同性愛者割合が高く，4.3%である。大学では，異性愛者割合が高く（89.8%），「質問の意味がわからない」（5.3%）の選択割合が低い。また高校では，「決めたくない・決めていない」[11]（4.4%）の割合と，「質問の意味がわからない」（12.8%）の割合が高い。

配偶関係別にみると，同性愛者割合が高いのは結婚したことがない層で3.4%，両性愛者割合が高いのは離別した層（3.4%），無性愛者と「決めたくない・決めていない」の割合が高いのは結婚したことがない層でそれぞれ0.5%，4.8%である。異性愛者割合は，結婚している層で高い（88.1%）。子の有無別では，子がない層で同性愛者割合が2.7%，「決めたくない・決めていない」が4.0%と，高い。子がある層では，異性愛者割合が高い（87.2%）。配偶関係と子の有無についての結果は常識的に予想されるとおりと言える。

日本国籍の有無および日本国籍以外の親の有無で分けてみると，日本国籍をもたない人，日本国籍以外の親がいる人の方が，同性愛者割合（7.1%，6.5%）

表 7-2　人口学的属性別にみた，性的指向アイデンティティの分布（シス女性）

	異性愛者	ゲイ・レズビアン・同性愛者	バイセクシュアル・両性愛者	アセクシュアル・無性愛者	決めたくない・決めていない	質問の意味がわからない	無回答	計	n
全体	83.3%	0.2%	1.6%	1.0%	6.2%	6.8%	1.0%	100.0%	2497
年齢5歳階級									
18～19歳	72.1%	—	—	2.3%	18.6%	4.7%	2.3%	100.0%	43
20～24歳	76.6%	—	6.4%	2.1%	11.3%	2.8%	0.7%	100.0%	141
25～29歳	81.9%	0.4%	3.8%	1.3%	8.4%	4.2%	—	100.0%	237
30～34歳	84.7%	1.0%	2.0%	1.7%	5.1%	5.1%	0.3%	100.0%	294
35～39歳	87.4%	—	1.5%	—	6.3%	4.8%	—	100.0%	333
40～44歳	87.1%	0.3%	0.9%	0.9%	4.1%	6.6%	—	100.0%	319
45～49歳	86.5%	—	1.0%	0.5%	4.7%	6.5%	0.8%	100.0%	384
50～54歳	81.2%	—	0.3%	1.5%	3.8%	10.9%	2.4%	100.0%	340
55～60歳	78.7%	—	0.6%	0.6%	6.8%	10.8%	2.6%	100.0%	352
年齢10歳階級									
18～29歳	79.1%	0.2%	4.3%	1.7%	10.5%	3.8%	0.5%	100.0%	421
30～39歳	86.1%	0.5%	1.8%	0.8%	5.7%	4.9%	0.2%	100.0%	627
40～49歳	86.8%	0.1%	1.0%	0.7%	4.4%	6.5%	0.4%	100.0%	703
50～60歳	79.9%	—	0.4%	1.0%	5.3%	10.8%	2.5%	100.0%	692
学歴（最後に通った学校）									
小・中学校	65.0%	2.5%	—	—	5.0%	25.0%	2.5%	100.0%	40
高校	78.2%	—	1.3%	1.2%	7.4%	10.5%	1.3%	100.0%	673
専門・専修（高卒後）	82.9%	0.2%	1.7%	0.6%	6.1%	6.7%	1.7%	100.0%	462
短大・高専	86.0%	—	0.8%	0.4%	5.9%	6.3%	0.6%	100.0%	493
大学	87.3%	0.4%	2.4%	0.8%	5.3%	3.7%	0.1%	100.0%	755
大学院	85.7%	—	—	6.3%	6.3%	—	1.6%	100.0%	63
配偶関係									
結婚している	86.8%	—	1.0%	0.3%	4.3%	6.6%	1.0%	100.0%	1445
結婚したことがない	76.3%	0.7%	2.9%	2.2%	10.4%	6.9%	0.7%	100.0%	768
離別した	85.2%	—	1.2%	0.4%	3.7%	7.8%	1.6%	100.0%	243
死別した	87.0%	—	—	—	4.3%	4.3%	4.3%	100.0%	23
子の有無									
なし	80.4%	0.4%	2.4%	1.5%	9.3%	5.4%	0.6%	100.0%	1137
あり	86.1%	—	0.9%	0.4%	3.4%	8.0%	1.1%	100.0%	1338
日本国籍の有無									
国籍日本以外	73.1%	—	3.0%	—	6.0%	14.9%	3.0%	100.0%	67
日本国籍	83.6%	0.2%	1.5%	0.9%	6.2%	6.6%	0.9%	100.0%	2422
親の国籍									
日本以外の国籍あり	70.9%	—	3.1%	1.6%	11.0%	11.8%	1.6%	100.0%	127
日本国籍の親のみ	84.1%	0.2%	1.4%	0.9%	6.0%	6.5%	0.9%	100.0%	2350

で囲まれたセルは，残差分析の結果，比率が5%水準で全体よりも少ないことを示す。

で囲まれたセルは，残差分析の結果，比率が5%水準で全体よりも多いことを示す。

各変数の無回答者の分布は省略している。

フィッシャーの正確確率検定：親の国籍を除き，すべて p < 0.05。

も，両性愛者割合（3.6%，5.4%）も高く，逆に異性愛者割合が低い。また「質問の意味がわからない」の選択割合は，本人が日本国籍以外では16.1%で，高い[12]。

　次に，シス女性の性的指向アイデンティティの結果をみていく（表7-2）。年齢5歳階級でみると，同性愛者割合が高いのは30代前半（1.0%），両性愛者割合が高いのは20代前半（6.4%）と後半（3.8%），「決めたくない・決めていない」が高いのは18～19歳（18.6%）と20代前半（11.3%）である。「質問の意味がわからない」は50代前半（10.9%）と50代後半（10.8%）で多い。また無回答が多いのも50代である（年齢10歳階級では2.5%）。異性愛者は30代後半（87.4%）と40代前半（87.1%）で多い。年齢10歳階級でみると，両性愛者（4.3%）と「決めたくない・決めていない」が30歳未満（10.5%）で多く，30代（86.1%）と40代（86.8%）では異性愛者が多い。

　学歴でみると，小・中学校で同性愛者割合が高い（2.5%）。大学で両性愛者割合が高く（2.4%），大学院で無性愛者割合が高い（6.3%）。「質問の意味がわからない」の割合は小・中学校（25.0%）と高校（10.5%）で高い。

　配偶関係別にみると，結婚している人では異性愛者割合が86.8%と高く，結婚したことがない人で，同性愛者割合（0.7%），両性愛者割合（2.9%），無性愛者割合（2.2%），「決めたくない・決めていない」（10.4%）の選択割合が高い。

　子の有無別でも，子がない層で同性愛者0.4%，両性愛者2.4%，無性愛者1.5%，「決めたくない・決めていない」が9.3%で高く，子がある層で異性愛者（86.1%）と「質問の意味がわからない」（8.0%）の割合が高い。国籍が日本以外の層では「質問の意味がわからない」が14.9%で高いが，同性愛者，両性愛者，無性愛者の割合については，日本国籍の有無による差がみられない。日本国籍以外の親をもつ人の場合，「決めたくない・決めていない」が11.0%，「質問の意味がわからない」が11.8%で高い。

2) 恋愛的惹かれ，性的惹かれ，性関係の相手の性別による分類と人口学的属性

　ここでは，恋愛的惹かれ，性的惹かれ，性関係の相手の性別について，「これまで」の経験をたずねた結果をみていく。各問の選択肢の文言は，男性のみ，

表 7-3　人口学的属性別にみた，恋愛的惹かれの相手の性別の分布

	シス男性						シス女性					
	同性のみ，ほとんど同性	同性異性同じ，ほとんど異性	どちらもなし	異性のみ	無回答	n	同性のみ，ほとんど同性	同性異性同じ，ほとんど異性	どちらもなし	異性のみ	無回答	n
全体	1.6%	3.1%	1.9%	92.3%	1.1%	1742	0.4%	6.4%	2.7%	88.9%	1.6%	2497
年齢5歳階級												
18〜19歳	—	—	14.3%	81.0%	4.8%	21	—	11.6%	11.6%	76.7%	—	43
20〜24歳	2.1%	3.2%	7.4%	87.4%	—	95	0.7%	9.9%	6.4%	81.6%	1.4%	141
25〜29歳	3.2%	6.3%	3.2%	87.3%	—	126	0.4%	9.3%	5.9%	84.4%	—	237
30〜34歳	2.3%	4.7%	1.8%	90.6%	0.6%	171	2.0%	6.1%	1.0%	90.1%	0.7%	294
35〜39歳	3.3%	3.3%	1.4%	91.9%	—	210	—	7.5%	0.9%	91.3%	0.3%	333
40〜44歳	0.4%	2.4%	0.8%	96.1%	0.4%	255	0.3%	5.3%	2.2%	91.9%	0.6%	319
45〜49歳	1.5%	1.9%	0.4%	95.9%	0.4%	266	—	5.2%	0.5%	93.5%	0.8%	384
50〜54歳	1.1%	3.3%	1.8%	92.6%	1.1%	271	—	5.6%	2.1%	88.5%	3.8%	340
55〜60歳	1.0%	2.6%	1.3%	93.1%	2.0%	305	0.3%	4.8%	4.5%	87.2%	3.1%	352
年齢10歳階級												
18〜29歳	2.5%	4.5%	5.8%	86.8%	0.4%	242	0.5%	9.7%	6.7%	82.7%	0.5%	421
30〜39歳	2.9%	3.9%	1.6%	91.3%	0.3%	381	1.0%	6.9%	1.0%	90.7%	0.5%	627
40〜49歳	1.0%	2.1%	0.6%	96.0%	0.4%	521	0.1%	5.3%	1.3%	92.6%	0.7%	703
50〜60歳	1.0%	2.9%	1.6%	92.9%	1.6%	576	0.1%	5.2%	3.3%	87.9%	3.5%	692
学歴（最後に通った学校）												
小・中学校	—	3.6%	3.6%	85.7%	7.1%	28	—	5.0%	—	95.0%	—	40
高校	1.2%	2.8%	2.2%	92.8%	1.0%	500	0.3%	6.2%	3.0%	88.3%	2.2%	673
専門・専修（高卒後）	2.6%	2.2%	3.0%	91.4%	0.7%	269	1.1%	5.6%	1.5%	89.6%	2.2%	462
短大・高専	4.8%	4.8%	4.8%	85.7%	—	42	—	4.1%	2.8%	92.1%	1.0%	493
大学	1.0%	3.3%	1.3%	93.3%	1.0%	778	0.4%	8.1%	3.0%	87.8%	0.7%	755
大学院	4.3%	3.5%	0.9%	91.3%	—	115	—	12.7%	6.3%	76.2%	4.8%	63
配偶関係												
結婚している	0.4%	2.1%	0.7%	95.9%	0.9%	1025	0.1%	5.2%	1.7%	91.5%	1.6%	1445
結婚したことがない	3.8%	4.6%	4.1%	85.9%	1.5%	581	1.2%	8.5%	5.3%	83.5%	1.6%	768
離別した	0.9%	4.3%	1.7%	93.2%	—	117	—	7.0%	1.2%	90.5%	1.2%	243
死別した	—	—	—	100.0%	—	6	—	4.3%	—	95.7%	—	23
子の有無												
なし	2.9%	4.1%	2.9%	89.2%	1.0%	830	0.9%	8.3%	3.8%	85.8%	1.3%	1137
あり	0.4%	2.0%	1.0%	95.7%	0.8%	891	—	4.9%	1.7%	91.7%	1.6%	1338
日本国籍の有無												
国籍日本以外	7.1%	8.9%	—	82.1%	1.8%	56	1.5%	7.5%	7.5%	79.1%	4.5%	67
日本国籍	1.4%	2.9%	2.0%	92.7%	1.1%	1684	0.4%	6.4%	2.6%	89.1%	1.4%	2422
親の国籍												
日本以外の国籍あり	6.5%	9.8%	1.1%	81.5%	1.1%	92	0.8%	9.4%	7.9%	78.7%	3.1%	127
日本国籍の親のみ	1.4%	2.6%	1.9%	93.0%	1.0%	1629	0.4%	6.3%	2.5%	89.4%	1.4%	2350

┈┈┈┈ で囲まれたセルは，残差分析の結果，比率が5％水準で全体よりも少ないことを示す。

──── で囲まれたセルは，残差分析の結果，比率が5％水準で全体よりも多いことを示す。

各変数の無回答者の分布は省略している。

フィッシャーの正確確率検定：シス男性の学歴を除き，すべて p＜0.05。

ほとんどが男性，ほとんどが女性，女性のみ，のように性別を用いているが，分析では回答者の出生時の性別からみて同性か異性かで示し，「同性のみ・ほとんど同性」（同性愛的，と表記），「同性異性同じ・ほとんど異性」（両性愛的，と表記），どちらもなし（無性愛的），異性のみ（異性愛的），無回答に分類する。なお，これら3つの側面と性的指向アイデンティティが，どれくらい重なり合っているのか，もしくは，ずれているのかについては，Hiramori and Kamano（2020b）で分析している。

a）恋愛的惹かれ（**表7-3**）

シス男性全体では，1.6％が同性愛的，3.1％が両性愛的，1.9％が無性愛的，92.3％が異性愛的である。恋愛的惹かれが同性愛的な人が多いのは，30代後半（3.3％），大学院（4.3％），結婚したことがない（3.8％），子がない（2.9％），国籍が日本以外（7.1％），日本国籍以外の親をもつ（6.5％）層である。両性愛的な回答が多いのは20代後半（6.3％），結婚したことがない（4.6％），子がない（4.1％），国籍が日本以外（8.9％），日本国籍以外の親をもつ（9.8％）層である。学歴別では両性愛的な回答が多い層は確認されなかった。無性愛的な回答は，18〜19歳（14.3％），20代前半（7.4％），年齢10歳階級では30歳未満（5.8％），結婚したことがない（4.1％），子がない（2.9％）層に多い。[13]

シス女性の回答をみると，同性愛的が0.4％，両性愛的が6.4％，無性愛的が2.7％，異性愛的が88.9％である。同性愛的な恋愛的惹かれを多く示すのは，30代（1.0％），学歴が専門学校（1.1％），結婚したことがない（1.2％），子がない（0.9％）層である。両性愛的惹かれは，30歳未満（9.7％），結婚したことがない（8.5％），子がない（8.3％）層に多く，無性愛的回答は30歳未満（6.7％），結婚したことがない（5.3％），子がない（3.8％），日本国籍以外（7.5％），日本国籍以外の親をもつ（7.9％）層に多いといった特徴がみられる。

b）性的惹かれ（**表7-4**）

性的惹かれについてみてみると，シス男性全体では1.7％が同性愛的，3.0％が両性愛的，1.4％が無性愛的，92.7％が異性愛的である。同性愛的が多いのは，20代後半（4.0％），30代後半（3.3％），年齢10歳階級では30代（2.9％），学歴

表 7-4　人口学的属性別にみた，性的惹かれの相手の性別の分布

	シス男性						シス女性					
	同性のみ，ほとんど同性	同性異性同じ，ほとんど異性	どちらもなし	異性のみ	無回答	n	同性のみ，ほとんど同性	同性異性同じ，ほとんど異性	どちらもなし	異性のみ	無回答	n
全体	1.7%	3.0%	1.4%	92.7%	1.2%	1742	0.5%	6.4%	3.8%	87.5%	1.8%	2497
年齢 5 歳階級												
18～19歳	—	—	4.8%	90.5%	4.8%	21	—	9.3%	23.3%	67.4%	—	43
20～24歳	1.1%	5.3%	5.3%	88.4%	—	95	1.4%	9.9%	9.2%	78.0%	1.4%	141
25～29歳	4.0%	4.8%	4.0%	87.3%	—	126	0.4%	9.3%	8.4%	81.9%	—	237
30～34歳	2.3%	3.5%	0.6%	93.0%	0.6%	171	1.4%	8.2%	3.1%	86.7%	0.7%	294
35～39歳	3.3%	3.3%	1.4%	91.9%	—	210	0.3%	7.2%	2.1%	90.1%	0.3%	333
40～44歳	0.4%	2.0%	0.8%	96.5%	0.4%	255	0.3%	4.7%	1.9%	92.5%	0.6%	319
45～49歳	1.5%	1.9%	0.8%	95.1%	0.8%	266	—	4.4%	1.6%	93.2%	0.8%	384
50～54歳	1.1%	2.6%	0.7%	94.1%	1.5%	271	—	3.8%	2.9%	89.4%	3.8%	340
55～60歳	1.3%	3.9%	1.3%	91.5%	2.0%	305	0.6%	6.5%	4.0%	84.7%	4.3%	352
年齢 10 歳階級												
18～29歳	2.5%	4.5%	4.5%	88.0%	0.4%	242	0.7%	9.5%	10.2%	79.1%	0.5%	421
30～39歳	2.9%	3.4%	1.0%	92.4%	0.3%	381	0.8%	7.7%	2.6%	88.4%	0.5%	627
40～49歳	1.0%	1.9%	0.8%	95.8%	0.6%	521	0.1%	4.6%	1.7%	92.9%	0.7%	703
50～60歳	1.2%	3.3%	1.0%	92.7%	1.7%	576	0.3%	5.2%	3.5%	87.0%	4.0%	692
学歴（最後に通った学校）												
小・中学校	—	7.1%	3.6%	82.1%	7.1%	28	—	7.5%	—	92.5%	—	40
高校	1.4%	2.6%	2.0%	92.8%	1.2%	500	0.3%	6.1%	3.4%	87.8%	2.4%	673
専門・専修（高卒後）	2.6%	2.2%	2.2%	92.2%	0.7%	269	0.6%	6.1%	3.7%	87.0%	2.6%	462
短大・高専	4.8%	4.8%	—	90.5%	—	42	0.2%	4.7%	4.1%	89.9%	1.2%	493
大学	1.0%	3.2%	1.0%	93.7%	1.0%	778	0.8%	7.5%	4.2%	86.8%	0.7%	755
大学院	4.3%	3.5%	—	92.2%	—	115	—	12.7%	6.3%	76.2%	4.8%	63
配偶関係												
結婚している	0.5%	2.3%	0.4%	95.9%	0.9%	1025	0.1%	5.5%	2.0%	90.5%	1.9%	1445
結婚したことがない	3.6%	4.5%	3.6%	86.4%	1.9%	581	1.2%	8.1%	7.9%	81.0%	1.8%	768
離別した	1.7%	1.7%	—	96.6%	—	117	0.8%	7.0%	2.5%	88.9%	0.8%	243
死別した	—	16.7%	—	83.3%	—	6	—	4.3%	—	95.7%	—	23
子の有無												
なし	2.9%	3.7%	2.5%	89.8%	1.1%	830	1.0%	8.1%	6.0%	83.3%	1.7%	1137
あり	0.6%	2.2%	0.4%	96.0%	0.8%	891	0.1%	5.1%	2.1%	91.1%	1.6%	1338
日本国籍の有無												
国籍日本以外	7.1%	8.9%	1.8%	80.4%	1.8%	56	1.5%	6.0%	9.0%	79.1%	4.5%	67
日本国籍	1.5%	2.8%	1.4%	93.1%	1.2%	1684	0.5%	6.5%	3.7%	87.7%	1.7%	2422
親の国籍												
日本以外の国籍あり	6.5%	10.9%	3.3%	78.3%	1.1%	92	0.8%	8.7%	10.2%	77.2%	3.1%	127
日本国籍の親のみ	1.4%	2.6%	1.2%	93.6%	1.2%	1629	0.5%	6.4%	3.5%	88.0%	1.7%	2350

‥‥‥で囲まれたセルは，残差分析の結果，比率が5%水準で全体よりも少ないことを示す。

□で囲まれたセルは，残差分析の結果，比率が5%水準で全体よりも多いことを示す。

各変数の無回答者の分布は省略している。

フィッシャーの正確確率検定：シス男性およびシス女性の学歴を除き，すべて p < 0.05。

では大学院（4.3%），結婚したことがない（3.6%），子がない（2.9%），国籍が日本以外（7.1%），日本国籍以外の親をもつ（6.5%）層である。両性愛的な惹かれが多いのは，結婚したことがない（4.5%），国籍が日本以外（8.9%），日本国籍以外の親をもつ（10.9%）層，無性愛的回答が多いのは 20 代前半（5.3%），20 代後半（4.0%），年齢 10 歳階級の 30 歳未満（4.5%），結婚したことがない（3.6%），子がない（2.5%）層である。

　シス女性についてみると，全体では同性愛的が 0.5%，両性愛的が 6.4%，無性愛的が 3.8%，異性愛的が 87.5% である。シス女性の中で同性愛的な性的惹かれが多いのは 30 代前半（1.4%），結婚したことがない（1.2%），子がない（1.0%）層，両性愛的惹かれが多いのは，30 歳未満（9.5%），学歴が大学院（12.7%），結婚したことがない（8.1%），子がない（8.1%）層である。シス女性で無性愛的回答が多いのは 18〜19 歳（23.3%），20 代前半（9.2%），20 代後半（8.4%），年齢 10 歳階級では 30 歳未満（10.2%），結婚したことがない（7.9%），子がない（6.0%），国籍が日本以外（9.0%），日本国籍以外の親をもつ（10.2%）層である。

　c）性関係の相手（表7-5）

　シス男性全体では，同性愛的が 1.6%，両性愛的が 1.1%，無性愛的が 6.2%，異性愛的が 90.0% である。年齢 5 歳階級別では 20 代後半（4.0%），30 代後半（3.3%），年齢 10 歳階級では 30 代（2.9%），学歴が大学院（4.3%），結婚したことがない（3.8%），子がない（2.9%），日本国籍以外（8.9%），日本国籍以外の親がいる（7.6%）層で同性愛的回答が多く，20 代後半（3.2%），短大高専（4.8%），日本国籍以外の親をもつ（4.3%）層で両性愛的な回答が多い。性関係の経験がない無性愛的な回答が多いのは，18〜19 歳（61.9%），20 代前半（31.6%），20 代後半（12.7%），年齢 10 歳階級で 30 歳未満（24.4%），結婚したことがない（18.1%），子がない（12.5%）層である。

　シス女性の性関係では，同性愛的は 0.5%，両性愛的は 1.8%，無性愛的は 6.7%，異性愛的は 88.5% である。同性愛的な回答が多いのは 40 代前半（1.3%），結婚したことがない（1.4%），子がない（1.0%）層で，両性愛的回答が多いのは 30 代前半（3.4%），年齢 10 歳階級で 30 代（2.9%），学歴が小・中学校（7.5%），

表 7-5　人口学的属性別にみた，性関係の相手の性別の分布

	シス男性						シス女性					
	同性のみ,ほとんど同性	同性異性同じ,ほとんど異性	どちらもなし	異性のみ	無回答	n	同性のみ,ほとんど同性	同性異性同じ,ほとんど異性	どちらもなし	異性のみ	無回答	n
全体	1.6%	1.1%	6.2%	90.0%	1.1%	1742	0.5%	1.8%	6.7%	88.5%	2.5%	2497
年齢 5 歳階級												
18～19歳	—	—	61.9%	33.3%	4.8%	21	—	—	67.4%	32.6%	—	43
20～24歳	2.1%	—	31.6%	66.3%	—	95	0.7%	2.1%	29.1%	66.0%	2.1%	141
25～29歳	4.0%	3.2%	12.7%	80.2%	—	126	0.8%	1.3%	15.2%	82.3%	0.4%	237
30～34歳	2.3%	0.6%	8.2%	88.3%	0.6%	171	1.0%	3.4%	6.1%	88.4%	1.0%	294
35～39歳	3.3%	0.5%	4.3%	91.9%	—	210	—	2.4%	3.0%	94.3%	0.3%	333
40～44歳	0.4%	0.8%	4.7%	93.7%	0.4%	255	1.3%	1.6%	1.3%	94.7%	1.3%	319
45～49歳	1.5%	0.8%	2.6%	94.4%	0.8%	266	—	1.3%	2.6%	95.1%	1.0%	384
50～54歳	1.1%	1.1%	1.8%	94.5%	1.5%	271	—	1.8%	2.6%	90.9%	4.7%	340
55～60歳	0.7%	2.0%	0.3%	95.1%	2.0%	305	0.6%	1.1%	2.3%	89.8%	6.3%	352
年齢10歳階級												
18～29歳	2.9%	1.7%	24.4%	70.7%	0.4%	242	0.7%	1.4%	25.2%	71.7%	1.0%	421
30～39歳	2.9%	0.5%	6.0%	90.3%	0.3%	381	0.5%	2.9%	4.5%	91.5%	0.6%	627
40～49歳	1.0%	0.9%	3.6%	94.0%	0.6%	521	—	1.4%	2.0%	94.9%	1.1%	703
50～60歳	0.9%	1.6%	1.0%	94.8%	1.7%	576	0.3%	1.4%	2.5%	90.3%	5.5%	692
学歴（最後に通った学校）												
小・中学校	—	3.6%	3.6%	89.3%	3.6%	28	—	7.5%	5.0%	85.0%	2.5%	40
高校	1.2%	0.8%	5.0%	91.8%	1.2%	500	0.6%	2.4%	4.9%	89.2%	3.0%	673
専門・専修（高卒後）	2.2%	1.9%	6.3%	88.8%	0.7%	269	0.6%	1.3%	5.6%	89.4%	3.0%	462
短大・高専	4.8%	4.8%	4.8%	85.7%	—	42	0.2%	1.4%	4.9%	91.1%	2.4%	493
大学	1.2%	0.8%	7.1%	89.8%	1.2%	778	0.5%	1.7%	9.9%	86.4%	1.5%	755
大学院	4.3%	0.9%	6.1%	88.7%	—	115	—	—	9.5%	85.7%	4.8%	63
配偶関係												
結婚している	0.4%	0.8%	0.3%	97.5%	1.1%	1025	—	1.7%	0.3%	95.6%	2.4%	1445
結婚したことがない	3.8%	1.5%	18.1%	75.2%	1.4%	581	1.4%	1.4%	20.8%	73.3%	3.0%	768
離別した	0.9%	1.7%	—	97.4%	—	117	0.4%	3.3%	0.8%	94.7%	0.8%	243
死別した	—	—	—	100.0%	—	6	—	—	—	100.0%	—	23
子の有無												
なし	2.9%	1.2%	12.5%	82.3%	1.1%	830	1.0%	2.0%	14.2%	80.3%	2.6%	1137
あり	0.4%	0.9%	0.2%	97.5%	0.9%	891	0.1%	1.6%	0.3%	95.7%	2.3%	1338
日本国籍の有無												
国籍日本以外	8.9%	1.8%	1.8%	85.7%	1.8%	56	1.5%	1.5%	19.4%	73.1%	4.5%	67
日本国籍	1.4%	1.1%	6.4%	90.1%	1.1%	1684	0.5%	1.8%	6.3%	89.0%	2.4%	2422
親の国籍												
日本以外の国籍あり	7.6%	4.3%	4.3%	82.6%	1.1%	92	0.8%	1.6%	15.0%	78.7%	3.9%	127
日本国籍の親のみ	1.3%	0.9%	6.2%	90.5%	1.2%	1629	0.5%	1.8%	6.3%	89.0%	2.4%	2350

┈┈┈┈ で囲まれたセルは，残差分析の結果，比率が5％水準で全体よりも少ないことを示す。

▭ で囲まれたセルは，残差分析の結果，比率が5％水準で全体よりも多いことを示す。

　各変数の無回答者の分布は省略している。

　フィッシャーの正確確率検定：シス男性の学歴を除き，すべて p < 0.05。

離別した（3.3%）層である。性経験がない無性愛的回答は，18〜19歳（67.4%），20代前半（29.1%），20代後半（15.2%），年齢10歳階級の30歳未満（25.2%），学歴が大学（9.9%），結婚したことがない（20.8%），子がない（14.2%），日本国籍以外（19.4%），国籍が日本以外の親をもつ（15.0%）層で多い。

3）恋愛的惹かれ，性的惹かれ，性関係の相手の性別の複合指標と人口学的属性

　次に，これらの3つの指標を複合させ，同性愛的（「同性のみ」，「ほとんど同性」の回答がある），両性愛的（同性愛的な回答はなく，「ほとんど異性」，「男性と女性同じくらい」の回答がある），無性愛的（同性愛的回答も，両性愛的回答もなく，無性愛的回答はある），異性愛的（回答された項目ではすべて異性愛的回答がなされている），無回答（3指標とも無回答），に分け，前節で用いた人口学的属性別に集計した結果を示す（表7-6）。

恋愛的惹かれ，性的惹かれ，性関係の相手の性別の3側面の複合指標による性的指向の分類

	シス男性	シス女性
同性愛的	「ほとんど男性」・「男性のみ」が1つ以上ある	「ほとんど女性」・「女性のみ」が1つ以上ある
両性愛的	「ほとんど女性」・「男性と女性同じくらい」が1つ以上ある（ただし同性愛的回答はない）	「ほとんど男性」・「男性と女性同じくらい」が1つ以上ある（ただし同性愛的回答はない）
無性愛的	どちらもない，の回答が1つ以上ある（ただし同性愛的・両性愛的回答はない）	どちらもない，の回答が1つ以上ある（ただし同性愛的・両性愛的回答はない）
異性愛的	回答されたものは，すべて「女性のみ」	回答されたものは，すべて「男性のみ」
無回答	すべて無回答	すべて無回答

　複合指標に基づくと，シス男性で同性愛的に分類される割合は1.8%，両性愛的は4.3%，無性愛的は6.7%である。これらを合わせると，シス男性の約8人に1人（12.8%）が，異性愛的な経験のみを有するわけではないことがわかる。人口学的属性で分けてみると，同性愛的に該当する人が多いのは20代後半（4.8%），両性愛的が多いのも，やはり20代後半で7.9%である。

　異性愛的なシス男性の割合は86.3%である。年齢別にみると，40代以上に多く，40代前半と40代後半で91.4%，50代前半で90.4%，50代後半で90.5%である。無回答はもっとも若い層（4.8%）ともっとも高齢の層（2.0%）で多い。

表 7-6　人口学的属性別にみた，恋愛的惹かれ，性的惹かれ，性関係の相手の性別の
3 側面の複合指標による性的指向の分布

	シス男性						シス女性					
	同性愛的	両性愛的	無性愛的	異性愛的	無回答	n	同性愛的	両性愛的	無性愛的	異性愛的	無回答	n
全体	1.8%	4.3%	6.7%	86.3%	1.0%	1742	0.8%	8.7%	7.6%	81.5%	1.4%	2497
年齢5歳階級												
18～19歳	—	—	61.9%	33.3%	4.8%	21	—	14.0%	55.8%	30.2%	—	43
20～24歳	2.1%	5.3%	30.5%	62.1%	—	95	1.4%	12.8%	27.7%	56.7%	1.4%	141
25～29歳	4.8%	7.9%	11.9%	75.4%	—	126	0.8%	12.2%	16.0%	70.9%	—	237
30～34歳	2.3%	5.8%	6.4%	84.8%	0.6%	171	2.0%	9.9%	5.8%	81.6%	0.7%	294
35～39歳	3.3%	4.3%	4.3%	88.1%	—	210	0.3%	9.6%	3.0%	86.8%	0.3%	333
40～44歳	0.4%	2.7%	5.1%	91.4%	0.4%	255	1.3%	7.2%	2.8%	88.1%	0.6%	319
45～49歳	1.5%	3.4%	3.4%	91.4%	0.4%	266	—	6.3%	3.6%	89.6%	0.5%	384
50～54歳	1.1%	4.4%	3.3%	90.4%	0.7%	271	—	7.1%	5.0%	84.4%	3.5%	340
55～60歳	1.3%	4.3%	2.0%	90.5%	2.0%	305	0.9%	8.0%	5.4%	83.0%	2.8%	352
年齢10歳階級												
18～29歳	3.3%	6.2%	23.6%	66.5%	0.4%	242	1.0%	12.6%	24.0%	62.0%	0.5%	421
30～39歳	2.9%	5.0%	5.2%	86.6%	0.3%	381	1.1%	9.7%	4.3%	84.4%	0.5%	627
40～49歳	1.0%	3.1%	4.2%	91.4%	0.4%	521	0.6%	6.7%	3.3%	88.9%	0.6%	703
50～60歳	1.2%	4.3%	2.6%	90.5%	1.4%	576	0.4%	7.5%	5.2%	83.7%	3.2%	692
学歴（最後に通った学校）												
小・中学校	—	7.1%	7.1%	82.1%	3.6%	28	—	10.0%	5.0%	85.0%	—	40
高校	1.6%	3.8%	6.0%	87.8%	0.8%	500	0.6%	8.2%	6.4%	82.9%	1.9%	673
専門・専修（高卒後）	2.6%	4.5%	6.3%	85.9%	0.7%	269	1.1%	8.2%	6.1%	82.7%	1.9%	462
短大・高専	4.8%	7.1%	7.1%	81.0%	—	42	0.4%	6.5%	7.5%	84.6%	1.0%	493
大学	1.2%	4.2%	7.5%	86.1%	1.0%	778	1.1%	10.1%	9.8%	78.4%	0.7%	755
大学院	4.3%	4.3%	5.2%	86.1%	—	115	—	17.5%	7.9%	69.8%	4.8%	63
配偶関係												
結婚している	0.5%	3.2%	1.0%	94.4%	0.9%	1025	0.1%	7.9%	2.6%	87.9%	1.5%	1445
結婚したことがない	4.0%	6.2%	17.9%	70.7%	1.2%	581	1.8%	10.0%	19.0%	67.6%	1.6%	768
離別した	1.7%	4.3%	1.7%	92.3%	—	117	1.2%	9.5%	2.5%	86.4%	0.4%	243
死別した	—	16.7%	—	83.3%	—	6	—	4.3%	—	95.7%	—	23
子の有無												
なし	3.1%	5.3%	12.3%	78.4%	0.8%	830	1.5%	10.4%	13.5%	73.3%	1.3%	1137
あり	0.6%	3.3%	1.3%	94.1%	0.8%	891	0.1%	7.4%	2.5%	88.6%	1.3%	1338
日本国籍の有無												
国籍日本以外	8.9%	10.7%	—	78.6%	1.8%	56	1.5%	10.4%	17.9%	65.7%	4.5%	67
日本国籍	1.5%	4.0%	6.9%	86.6%	1.0%	1684	0.7%	8.7%	7.3%	81.9%	1.3%	2422
親の国籍												
日本以外の国籍あり	7.6%	13.0%	4.3%	73.9%	1.1%	92	0.8%	11.8%	15.7%	68.5%	3.1%	127
日本国籍の親のみ	1.5%	3.7%	6.7%	87.1%	1.0%	1629	0.8%	8.6%	7.2%	82.1%	1.3%	2350

┈┈ で囲まれたセルは，残差分析の結果，比率が5％水準で全体よりも少ないことを示す。

□ で囲まれたセルは，残差分析の結果，比率が5％水準で全体よりも多いことを示す。

各変数の無回答者の分布は省略している。

フィッシャーの正確確率検定：シス男性の学歴を除き，すべて p＜0.05。

年齢を 10 歳階級にまとめると，無性愛的は 30 歳未満（23.6%）で，異性愛的は 40 代（91.4%）と 50 代（90.5%），無回答は 50 代（1.4%）で多い。学歴によってみると，同性愛的に該当する人が多いのは，大学院で 4.3% である。

　配偶関係では，これまで個別にみてきた結果と同様に，結婚したことがない場合は，同性愛的（4.0%），両性愛的（6.2%），無性愛的（17.9%）が多く，現在結婚している人では異性愛的が 94.4% と多い。離別した人においても，異性愛的が多い（92.3%）。子がいるか否かによる結果をみると，子のない人に同性愛的（3.1%），両性愛的（5.3%），無性愛的（12.3%）が多い。

　国籍では，国籍が日本以外の層で，同性愛的（8.9%）および両性愛的（10.7%）が多い。一方，日本国籍の層に，無性愛的（6.9%）が多い。同様に，日本国籍以外の親をもつ層で，同性愛的（7.6%）および両性愛的（13.0%）が多い。異性愛的な人は，両親とも日本国籍の層で多く 87.1% である。

　次にシス女性について，性的指向の複合指標と人口学的属性とのクロス集計の結果をみると，シス女性のうち，同性愛的は 0.8%，両性愛的は 8.7%，無性愛的は 7.6%，異性愛的は 81.5% である。これは，シス女性の 6 人に 1 人程度（17.1%）は，異性との経験のみを有しているのではないことを意味している。年齢 5 歳階級別でみると，同性愛的が多いのは，30 代前半（2.0%），両性愛的が多いのは 20 代後半（12.2%），無性愛的が多いのは 18～19 歳（55.8%），20 代前半（27.7%），20 代後半（16.0%）である。異性愛的が多い年代は 30 代後半（86.8%），40 代前半（88.1%），40 代後半（89.6%）である。無回答は 50 代前半（3.5%）と 50 代後半（2.8%）で多い。年齢 10 歳階級でみると，両性愛的（12.6%）と無性愛的（24.0%）は 30 歳未満で多く，異性愛的は 30 代（84.4%）と 40 代（88.9%）で，無回答は 50 代（3.2%）で多い。

　学歴については，両性愛的は大学院で（17.5%），無性愛的は大学で（9.8%）また無回答も大学院（4.8%）で多い。配偶関係別にみると，同性愛的（1.8%）および無性愛的（19.0%）は結婚したことのない人に多く，異性愛的は，離別した人（86.4%）と結婚している人（87.9%）に多い。

　子の有無でみると，同性愛的（1.5%），両性愛的（10.4%），無性愛的（13.5%）

は子のない層で多く，異性愛的（88.6%）は，子のある層で多い。国籍について
みると，日本以外の国籍をもつ層で無性愛的（17.9%）と無回答（4.5%）が多
く，日本以外の国籍の親をもつ層でもやはり無性愛的（15.7%）が多い。

　ここまでの結果から，性的指向アイデンティティ，恋愛的惹かれ，性的惹か
れ，性関係の相手の性別の 3 つの側面，これら 3 側面の複合指標の人口学的属
性による集計結果は，傾向は似ているが細かな違いもあることが確認できた。
主に複合指標に焦点を当ててまとめると，年齢が若い層から順に，相対的に多
いのは，無性愛的，次いで両性愛的，同性愛的，そして異性愛的である。複合
指標の場合は，性経験が指標に含まれることから，必然的に経験の少ない若年
層に無性愛的が多くみられる。女性と男性を比べると，女性では男性と異なり，
50 代で異性愛的が多いとの結果はみられなかった。学歴別では，大学院で，男
性では同性愛的，女性では両性愛的が多い。また，同性愛的，両性愛的，無性
愛的は結婚したことのない人と子のない人に多く，異性愛的は結婚しているま
たは離別した人，子のある人に多い。ただし女性では，配偶関係による両性愛
的の割合に差がみられない。日本国籍をもたない層の男性では同性愛的および
両性愛的が多いが，女性では無性愛的と無回答が多い。日本国籍以外の親がい
る場合も，本人が日本国籍をもたない場合とほぼ同様の傾向がみられる。

4）性的指向アイデンティティの「規定要因」の分析：多変量解析の試み

　上記では，年齢，国籍，配偶関係等のそれぞれと性的指向との関連をみてき
たが，たとえば結婚している人は年齢も上であるといった関係性もあるため，
どの要因が性的指向と関連あるのかを見極めることが難しい。そこで，性的指
向と複数の人口学属性との関連を同時に検討するために，多変量解析を行う。[14]

　学歴と性的指向アイデンティティとの関連は，双方向的に関連している可能
性が考えられる。学歴の高い人は，親の学歴も高いことは周知のとおりである。
そして，学歴が高い方が自由で柔軟な考えをもつ傾向にあるため，学歴が高い
人は，学歴が高くて柔軟で自由な考えをもつ親に育てられる傾向がある。柔軟
な考えをもつ親に育てられた人の方が，マイノリティのアイデンティティを認
識し，表明しやすい傾向があることも指摘されている（平森 2022）。一方で性

的指向が学歴に影響を与えることも，指摘されている。性的マイノリティは学校でいじめを受けることが多いため，それが学業に悪影響をあたえ，学歴が低くなるという可能性もあれば，逆に，性的マイノリティであると認識している場合，それを補うために勉学に力を入れ，結果的に学歴が高くなることもありうる。

　先行研究においては，性的指向を説明変数とし，学歴，職業，職位，収入などの経済状況，健康状態などを被説明変数として，他の要因を統制した上で，性的指向が，どれくらいの説明力をもつのか，もしくは性的指向による違いは他の要因を統制した際，統計的に有意なものなのかといったことを分析する研究が一定程度蓄積されている。ここでは，こうした議論には触れず，日本で実施された調査データを用いた基礎的分析を目的とし，いくつかの属性のうち，性的指向に関わっているものはどれか，あるいは「どのような人たちが性的指向アイデンティティをたずねる問いに，マイノリティ的な回答を選ぶのか」「どのような人たちが，規範的である異性愛的な行動と異なる回答を調査で報告するのか」を知る手がかりとする。

　クロス集計および残差分析からは，年齢，本人が日本国籍か否か，親が日本国籍か否か，配偶関係，子の有無が，性的指向アイデンティティや恋愛的惹かれ，性的惹かれ，性行動が同性愛的，両性愛的，無性愛的であるかに関連していることが示された。学歴については明らかな傾向がみられなかったため，ここでの分析には含めない。国籍に関しては，本人の国籍と親の国籍との関連が強く，また性的指向と本人または親の国籍との関連も類似していたことから，本人と親のいずれかもしくは双方が日本国籍でない場合と，本人も親も日本国籍である場合にまとめることとする。

　ここで用いる説明変数は，出生時の性別（男性＝1，女性＝0），年齢5歳階級（20〜24歳を参照群に設定），本人・親が日本国籍か否か（本人・親共日本国籍＝1，それ以外＝0），結婚経験の有無（結婚経験あり＝1，なし＝0），子の有無（子あり＝1，なし＝0）である。性的指向アイデンティティ，および性的指向の複合指標それぞれを従属変数としたモデルを推定する。性的指向アイデ

ンティティについては，異性愛者（0）と同性愛者・両性愛者（1）の二値変数，および異性愛者（0）と無性愛者（1）の二値変数をそれぞれ従属変数とした分析を行う。それぞれについて，シス男性・シス女性に分けないシスジェンダー全体のモデル，およびシス男性とシス女性に分けたモデルをロジスティック回帰分析の罰則付き最尤推定法（Firth 法）を用いて推定する。[16]

　表7-7 に性的指向アイデンティティを従属変数とした合計 5 つのロジスティック回帰分析（Firth 法）の結果を示す。それぞれの分析内容は次のとおりである。

上段：「異性愛者」ではなく，「同性愛者」または「両性愛者」と回答することに対
　　　する分析（左列：シスジェンダー全体，中列：シス男性，右列：シス女性）
下段：「異性愛者」ではなく，「無性愛者」と回答することに対する分析（左列：シ
　　　スジェンダー全体，中列：なし　右列：シス女性）

　表 7-7 の上段に示す，シスジェンダー全体の結果をみると，「異性愛者」ではなく「同性愛者・両性愛者」と回答するか否かには男女差がなく，「同性愛者・両性愛者」の回答は，本人と親の国籍が日本である，また結婚経験があると少なく，20〜24 歳に比べ，40 代後半と 50 代前半で少ないことが示された。シス男性のみを取り出して分析すると，本人と親の国籍と結婚経験についての結果は全体でみた場合と同じであり，さらに子がいると「同性愛者・両性愛者」と回答することが少ないこと，そして 20〜24 歳に比べると，20 代後半，30 代後半，50 代後半で多いとの結果であった。シス女性の場合は「同性愛者・両性愛者」と回答するか否かに，結婚経験や子の有無による違いはみられず，20〜24 歳に比べ，40 代以上で「同性愛者・両性愛者」との回答が少ないという，年齢による差のみがみられた。

　同表下段に示す，「異性愛者」ではなく「無性愛者」と回答することについては，シスジェンダー全体では，女性に比べて男性の方が，また結婚経験がある方が，少なかった。シス女性のみをみても，結婚経験がある方が，「無性愛者」

表 7-7 性的指向アイデンティティを従属変数としたロジスティック回帰分析
（Firth 法）の結果

	1=同性愛者・両性愛者（0=異性愛者）					
	シスジェンダー全体		シス男性		シス女性	
	B	標準誤差	B	標準誤差	B	標準誤差
男性	0.137	0.224	–	–	–	–
本人・親：日本国籍	-1.318 ***	0.303	-1.866 ***	0.390	-0.509	0.503
結婚経験あり	-0.849 **	0.335	-0.854 +	0.471	-0.740	0.453
子あり	-0.603	0.370	-1.014 +	0.558	-0.239	0.478
年齢（参照群 20-24歳）						
18~19歳	-0.716	0.883	1.033	1.084	-1.736	1.452
25~29歳	0.392	0.392	1.248 +	0.745	-0.190	0.469
30~34歳	0.073	0.421	0.547	0.810	-0.294	0.493
35~39歳	0.182	0.432	1.383 +	0.756	-0.841	0.581
40~44歳	-0.823	0.537	-0.549	1.044	-1.040 +	0.608
45~49歳	-0.896 +	0.538	-0.606	1.044	-1.180 *	0.611
50~54歳	-1.220 *	0.626	-0.051	0.914	-2.081 **	0.899
55~60歳	0.081	0.445	1.266 +	0.739	-1.458 *	0.759
定数	-1.684 ***	0.393	-1.796 ***	0.708	-1.932 ***	0.528
n	3555 (1=81, 0=3474)		1483 (1=37, 0=1446)		2072 (1=44, 0=2028)	
最尤度検定	82.417 ***		63.702 ***		37.176 **	
Wald 検定	936.302 ***		365.592 ***		566.541 ***	

	1=無性愛者（0=異性愛者）					
	シスジェンダー全体		シス男性※		シス女性	
	B	標準誤差			B	標準誤差
男性	-1.646 **	0.528			–	–
本人・親 日本国籍	-0.394	0.632			-0.485	0.644
結婚経験あり	-2.931 ***	0.919			-2.748 **	0.927
子あり	1.112	0.918			1.095	0.927
年齢（参照群 20-24歳）						
18~19歳	0.393	0.975			0.355	0.983
25~29歳	0.181	0.708			-0.105	0.757
30~34歳	0.526	0.683			0.490	0.693
35~39歳	-1.758	1.463			-1.824	1.473
40~44歳	0.395	0.718			0.111	0.770
45~49歳	-0.318	0.821			-0.374	0.832
50~54歳	0.708	0.699			0.471	0.740
55~60歳	0.113	0.846			0.094	0.869
定数	-3.129 ***	0.750			-2.931 ***	0.748
n	3500 (1=26, 0=3474)				2051 (1=23, 0=2028)	
最尤度検定	44.702 ***				28.012 **	
Wald 検定	513.172 ***				409.653 ***	

（注） ***: p<.001, **: p<.01, *: p<.05, +:p<.10
※ 無性愛者のシス男性が 3 人のみであるため，シス男性のみの分析はしていない。

表 7-8 性的指向の 3 側面の複合指標を従属変数としたロジスティック回帰分析
（Firth 法）の結果

	1=同性愛的・両性愛的（0=異性愛的）					
	シスジェンダー全体		シス男性		シス女性	
	B	標準誤差	B	標準誤差	B	標準誤差
男性	-0.506 ***	0.125	−	−	−	−
本人・親：日本国籍	-0.779 ***	0.205	-1.319 ***	0.292	-0.319	0.292
結婚経験あり	-0.417 *	0.170	-1.032 **	0.329	-0.111	0.204
子あり	-0.349 *	0.166	-0.129	0.336	-0.423 *	0.191
年齢（参照群 20-24歳）						
18～19歳	0.452	0.501	-0.558	1.513	0.648	0.540
25～29歳	0.065	0.269	0.516	0.481	-0.249	0.324
30～34歳	-0.059	0.269	0.208	0.495	-0.284	0.319
35～39歳	-0.115	0.272	0.423	0.488	-0.452	0.327
40～44歳	-0.505 +	0.286	-0.466	0.539	-0.630 +	0.337
45～49歳	-0.647 *	0.286	-0.124	0.504	-0.983 **	0.345
50～54歳	-0.409	0.284	0.046	0.493	-0.732 *	0.346
55～60歳	-0.198	0.276	0.080	0.482	-0.449	0.337
定数	-0.723 **	0.272	-0.830 +	0.464	-1.057 **	0.342
n	3783 （1=331, 0=3452）		1571 （1=103, 0=1468）		2212 （1=228, 0=1984）	
最尤度検定	102.05 ***		62.916 ***		43.312 ***	
Wald 検定	1543.450 ***		602.634 ***		917.417 ***	

	1=無性愛的（0=異性愛的）					
	シスジェンダー全体		シス男性		シス女性	
	B	標準誤差	B	標準誤差	B	標準誤差
男性	-0.229 +	0.136	−	−	−	−
本人・親 日本国籍	-0.190	0.256	0.291	0.536	-0.474	0.294
結婚経験あり	-2.129 ***	0.285	-4.396 ***	1.386	-1.676 ***	0.305
子あり	0.049	0.305	1.982 +	1.409	-0.221	0.326
年齢（参照群 20-24歳）						
18～19歳	1.187 ***	0.314	1.206 *	0.509	1.202 **	0.395
25～29歳	-0.499 *	0.217	-0.757 *	0.363	-0.329	0.273
30～34歳	-1.108 ***	0.252	-0.988 *	0.392	-1.123 ***	0.325
35～39歳	-1.336 ***	0.286	-0.921 *	0.423	-1.510 ***	0.384
40～44歳	-1.322 ***	0.277	-0.973 **	0.386	-1.575 ***	0.397
45～49歳	-1.367 ***	0.269	-1.314 ***	0.415	-1.325 ***	0.348
50～54歳	-1.093 ***	0.266	-1.313 ***	0.434	-0.898 **	0.335
55～60歳	-0.984 ***	0.270	-1.595 ***	0.472	-0.572 +	0.338
定数	-0.356	0.275	-0.895 +	0.560	-0.218	0.314
n	3750 （1=298, 0=3452）		1580 （1=112, 0=1468）		2170 （1=186, 0=1984）	
最尤度検定	481.866 ***		224.217 ***		275.390 ***	
Wald 検定	1122.546 ***		387.824 ***		689.597 ***	

（注）　***: p<.001，**: p<.01，*: p<.05，+:p<.10

の回答が少なかった（シス男性については，「無性愛者」と回答したのが 3 人の
みであったため，分析していない）。

　性的指向アイデンティティに関しての結果で特徴的な点を挙げると，1 つ目
は，「同性愛者・両性愛者」と回答するか否かについては，シス男性のみで，国
籍や結婚経験，子の有無による違いがみられ，シス女性では国籍や結婚経験，
子の有無による違いがみられず，40 代以上であることのみで違いがみられたこ
とである。2 つ目は，「無性愛者」と回答するか否かについては，性別と結婚経
験以外の属性との関連はみられないことである。また配偶関係，子の有無，国
籍を統制した場合，シス男性では，若年層のみでなく 50 代後半でも「同性愛
者・両性愛者」が多いという結果がみられたことも興味深い。

　次に，性的指向の複合指標について，**表7-8** に 2 段 3 列の計 6 つのロジス
ティック回帰分析（Firth 法）の結果を示す。それぞれの分析内容は次のとおり
である。

上段：「異性愛的」ではなく，「同性愛的」「両性愛的」であることについての分析
　　　（左列：シスジェンダー全体，中列：シス男性，右列：シス女性）
下段：「異性愛的」ではなく，「無性愛的」であることについての分析（左列：シス
　　　ジェンダー全体，中列：シス男性，右列：シス女性）

　まず，表 7-8 上段の「同性愛的・両性愛的」であることについて，シスジェ
ンダー全体の結果をみる。男性であること，本人および親が日本国籍であるこ
と，結婚経験があること，子がいること，40〜44 歳であること，45〜49 歳であ
ることにおける有意な負の係数は，いずれも「同性愛的・両性愛的」が少なく
なることを示している。シス男性の結果をみると，本人も親も日本国籍である
ことと，結婚経験があることの係数が負で有意であった。シス女性では，子が
いる，そして 40 代前半，40 代後半，50 代前半であると，20〜24 歳と比較して
「同性愛的・両性愛的」が少なくなることが示された。前述の性的指向アイデン
ティティで「同性愛者・両性愛者」と回答することについての結果と同様に，

女性では国籍や結婚経験による違いはみられない。一方で，「同性愛的・両性愛的」な回答は，男性であることによって少なくなる，女性では子がいることによって少なくなるなど，性的指向アイデンティティについての結果ではみられなかったものもある。

　次に下段の「無性愛的」であることについての結果をみていく。左列のシスジェンダー全体のモデルでは，男性，そして結婚経験があると，「無性愛的」が少なくなることが示された。年齢については，20〜24 歳に比べ，18〜19 歳では無性愛的が多く，20 代後半以上では，無性愛的が少ない。シス男性（中列）では，年齢 25 歳以上すべてと，結婚経験が負で有意であり，傾向はシスジェンダー全体の場合と同じであった。男性について，子があることが正で有意であるとの結果については，子を設けたあとは性愛から離れても社会規範から逸脱しないとみなされていることに対応するとも考えられるが，今後精査が必要である。シス女性の分析でも，年齢の結果はシス男性の場合とほぼ同じであるが，20〜24 歳と 25〜29 歳との間の違いはみられない。

　性的指向アイデンティティと性的指向の複合指標についての結果が示す傾向には矛盾した点はほとんどなく，有意な係数の正負は概ね一致している。ただし，性的指向の複合指標の方がより多くの要因によって回答が異なる。無性愛についてはアイデンティティでは年齢による違いがみられなかったが，恋愛的惹かれ，性的惹かれ，性関係の複合指標では，年齢による違いが顕著であった。女性や本人や親が日本国籍でないといった，なんらかの社会的マイノリティ属性をもつ人の方が，同性愛・両性愛，無性愛といった回答が多いのは，同じくマイノリティ属性である非異性愛的な回答をすることに抵抗が少ないためかもしれない。シス男性とシス女性を分けて分析した際，本人や親が日本国籍を有していないと「同性愛的・両性愛的」な回答が多いとの結果は，男性のみでみられた。日本国籍を有する場合に，男性が異性愛規範により強く影響されることの表れである可能性がある。結婚経験についての結果の背景には，「同性愛的・両性愛的」あるいは「無性愛的」な回答をする人は，この調査で捉えている異性との結婚をそもそも望まない可能性があると考えられる。シス男性とシ

ス女性に分けると，「同性愛的・両性愛的」な回答は，男性では結婚経験がある
と少なくなり，女性では結婚経験ではなく，子をもっていると少なくなること
が示された。この違いの理由として，女性は男性と比べ，結婚を受け入れざる
をえない社会経済的環境に置かれている場合が多く，同性愛的・両性愛的であっ
ても男性と結婚し，また，結婚後も同性愛的・両性愛的でありえることが考え
られる。「同性愛的・両性愛的」な回答をみると，女性の場合はそのほとんどが
両性愛的（8.7%）（同性愛的は0.8%）であることから，結婚経験の有無が異性
愛的な女性との境界にはなっていない可能性もある。

(3) 性自認のあり方に関する分析

1) 性自認のあり方と人口学的属性

　先述のとおり，大阪市民調査においては，出生時の性別への回答と，現在自
認する性別が同じでない人を，「トランスジェンダー」と分類した。ただし「現
在自認する性別が出生時のものと同じか」の問いへの回答に，「違和感がある」
あるいは「別の性別である」と回答しても現在自認する性別の回答が出生時の
性別と同じであった人は，「シスジェンダー」として扱う。「トランスジェン
ダー」としてここで集計するのは32人のみであるため，結果として出てくる数
値そのものから何かの結論を見出すのではなく，今後，こうしたデータを蓄積
すれば，どのようなことを示すことができるのかのプレビューとして位置付け
たい。

　ここでは性自認のあり方を，シス男性（1,742人），FTM（トランス男性，す
なわち出生時の性別が女性で現在の認識が男性）4人，FTX（出生時の性別が
女性で，現在の認識がその他）16人，MTX（出生時の性別が男性で現在の認識
がその他）6人，MTF（トランス女性，すなわち出生時の性別が男性で，現在
の認識が女性）6人，シス女性（2,497人）に分けた。

　表7-9では，FTM，FTX，MTX，MTFの人口学的属性別の度数，そして参考
までにシス男性とシス女性の人口学的属性別の割合を示している。年齢5歳階
級でみると，FTXのほとんどは40歳未満，MTXのほとんどは30歳未満であ

表 7-9 性自認のあり方別にみた，人口学的属性の分布

	FTM[1]	FTX[1]	MTX[1]	MTF[1]	シス男性	シス女性	全体[2]	n
年齢 5 歳階級 [3]								
18〜19歳	0	0	3	0	1.2%	1.8%	1.6%	67
20〜24歳	0	4	0	0	5.5%	5.8%	5.7%	240
25〜29歳	1	3	2	1	7.3%	9.7%	8.8%	370
30〜34歳	0	5	0	1	9.9%	12.0%	11.2%	471
35〜39歳	1	3	0	2	12.2%	13.6%	13.1%	549
40〜44歳	1	0	0	0	14.8%	13.1%	13.7%	575
45〜49歳	1	1	0	0	15.5%	15.7%	15.5%	652
50〜54歳	0	0	1	0	15.8%	13.9%	14.6%	612
55〜60歳	0	0	0	2	17.7%	14.4%	15.7%	659
					100.0%	100.0%	100.0%	4195
n	4	16	6	6	1720	2443		4195
年齢10歳階級 [3]								
18〜29歳	1	7	5	1	14.1%	17.2%	16.1%	677
30〜39歳	1	8	0	3	22.2%	25.7%	24.3%	1020
40〜49歳	2	1	0	0	30.3%	28.8%	29.2%	1227
50〜60歳	0	0	1	2	33.5%	28.3%	30.3%	1271
					100.0%	100.0%	100.0%	4195
n	4	16	6	6	1720	2443		4195
学歴（最後に通った学校）[3]								
小・中学校	0	1	0	0	1.6%	1.6%	1.6%	69
高校	2	2	3	3	28.9%	27.1%	27.8%	1183
専門・専修学校（高卒後）	1	2	2	2	15.5%	18.6%	17.4%	738
短大・高専	1	1	0	0	2.4%	19.8%	12.6%	537
大学	0	9	0	1	44.9%	30.4%	36.3%	1543
大学院	0	1	1	0	6.6%	2.5%	4.2%	180
					100.0%	100.0%	100.0%	4250
n	4	16	6	6	1732	2486		4250
配偶関係 [3]								
結婚している	2	3	0	3	59.3%	58.3%	58.4%	2478
結婚したことがない	2	13	6	2	33.6%	31.0%	32.4%	1372
離別した	0	0	0	1	6.8%	9.8%	8.5%	361
死別した	0	0	0	0	0.3%	0.9%	0.7%	29
					100.0%	100.0%	100.0%	4240
n	4	16	6	6	1729	2479		4240
子の有無 [3]								
なし	4	15	6	3	48.2%	45.9%	47.2%	1995
あり	0	1	0	3	51.8%	54.1%	52.8%	2233
					100.0%	100.0%	100.0%	4228
n	4	16	6	6	1721	2475		4228
日本国籍の有無 [3]								
国籍日本以外	0	0	2	0	3.2%	2.7%	2.9%	125
日本国籍	4	16	4	6	96.8%	97.3%	97.1%	4136
					100.0%	100.0%	100.0%	4261
n	4	16	6	6	1740	2489		4261
親の国籍 [3]								
日本以外の国籍あり	0	0	2	0	5.3%	5.1%	5.2%	221
日本国籍の親のみ	4	16	4	6	94.7%	94.9%	94.8%	4009
					100.0%	100.0%	100.0%	4230
n	4	16	6	6	1721	2477		4230

┈┈で囲まれたセルは，残差分析の結果，比率が5%水準で全体よりも少ないことを示す。

──で囲まれたセルは，残差分析の結果，比率が5%水準で全体よりも多いことを示す。

（注）　1）FTM，FTX，MTX，MTF はそれぞれ人数が少ないため，人口学的属性の内訳は％で示さず，度数のみで示している。　2）ここでの全体には，シスジェンダーおよびトランスジェンダーを含めている。ただし各変数への無回答者は含めない。　3）フィッシャーの正確確率検定：親の国籍を除き，すべて p<0.05.

る。学歴（最後に通った学校）の分布をみると，FTM の 4 人の中には大学以上の学歴の人はおらず，一方で FTX の半数以上は大学以上の学歴である。MTXと MTF の半数の学歴は高校であり，シス男性やシス女性より相対的に多い。また，シス男性には大学以上が多く，シス女性は大学未満が多いという違いもみられる。配偶関係をみると，FTX の 16 人中 13 人，MTX では 6 人全員が，結婚したことがないが，FTM は 4 人中 2 人，MTF は 6 人中 3 人が結婚している。子の有無をみると，トランスジェンダーのほとんどが子をもっていない。国籍でみると MTX のみ親または本人が日本国籍以外である人が 2 人いるが，他のトランスジェンダーはすべて本人も親も日本国籍である。

　まとめると，本調査でトランスジェンダーであると特定された人たちは，年齢が若い，結婚したことがない，子がない人が相対的に多いことが確認された。また，年齢は FTM や FTX（出生時は女性）の方が，MTF や MTX（出生時は男性）より若干上である傾向もみられた。

2) トランスジェンダーの人々の性的指向

　ここでは，国際的にみてもデータが少ないトランスジェンダーの性的指向の分布をみるため，性自認のあり方別にみた性的指向の集計結果を示す（**表7-10**）。性的指向アイデンティティ，恋愛的惹かれ，性的惹かれ，性関係の相手の性別のそれぞれをみていく。

　FTM と FTX の場合，性的指向アイデンティティは「決めたくない・決めていない」が半数で，シスジェンダー全体の 5.2% と大きく異なる。MTX に分類された 6 人中 3 人が無性愛者を選択している。同性愛者の選択は，FTX と MTFのみで若干名，両性愛者の選択は，FTX，MTX，MTF で若干名あった。MTF の中でもっとも多いのは両性愛者で 6 人中 2 人である。

　次いで，恋愛的惹かれをみると，FTM の全員が「男性と女性同じくらい」，「ほとんどが女性」，「女性のみ」のいずれかを選択している。MTX も，5 人が「ほとんど女性」か「女性のみ」を選んでおり，男性が主な対象になる回答はみられない。FTX と MTF は，ほぼ全選択肢に回答者がいるが，FTX でもっとも多いのは「どちらもない」（4 人），MTF では「男性と女性同じくらい」（2 人）

表 7-10 性自認のあり方別にみた，性的指向アイデンティティ，恋愛的惹かれ・性的惹かれ・性関係の相手の性別の分布

		FTM[1]	FTX[1]	MTX[1]	MTF[1]	シス男性	シス女性	全体[2]	n
性的指向アイデンティティ[3]	異性愛者	1	0	1	1	85.0%	83.3%	83.4%	3564
	ゲイ・レズビアン・同性愛者	0	3	0	1	1.3%	0.2%	0.7%	31
	バイセクシュアル・両性愛者	0	3	1	2	1.0%	1.6%	1.5%	62
	アセクシュアル・無性愛者	1	2	3	0	0.2%	1.0%	0.8%	33
	決めたくない・決めていない	2	8	1	1	3.1%	6.2%	5.2%	220
	質問の意味がわからない	0	0	0	1	8.6%	6.8%	7.5%	322
	無回答	0	0	0	0	0.9%	1.0%	0.9%	39
						100.0%	100.0%	100.0%	4271
	n	4	16	6	6	1742	2497		4271
恋愛的惹かれの相手[3]	男女どちらにも恋愛感情を抱いたことがない	0	4	1	1	1.9%	2.7%	2.5%	107
	男性のみ	0	2	0	1	0.9%	88.9%	52.4%	2237
	ほとんどが男性	0	2	0	0	0.7%	5.6%	3.7%	156
	男性と女性同じくらい	2	3	0	2	0.6%	0.8%	0.9%	39
	ほとんどが女性	1	3	3	0	2.5%	0.2%	1.3%	55
	女性のみ	1	2	2	1	92.3%	0.2%	37.9%	1619
	無回答	0	0	0	0	1.1%	1.6%	1.4%	58
						100.0%	100.0%	100.0%	4271
	n	4	16	6	6	1742	2497		4271
性的惹かれの相手[3]	男女どちらにも性的に惹かれたことがない	1	4	1	0	1.4%	3.8%	3.0%	127
	男性のみ	0	2	0	2	1.3%	87.5%	51.8%	2211
	ほとんどが男性	0	1	0	0	0.3%	5.4%	3.3%	141
	男性と女性同じくらい	1	5	1	2	0.6%	1.1%	1.1%	46
	ほとんどが女性	1	2	3	0	2.5%	0.3%	1.3%	57
	女性のみ	1	2	1	1	92.7%	0.2%	38.0%	1623
	無回答	0	0	0	1	1.2%	1.8%	1.5%	66
						100.0%	100.0%	100.0%	4271
	n	4	16	6	6	1742	2497		4271
性関係の相手[3]	セックスをしたことがない	0	5	3	1	6.2%	6.7%	6.6%	284
	男性のみ	0	4	0	1	1.3%	88.5%	52.4%	2238
	ほとんどが男性	0	1	0	0	0.3%	1.6%	1.1%	45
	男性と女性同じくらい	0	1	0	2	0.3%	0.2%	0.3%	14
	ほとんどが女性	2	4	1	0	0.8%	0.2%	0.6%	27
	女性のみ	1	1	2	0	90.0%	0.2%	37.0%	1579
	無回答	1	0	0	0	1.1%	2.5%	2.0%	84
						100.0%	100.0%	100.0%	4271
	n	4	16	6	6	1742	2497		4271

［ｰｰｰ］で囲まれたセルは，残差分析の結果，比率が5%水準で全体よりも少ないことを示す。

［＿＿］で囲まれたセルは，残差分析の結果，比率が5%水準で全体よりも多いことを示す。

（注）1) FTM，FTX，MTX，MTF はそれぞれ人数が少ないため，人口学的属性の内訳は%で示さず，度数のみで示している。　2) ここでの全体には，シスジェンダーおよびトランスジェンダーを含めている。

3) フィッシャーの正確確率検定：すべて p<0.05.

である。

　性的惹かれの結果をみると，FTM と MTX は，「どちらにも惹かれたことがない」以外では「男性と女性同じくらい」，「ほとんど女性」，「女性のみ」のいずれかを選んでおり，恋愛的惹かれと同様に，男性が主な対象である回答はなかった。一方で FTX と MTF には，男性を主な対象とする回答もみられる。FTX の16人のうち5人が「男性と女性同じくらい」，4人が「どちらにも惹かれたことがない」を選び，残りの7人は「ほとんど男性」，「男性のみ」，「ほとんど女性」，「女性のみ」のいずれかを選択している。また MTF も「男性のみ」，「女性のみ」，「男性と女性同じくらい」に回答がある。

　性関係の相手をみると，FTM では「ほとんど女性」か「女性のみ」である。FTX は16人いることもあり，ほぼすべての選択肢に分布しているが，その中では「経験なし」が5人，「男性のみ」と「ほとんど女性」が4人ずつと比較的多い。MTX は6人中「経験なし」が3人，それ以外では「ほとんど女性」が1人，「女性のみ」が2人と，女性を主な対象とする選択肢が選ばれている。MTF の6人をみると，「男性と女性同じくらい」が2人，「女性のみ」が2人，「経験なし」が1人，「男性のみ」が1人である。FTM は4人のみであるが，無回答の1人を除き，「ほとんど女性」か「女性のみ」と回答している。

　以上，3つの側面への回答についてまとめると，トランスジェンダー（FTM，FTX，MTX，MTF）の恋愛感情や性的惹かれの相手の性別が「男性」である場合は少なく，「女性」であることが多い。32人中，恋愛的惹かれでは13人，性的惹かれでは11人，性関係の相手では13人が，女性を主な対象としている。性関係では相手が女性である場合の次に多いのが，無性愛的（性関係がない）である。ただし，この調査で用いた設問からは，相手の男性や女性がシス男性やシス女性なのかの区別はできない。また，ここでみられた傾向が，トランスジェンダーに一般的に固有のものか，あるいは社会構造によって差異があるのかについては，今後の調査研究の課題である。また，言うまでもなく，上で述べたことは，本調査で捉えたトランスジェンダーの回答者32人に限定的な結果である。

おわりに

　最後に本章のまとめを行い，今後の課題について考察する。本章ではまず，性的指向および性自認のあり方の概念およびその指標について説明し，海外での量的調査の実例をレビューした。紹介した実例は一部に過ぎず，網羅的ではないことを申し添えたい。次に，性的マイノリティの人口学的特徴を日本の土壌で無作為抽出法によって収集したデータに基づいて分析した。大阪市という限られた地域でのデータを用いているため，日本全国に一般化することができないことや，性的マイノリティ回答者の絶対数が少ないといった限界があるものの，ここでみられた結果の多くは，データの蓄積のある諸外国でみられたものと一致している。例えば女性や本人や親が日本国籍を有していないといった，なんらかのマイノリティ属性である方が，性的指向におけるマイノリティ的な回答が多いことが確認できた。また年齢が若い方がマイノリティ的な回答が多いこと，性的指向ではアイデンティティよりも恋愛的惹かれ，性的惹かれ，性関係といった経験をベースにした指標でみた時の方が，マイノリティ的な回答が多いこと，男性より女性に両性愛的指向を示す回答が多いこと，トランスジェンダーの性的指向にはバリエーションがあることなどが観察された。無性愛については，無性愛というアイデンティティをもつことと，恋愛的惹かれや性的惹かれ，性関係の相手を指標とした無性愛的な状況との乖離が特に若年層において大きい。これは，分析において性関係や恋愛的惹かれや性的惹かれを経験していない場合に無性愛に分類したことから生じるものである。無性愛者（アセクシュアル）に関連する概念や人口学的属性の分析については，三宅・平森（2021）に詳しい。

　SOGI の分類については，調査や分析によって定義や分類の仕方が違うことが多々あるため，同じ人であってもある場面ではマイノリティに入らず，別の場面では入るということはありえる。各調査においては分析目的に応じた問い

を用いて妥当な分類をしているとしても，絶対的な基準がない以上，調査によって範囲にズレが生じることは避けられない。しかしそうであっても，マイノリティとして定義された集団とそう定義されなかった集団（マジョリティ）との比較によって，どの調査においても，一貫して一致や差異がみられたとしたら，それは意味のある知見であると言えるだろう。

　最近では，性的指向による死亡率の比較研究も進められている。当初から心身の健康や疾病に関しては，性的マイノリティの方が悪い状況にあると言われ，実際，多くのデータでそれが示されてきた（National Academies of Sciences, Engineering, and Medicine 2020）。社会疫学のアプローチに基づき，性的指向によって健康格差が生じていることをさまざまな研究のレビューによって裏付け，社会的差別による影響を示した研究も進められている（Berkman, Kawachi and Glymour 2014）。死亡率にかんしては分析に必要な十分なデータの蓄積が遅れていたが，ここにきて，ようやく分析が可能になっている。その一例であるCochran（2016）らは，アメリカの 15,564 人のデータに基づき，「レズビアン・ゲイ」，「バイセクシュアル」（いずれも性的指向アイデンティティの指標に基づく），「（上記アイデンティティはないが）同性との性経験がある人」と「異性愛者（性経験は異性のみ）」の間で，全要因による死亡率を比較した。その結果，性別，年齢，人種・エスニシティ，外国生まれか否か，婚姻・パートナー関係，教育達成，世帯収入といった人口学的属性を統制すると，セクシュアル・マイノリティの方が異性愛者より死亡率が高いことが示された。ただし，加えて主観的健康，喫煙，肥満，飲酒問題，最近の精神的ストレス，HIV 感染の有無等の健康および行動面を統制すると，性的指向による違いはみられなくなった。

　SOGI 別の人口割合については，これまでの調査によってマイノリティ人口にあたる回答の割合は近年増加していることがわかっている。また，若い人の方がその割合が高いことも明らかになっている。しかしこれがコーホート効果なのか（若いコーホートの方で，性的マイノリティ割合が高いが，加齢による変化はない），年齢効果（たとえば年齢が上がると，性的マイノリティであることを報告しなくなる），時代効果（どの年齢でも年次が新しい方が，性的マイノ

リティにあたる回答割合が高い）がどれほど変化に寄与しているかの明確なエビデンスはないが，時代効果が少しあり，コーホート効果がかなりの大きさである，という可能性は示されているという（Wilson et al. 2021）。アメリカにおいては，GSS のデータに基づき，同性との性関係の経験については，若いコーホートの方が「あった」と回答する傾向があり，特に女性でその傾向が強いことが示された（Mishel et al. 2020）。こうした変化や違いの主な要因として，回答バイアスの縮小（性的マイノリティを取り巻く社会環境の改善に伴い，時代が下がるほど，また若い層ほど，正直に回答しても，すなわち偽りの回答をしなくてもよいと思いやすくなった）や，SOGI に関する情報アクセスの改善効果（SOGI に関する科学的研究・教育が進み正しい知識が普及してきた）が考えられる。コーホート，年齢，時代効果を正確に区別して把握するにはさらにデータを蓄積していきながら，詳細を分析する必要がある。特に経年的な SOGI 別の人口割合の増減のメカニズムを解明するためには，1 人の人の回答をより深く捉えるとともに調査への回答の変化の有無を追うようなパネル調査が必要であると言われている。

　LGB（セクシュアル・マイノリティ）の将来人口推計の試みもなされている。たとえばオーストラリアでは同国の統計局において，代表性のある複数の大規模標本調査におけるセクシュアル・マイノリティ人口割合と，2011 年と 2016 年のセンサス人口に基づく数値をベースにした推計をおこなっている。そこでは，国際人口移動，死亡，出生についてはセクシュアル・マイノリティと異性愛者に対して同じ仮定値を用い，性的指向アイデンティティについては HILDA 調査で実際に性的指向の回答が変わった人の割合を用いた結果を示している。

　一般人口における性的指向や性自認のあり方を的確に把握することは，これまで筆者らが主張してきたように，SOGI による経済面，健康面等の差異や格差を明らかにできるにとどまらない。さらにデータを蓄積していくことで，そうした差異や格差とも関連付け，死亡率や人口推計といったベーシックな人口学的課題に対しても，潜在する社会構造を分析に組み入れることで，一段と精緻な解明を目指すことができるのである。

204

〈謝辞〉編者の小島宏先生および和田光平先生から，本章に対し貴重なコメントをいただいた。ここに感謝の意を表したい。

注

(1)「大阪市民の働き方と暮らしの多様性と共生にかんするアンケート」（略称，大阪市民調査）は，筆者らを含む研究チームによって 2018 年 10 月 1 日時点の大阪市住民基本台帳に登録されている 18 歳から 59 歳の住民から無作為抽出した 15,000 人を対象に 2019 年 1 月に郵送法（回収はウェブ併用）で実施されたものである。有効回収数（率）は 4,285 人（28.6％）（出生時男性 1,754 人（23.2％），出生時女性 2,517 人（33.9％），出生時性別不詳 14 人）であった。本調査は平成 28 年度〜令和 2 年度科学研究費補助金助成事業（科学研究費補助金）（一般・基盤研究（B））「性的指向と性自認の人口学—日本における研究基盤の構築（研究代表者：釜野さおり）」（課題番号 16H03709）による助成を受けて実施した。また，実施にあたっては，国立社会保障・人口問題研究所の倫理審査委員会の承認を得た（承認番号 IPSS-IBRA #18003）。調査およびその結果については https://osaka-chosa.jp/ に詳しい。本調査にご協力くださった大阪市民の皆さまに改めてお礼を申し上げる。

(2) 英語圏等の gay は男性にも女性にも使われることがあるため，日本語においてはゲイ男性と表記されることもある。

(3) 性分化疾患（DSD）として，どちらにも当てはまりにくい体の状態もある。性分化疾患とは「卵巣・精巣や性器の発育が非典型的となるもの」と定義される。日本では戸籍法により子が生まれたら通常は 14 日以内に子の男女別を記載する出生届を提出する必要があるが，男女の性別や名前を記載しなくても提出でき，後日医師の証明書をつけて追完することが可能となっている。また提出期間も止むを得ない場合は延長可能であるとされている。ただし追完した記録は残る（日本小児内分泌学会性分化委員会 2011）。出生時に割り当てられた性別にインターセックスが含まれる例は現在のところ稀である。調査項目の選択肢に含まれるのは，アメリカの連邦政府が関与する 47 の調査のうち，National Institutes of Health

による All of Us Research Program，および CDC（Center for Disease Control，アメリカ疾病予防管理センター）による National HIV Behavioral Surveillance System の 2 調査のみである（National Academies of Science, Engineering, and Medicine 2020）。

(4) SOGI の測定やそれを含む調査を充実させる目的は，SOGI による格差を縮め，差別のない社会に向けた施策づくりであるが，こうした潜在的なディレンマがある限り，測定や調査を推進する際は，差別をなくす施策を充実させることと同時並行で進めるべきである。

(5) 配偶者やパートナーが同性か異性かも，性的指向の重要な側面であるが，紙幅の都合上，別の機会に取り上げることとする。なお，国勢調査における同性カップルの扱いに関しては，釜野（2022a）に詳しい。

(6) 紙幅の都合により，原文の設問の掲載は省略する。設問の和訳の大半は本章執筆時に筆者らが暫定的に翻訳したものであるため，実際に調査で用いる場合は，精査が必要である。なお，本章では英語の調査票や文献で用いられている heterosexual, gay, lesbian, bisexual, asexual 等をカタカナ読みで表記している。

(7) イギリスの関連文書では，性的指向を sexual orientation として本人の認識や性的惹かれ，性行動を含めて広く捉え，sexual identity はその 1 つの指標，本人の認識，つまり本人が認識する性的指向であると定義している。sex と gender のいずれも「性」とされる日本語においては sexual identity を性的アイデンティティと訳すと性自認のことであると思われる可能性があるので，性的指向アイデンティティと表記する（Joloza et al. 2009）。近年では英語においても，sexual orientation identity という表記がみられるようになっている（National Academies of Sciences, Engineering, and Medicine 2022）。

(8) ヨーロッパ諸国でも，レズビアン，ゲイ，バイセクシュアル（LGB）の社会経済的状況に，性的指向という要素がどの程度影響しているのか，差別や不平等にどれほど社会が対応できたかを数量的に示すため，データを集めることの重要性が指摘されるようになった。ヨーロッパの 30 か国（当時の EU27 か国と，およびアイスランド，ノルウェー，スイス）を対象に，データの有無や同性カップル数を調べる研究プロジェクト「LGB の経済状況に関する研究への応用」が実施され，データを集める必要とその効用，LGB とその社会経済状況を測定することの困難や政治的側面にも触れられた。それら 30 か国でのホームページを調べたと

ころ，LGB に関するデータが存在するのは 17 か国，まったくなかったのは 13 か国であった。その後，各国の統計局や国の研究機関あてに調査票を送り，同性カップルの法的な扱い，レズビアンおよびゲイカップルについての国と EU のデータの有無，レズビアンおよびゲイ個人のデータの有無，データ収集，分析，サンプリング方法に課題認識について調べた。個人のゲイおよびレズビアンについては，国際比較調査や民間および政府による調査で性的指向や性行動，本人のアイデンティティをたずねる問いがあるか，国際，国内，地域（代表性の有無にかかわらず）で，LGB の生活実態をたずねる調査があるかを調べ，データの整備状況は全般に不十分であることが明確にされた。

(9) 日本においても各種書類の性別欄や各種調査で性別をたずねる問いの必要性や内容・たずね方について検討が必要であるとの認識が高まってきている。トランスジェンダーなどのプライバシー保護のために性別欄の廃止をもとめる動きがある中で，第 5 次男女共同基本計画に掲げられたジェンダー統計の整備充実と両立させるための方策を検討するために，内閣府男女共同参画局の委員会の下部組織として，専門家や実務家から成る「ジェンダー統計の観点からの性別欄検討ワーキング・グループ」が 2022 年に立ち上がったところである。

(10) 男性同性愛者にかんしては，石田（2014）が，「戦後日本において同性愛を人口の比率としてとらえる言説」（p.175）の成立過程を分析している。アルフレッド・キンゼイによる性行動調査（1948 年に出版され 1950 年に翻訳）からアメリカ人男性の同性愛経験率への言及が 1950 年代からかなり長期間なされ，その後は 1970 年代になると，日本の男性同性愛者の人数としての言及がみられるようになり，「ホモ人口」という表現が成立し「群れ」と「拡散」として語られ，脅威であるという言説を呼び込むようになったという。例として『アサヒ芸能』や『女性自身』の記事をあげている。

(11)「決めたくない・決めていない」の選択肢は，自分の性的指向について迷っている，自分の中で折り合いをつけようとしているといった「マイノリティ」的な人を捉えるという意図で導入されたものであるが，大阪市民調査の実施後にこの回答の意味をさぐる試験的なモニター型ウェブ調査を行ったところ，この選択肢を選んだ人の 22〜54％は異性愛者である可能性が見いだされた。詳しくは釜野ら（2020）を参照。

(12) 国籍と日本語の理解度は必ずしも関連しておらず，また，本調査では，中国語

（繁体字，簡体字），朝鮮語，ベトナム語，ポルトガル語，英語の案内文を用意し，各言語に翻訳した問いを掲載した URL を案内した。しかし，それが十分であったかは検証されていない。日本国籍をもたない回答者に「質問の意味がわからない」の選択割合が高いという結果は，内容ではなく言語の問題であった可能性もある。

(13) これまでの筆者らの研究の過程で，この設問に関して，女子校（あるいは男子校）で憧れの先輩がいた経験を恋愛感情とみなすのかと回答者から質問されたことがある。調査項目への回答過程をたずねた認知インタビューやフォーカス・グループ・ディスカッションでは，そういうことがあったが，それは「違うと思った」（恋愛とはみなさない）という人もいれば，それを恋愛感情に含めて考えたという人もいた。また，性的に惹かれることと，恋愛感情を抱くことは同じである，と考える人もいた。「何」を恋愛感情とみなすかは回答者によって異なっている。

(14) 性的指向の指標を従属変数として設定した分析を行うと，どういう人が同性愛者に「なるのか」を調べているのではないか，とみなされる可能性もあるが，筆者らはそのような考えとは一線を画しており，無作為抽出調査において，異性愛者ではないアイデンティティや，異性愛的以外の感情や経験をしていると回答する人々に何か共通する傾向はあるかをみるために分析している。そもそも人の性的指向は，本人や他者の意思や医療的処置によって変えられるものではない。

(15) Hiramori (2022) は，性的指向アイデンティティの各回答別，および「マジョリティ」（異性愛者と「質問の意味がわからない」），「マイノリティ」（LGB，アセクシュアル），「決めたくない・決めていない」の 3 区別に，職業，従業上の地位，企業規模，の分布を示した。また大卒か否か，父母が大卒か否か，所得，週労働時間，日本国籍か否か，パートナーの有無，子ども数，学歴，教育年数，年齢，労働市場における経験年数，勤続年数も提示している。また，大学卒か否かおよび，収入の規定要因の 1 つとして性的指向アイデンティティを検討した分析も行った。

(16) 性的指向アイデンティティについては，「異性愛」，「同性愛・両性愛」，「無性愛」の 3 区分，性的指向の複合指標については「異性愛的」「同性愛的・両性愛的」「無性愛的」の 3 区分を用いた多項ロジスティック回帰分析を試みたが，度数ゼロのセルが多数生じるため，3 区分を同時に比較することは断念した。ここでは「異性愛」に対して「同性愛・両性愛」，「異性愛」に対して「無性愛」の 2

つに分け，それぞれについて二項ロジスティック回帰分析を行った。対象者に占める同性愛・両性愛もしくは無性愛の比率が低く，属性変数の一部の層に同性愛・両性愛もしくは無性愛のほぼすべての人が該当する（またはしない）という「（準）完全分離」状態が生じることによって，通常の最尤推定法では推定値がプラスマイナス無限大になり，係数の方向や有意性の判断ができない（榊原 2020）ため，これらの問題を回避する方法として有効とされている罰則付き最尤推定法（Firth 法）によるロジスティック回帰分析を R の logistf パッケージ（Heinze and Schemper 2002）を用いて行った。

参考文献

石田仁（2014）「戦後日本における〈ホモ人口〉の成立と〈ホモ〉の脅威化」小山静子・赤枝香奈子・今田絵里香編『セクシュアリティの戦後史』京都大学学術出版会，pp.173-195。

NHK・LGBT 法連合会（2015）「LGBT 当事者アンケート調査～2600 人の声から～」（https://www.nhk.or.jp/d-navi/link/lgbt/，2022 年 6 月 8 日閲覧）。

釜野さおり（2020）「特集に寄せて（性的指向と性自認の人口学―日本における研究基盤の構築・その 1)」『人口問題研究』Vol.76(4), pp.439-442。

釜野さおり（2022a）「国勢調査と同性カップル世帯」菊地夏野・堀江有里・飯野由里子編『クィア・スタディーズをひらく 2―結婚，家族，労働』晃洋書房，pp.1-35。

釜野さおり（2022b）近刊「SOGI をめぐる量的調査―性的マイノリティについて知るためのひとつの方法として―」岩本健良・釜野さおり編『(仮)LGBT/SOGI と社会』ミネルヴァ書房。

釜野さおり・石田仁・風間孝・吉仲崇・河口和也（2016）『性的マイノリティについての意識―2015 年全国調査報告書』科学研究費助成事業「日本におけるクィア・スタディーズの構築」研究グループ（研究代表者：広島修道大学・河口和也）編（http://alpha.shudo-u.ac.jp/~kawaguch/chousa2015.pdf，2022 年 6 月 8 日閲覧）。

釜野さおり・平森大規・石田仁・岩本健良・小山泰代・千年よしみ・藤井ひろみ・布施香奈・山内昌和・吉仲崇（2020）「性的指向における〈決めたくない・決めていない〉の回答を探る―性的指向・性自認に関する設問の改善に向けた試験的調査の結果より―」，「性的指向と性自認の人口学―日本における研究基盤の構築」研究チーム（http://www.ipss.go.jp/projects/j/SOGI/20200701_Report_on_Undecided.pdf）。

木原正博ら（2000）「HIV 感染症の疫学研究：日本人の HIV/STD 関連知識，性行動，
　　性意識についての全国調査（HIV&SEX in JAPAN Survey）」（平成 11 年度厚生科
　　学研究費補助金エイズ対策研究事業），pp. 584-593。

榊原賢一郎（2020）「障害者手帳保有者本人の社会生活—第 2 回「生活と支え合いに
　　関する調査」個票データを用いた個人単位の分析—」『IPSS Working Paper Series
　　(J)』No.32（doi/10.50870/00000039）。

性的指向と性自認の人口学—日本における研究基盤の構築（2022）国立社会保障・人
　　口問題研究所「研究プロジェクト」（https://www.ipss.go.jp/projects/j/SOGI/index.
　　asp，2022 年 5 月 10 日閲覧）。

武内今日子（2021）「恋愛的／性的惹かれをめぐる語りにくさの多層性—「男」「女」
　　を自認しない人々の語りを中心に」『現代思想』Vol.49(10)，pp.39-49。

電通（2015）「電通ダイバーシティ・ラボが〈LGBT 調査 2015〉を実施：LGBT 市場
　　規 模 を 約 5.9 兆 円 と 算 出 」（https://www.dentsu.co.jp/news/release/pdf-
　　cms/2015041-0423.pdf，2022 年 5 月 5 日閲覧）。

中塚幹也（2019）「トランスジェンダーの就労と職域における対応」『産業医学ジャー
　　ナル』Vol.42(4)，pp.77-82。

名古屋市総務局総合調整部男女平等参画推進室（2018）『性的少数者（セクシュアル・
　　マイノリティ）など性別にかかわる市民意識調査（調査結果報告書)』（https://
　　www.city.nagoya.jp/sportsshimin/cmsfiles/contents/0000112/112536/30hokokusho.pdf，
　　2022 年 5 月 5 日閲覧）。

日本小児内分泌学会性分化委員会（2011）「性分化疾患初期対応の手引き」厚生労働
　　科学研究費補助金難治性疾患克服研究事業 性分化疾患に関する研究班（http://jspe.
　　umin.jp/medical/files/seibunkamanual_2011.1.pdf，2022 年 5 月 5 日閲覧）。

平森大規・釜野さおり著，郭水林・小西優実訳（2020=2021）「性的指向と性自認のあ
　　り方を日本の量的調査でいかにとらえるか：大阪市民調査に向けた準備調査にお
　　ける項目の検討と本調査の結果」『人口問題研究』Vol.77(1)，pp.45-67。

平森大規（2022）近刊「社会階層：SOGI に基づく階層・不平等」岩本健良・釜野さ
　　おり編『(仮)LGBT/SOGI と社会』ミネルヴァ書房。

細田孝宏（2007）「巨大市場〈LGBT〉とは：年間 6 兆 6000 億円，同性愛者の国内市
　　場」『日経ビジネス』2007 年 2 月 26 日号，p.14，日経 BP 社。

マイケル・ロバート T，ガニョン・ジョン H，ローマン・エドワード O，コラータ・

ジーナ，近藤隆文訳（1994=1996）『セックス・イン・アメリカ：はじめての実態調査』日本放送出版協会。

三宅大二郎・平森大規（2021）「日本におけるアロマンティック／アセクシュアル／スペクトラムの人口学的多様性：〈Aro/Ace 調査 2020〉の分析結果から」『人口問題研究』Vol.77(2), pp.206-232。

Ashley, Florence（2022）"'Trans' Is My Gender Modality: A Modest Terminological Proposal," Erickson-Schroth, L. (ed.), *Trans Bodies, Trans Selves: A Resource for the Transgender Community*, 2nd ed. Oxford University Press, p.22.

Bauer G. R., N. Redman, K. Bradley, and A. I. Scheim（2013）"Sexual Health of Trans Men Who Are Gay, Bisexual, or Who Have Sex with Men: Results from Ontario, Canada," *International Journal of Transgenderism*, Vol.14(2), pp.66-74（doi: 10.1080/15532739.2013.791650）.

Berkman, L. F., I. Kawachi, and M. Glymour(2014)*Social Epidemiology,* 2nd ed. New York: Oxford University Press.

Bogaert, A. F.（2012）*Understanding Asexuality,* Lanham: Rowman and Littlefield.

Browne, K.（2010）"Queer Quantification or Queer(y)ing Quantification: Creating Lesbian, Gay, Bisexual or Heterosexual Citizens Through Governmental Social Research," Browne, K., and C. Nash (eds.), *Queer Methods and Methodologies: Intersecting Queer Theories and Social Science Research*, Ashgate, pp.231-249.

Cochran, S. D., C. Björkenstam, and V. M. Mays（2016）"Sexual Orientation and All-Cause Mortality Among US Adults Aged 18 to 59 Years, 2001-2011," *American Journal of Public Health*, Vol.106(5), pp.918-921.

Crissman, H. P., M. B. Berger, L. F. Graham, and V. K. Dalton（2017）"Transgender Demographics: A Household Probability Sample of US Adults, 2014," *American Journal of Public Health*, Vol.107(2), pp.213-215（doi:10.2105/AJPH.2016.303571）.

Federal Interagency Working Group on Improving Measurement of Sexual Orientation and Gender Identity in Federal Surveys（2016）*Evaluations of Sexual Orientation and Gender Identity Survey Measures: What Have We Learned?*

Flores, A. R., J. L. Herman, G. J. Gates, and T.N.T. Brown（2016）*How Many Adults Identify as Transgender in the United States?,* Los Angeles: The Williams Institute.

Gates, G. J. (2012) "LGBT Identity: A Demographer's Perspective," *Loyola of Los Angeles Law Review*, Vol.45, pp.693-714.

Gates, G. J. (2014) *LGB/T Demographics: Comparisons Among Population-based Surveys*, Los Angeles: The Williams Institute.

Geary, R.S., C. Tanton, B. Erens, S. Clifton, P. Prah, K. Wellings, et al. (2018) "Sexual Identity, Attraction and Behaviour in Britain: The Implications of Using Different Dimensions of Sexual Orientation to Estimate the Size of Sexual Minority Populations and Inform Public Health Interventions," *PloS ONE*, Vol.13(1): e0189607 (https://doi.org/10.1371/journal.pone.0189607).

Glick, J. L., and K. Andrinopoulos (2019) *Sexual Orientation and Gender Identity Measures for Global Survey Research: A Primer for Improving Data Quality*. Chapel Hill, NC, USA: MEASURE Evaluation, University of North Carolina (https://www.measureevaluation.org/resources/publications/ms-19-177.html).

Greenberg, D. (1988) *The Construction of Homosexuality*, Chicago and London: University of Chicago Press.

Gulløy, E., and T. M. Normann (2010) *Sexual Identity and Living Conditions: Evaluation of the Relevance of Living Conditions and Data Collection*, Statistics Norway.

Guyan, K. (2022) *Queer Data: Using Gender, Sex and Sexuality Data for Action*, London, N.Y., and Dublin: Bloomsbury Publishing.

Haversath, J., K. M. Gärttner, S. Kliem, I. Vasterling, B. Strauss, and C. Kröger (2017) "Sexual Behavior in Germany," *Deutsches Arzteblatt International*, Vol.114(33-34), pp.545-550 (https://doi.org/10.3238/arztebl.2017.0545).

Heinze, G., and M. Schemper (2002) "A Solution to the Problem of Separation in Logistic Regression," *Statistics in Medicine*, Vol.21, pp.2409-2419 (https://doi.org/10.1002/sim.1047).

Hiramori, D. (2022) "Sexuality Stratification in Contemporary Japan: A Study in Sociology," Ph.D. dissertation, University of Washington (http://hdl.handle.net/1773/48558).

Hiramori, D., and S. Kamano (2020a) "Asking about Sexual Orientation and Gender Identity in Social Surveys in Japan: Findings from the Osaka City Residents' Survey and Related Preparatory Studies," *Journal of Population Problems*, Vol.76(4), pp.443-446.

Hiramori, D., and S. Kamano（2020b）"Understanding Sexual Orientation Identity, Sexual/Romantic Attraction, and Sexual Behavior beyond Western Societies: The Case of Japan," SocArXiv. March 13（https://doi.org/10.31235/osf.io/ds8at）.

James, S. E., J. L. Herman, S. Rankin, M. Keisling, L. Mottet, and M. Anafi（2016）*The Report of the 2015 U.S. Transgender Survey*, Washington, DC: National Center for Transgender Equality.

Joloza, T., J. Traynor, and L. Haselden（2009）*Developing Survey Questions on Sexual Identity: Report on the General Lifestyle (GLF) Split-sample Pilot*, Newport: Office for National Statistics.

Katz, J.（2007）*The Invention of Heterosexuality: with a New Preface*, Chicago and London: University of Chicago Press.

Lagos, D., and D' L. Compton（2021）"Evaluating the Use of a Two-step Gender Identity Measure in the 2018 General Social Survey," *Demography*, Vol.58(2), pp.763-772.

Laumann, E. O., J. H. Gagnon, R. T. Michael, and S. Michaels（1994）*The Social Organization of Sexuality: Sexual Practices in the United States*, Chicago and London: University of Chicago Press.

legislation.gov.uk（2013）Equality Act 2010 c.15 Part 2 Chapter 1（https://www.legislation. gov.uk/ukpga/2010/15/part/2/chapter/1/2013-06-25, 2022 年 6 月 8 日閲覧）.

Meerwijk, E. L., and J. M. Sevelius（2017）"Transgender Population Size in the United States: A Meta-Regression of Population-Based Probability Samples," *American Journal of Public Health*, Vol.107(2), pp.e1-8（https://doi.org/10.2105/AJPH.2016. 303578a）.

Meier, S. C., and C. M. Labuski（2013）"The Demographics of the Transgender Population," Baumle, A. K. (ed.), *International Handbook on the Demography of Sexuality*, Springer Science+Business Media, pp.289-327（https://doi.org/10.1007/ 978-94-007-5512-3_16）.

Miller, K., and M. J. Ryan（2011）*Design, Development and Testing of the NHIS Sexual Identity Question*, Hyattsville, MD: National Center for Health Statistics（https:// wwwn.cdc.gov/qbank/report/Miller_NCHS_2011_NHIS%20Sexual%20Identity.pdf）.

Ministry of Health New Zealand（2019）*Sexual Orientation: Findings from the 2014/15 New Zealand Health Survey*.

Mishel, E., P. England, J. Ford, and M. L. Caudillo（2020）"Cohort Increases in Sex with Same-Sex Partners: Do Trends Vary by Gender, Race, and Class?," *Gender & Society,* Vol.34(2), pp.178-209（https://doi.org/10.1177/0891243219897062）.

National Academies of Sciences, Engineering, and Medicine（2020）*Understanding the Well-Being of LGBTQI+ Populations.* Washington, DC: The National Academies Press（https://doi.org/10.17226/25877）.

National Academies of Sciences, Engineering, and Medicine（2022）*Measuring Sex, Gender Identity, and Sexual Orientation*, Washington, D.C.: The National Academies Press（https://doi.org/10.17226/26424）.

Pettersen A-M., and K. S. Støren（2020）*Livskvalitetsundersøkelsen 2020: Dokumentasjonsnotat,* Statistics Norway.

Rubin, G.（1992）"Thinking Sex: Notes for a Radical Theory of the Politics of Sexuality," Vance, C. S. (ed.), *Pleasure and Danger: Exploring Female Sexuality,* London: Pandora, pp. 267-29.

Schönpflug, K., C. Klapeer, R. Hofmann, S. Müllbacher, and W. Schwarzbauer（2013）*LGB Data Project for Europe: Research Report*, Vienna: Institute for Advanced Studies (IHS).

Sexual Minority Assessment Research Team (SMART)（2009）*Best Practices for Asking Questions about Sexual Orientation on Surveys*, Los Angeles: The Williams Institute.

Smith, T. W., and J. Son（2019）"Transgender and Alternative Gender Measurement on the 2018 General Social Survey," *GSS Methodology Report* No.129, Chicago: NORC.

Statistics Canada（2020）"Measurement of Sexual Orientation at Statistics Canada"（UNECE Virtual Meetings on Gender Statistics, October 14, 2020）.

Wilson, T., J. Temple, and A. Lyons（2021）"Projecting the Sexual Minority Population: Methods, Data, and Illustrative Projections for Australia," *Demographic Research,* Vol.45(12), pp.361-396.

（釜野さおり・岩本健良）

索　引

さ　行

ら　行

編著者略歴

小島 宏（こじま・ひろし）
一九五三年　愛知県生まれ。
早稲田大学社会科学総合学術院教授。
主著『人口政策の比較史―せめぎあう家族と行政』（共編著、日本経済評論社）、『世界の宗教と人口』（ともに共編著、原書房）、『ミクロデータの計量人口学』（ともに共編著、原書房）、『フランス女性はなぜ結婚しないで子どもを産むのか』（分担執筆、勁草書房）ほか。

和田 光平（わだ・こうへい）
一九六九年　宮城県生まれ。
中央大学経済学部教授。
主著『人口統計学の理論と推計への応用』（ともにオーム社）、『Excelで学ぶ人口統計学』（ともにオーム社）、『2025年の日本　破綻か復活か』（分担執筆、勁草書房）、『ポスト人口転換期の日本』（分担執筆、原書房）、『自然災害と人口』（共編著、原書房）ほか。

人口学ライブラリー　22

セクシュアリティの人口学

●

2022 年 11 月 25 日　発行

編著者…………小島 宏，和田光平

発行者…………成瀬雅人

発行所…………株式会社原書房

〒 160-0022 東京都新宿区新宿 1-25-13
電話・代表 03 (3354) 0685
http://www.harashobo.co.jp
振替・00150-6-151594

印刷・製本…………株式会社ルナテック

©Hiroshi Kojima 2022　©Kohei Wada 2022
ISBN978-4-562-09222-2, Printed in Japan